本书系司法部法治建设与法学理论研究部级科研项目成果。承蒙陕西省社会科学基金后期资助项目（2015HQ073）及西北大学学术著作出版基金资助，谨致谢意。

比较法视野下中国反贿赂
犯罪刑事立法之完善

余高能 著

中国社会科学出版社

图书在版编目(CIP)数据

比较法视野下中国反贿赂犯罪刑事立法之完善 / 余高能著 . —北京：中国
社会科学出版社 2017. 9
ISBN 978-7-5203-1039-0

Ⅰ.①比… Ⅱ.①余… Ⅲ.①贪污贿赂罪-研究-中国 Ⅳ.①D924. 392. 4

中国版本图书馆 CIP 数据核字(2017)第 231960 号

出 版 人　赵剑英
责任编辑　梁剑琴
责任校对　王 龙
责任印制　李寡寡

出　　　版　中国社会科学出版社
社　　　址　北京鼓楼西大街甲 158 号
邮　　　编　100720
网　　　址　http：//www. csspw. cn
发 行 部　010-84083685
门 市 部　010-84029450
经　　　销　新华书店及其他书店

印刷装订　北京君升印刷有限公司
版　　　次　2017 年 9 月第 1 版
印　　　次　2017 年 9 月第 1 次印刷

开　　　本　710×1000　1/16
印　　　张　16. 75
插　　　页　2
字　　　数　283 千字
定　　　价　68. 00 元

目　　录

导　言

贿赂犯罪是一类具有严重社会危害性的职务犯罪，其对社会管理、经济发展以及公共道德等均有极大的破坏性。贿赂犯罪对经济的影响显而易见：它从根本上背离市场经济公平竞争的要求，破坏正常的市场交易秩序；阻碍市场机制的有效运行，破坏市场资源的合理配置；加大交易成本，增加消费者的负担，造成社会财富的巨大浪费；损害国内投资环境，降低对外资的吸引力。① 不仅如此，腐败行为对社会道德和社会风气的破坏和毒害，尤其是对作为整个社会精神基础的社会良心即诚实和信用两种最基本准则的破坏，才是对社会最大的危害，而这种危害却是隐性的、不易被觉察的。腐败使社会成员丧失是非感，将个人利益置于至高无上的地位，对一切妨碍个人利益实现的行为规范持全盘否定的态度，导致整个社会的行为失范、失序并丧失凝聚力；腐败鼓励投机行为，直接否定了诚实、善良、勤劳、公平的基本信条，严重扭曲人的价值观念，摧毁人的上进心和创造力，腐蚀人的意志和精神，② 败坏社会风气。正因为如此，古今中外对于贿赂犯罪的惩治和预防从未停歇。

一　贿赂犯罪立法比较的意义

腐败问题是一种社会顽疾，古今中外概莫能免。惩治腐败，刑法不是唯一甚至不是最有效的手段，但却是最基本的、不可或缺的。在各种反腐败的措施和手段中，刑事制裁是最基本的也是最后的一种。很难想象依靠一部糟糕的刑法能够有效地打击腐败犯罪。

鉴于贿赂犯罪自身结构的复杂性及其覆盖范围的广泛性，反贿赂犯罪的刑事立法绝非轻而易举。贿赂犯罪的复杂性，主要体现在其犯罪主体的

---

① 卢勤忠：《商业贿赂犯罪研究》，上海世纪出版集团 2009 年版，第 4—6 页。
② 参见金太军等《行政腐败解读与治理》，广东人民出版社 2002 年版，第 110—117 页。

多元化和复杂性，犯罪行为的对向性和互动性，行为方式的灵活性和犯罪地域的广阔性等方面。随着贿赂犯罪发生领域的扩展及其表现形式的复杂化，国内外对贿赂犯罪刑事立法的关注日益显现。2010 年，英国《贿赂犯罪法》经过多年的论证与纷争终于问世，《西班牙刑法典》的多方面重大修改也正式生效。中国自 1997 年修改刑法典以来，先后有多个《刑法修正案》频频对贿赂犯罪作出重大修改。刑法不断扩大贿赂犯罪的主体范围及空间范围，放宽其构成要件，最终导致贿赂犯罪立法越来越烦琐，其内部结构则是一团乱麻：不一致、不完整、缺乏逻辑性、不合理、效率低下。显而易见，"头痛医头，脚痛医脚"的策略，绝不是理性的、有预见性的立法所应该采用的。对于贿赂犯罪立法格局的全面审视，尤其是针对转型时期的中国国情，如何制定出体系完整、结构严谨、内容合理、切实有效的反贿赂犯罪刑事法律，如今已经成为一个无法回避的重大课题。

他山之石，可以攻玉，立法比较在贿赂犯罪的研究领域具有更为特殊的意义。首先，立法比较有助于更好地认识和理解本国法律。法律比较的意义和价值绝不仅仅止于描述和记录各国法律制度的异同，它同时也是进一步认识和理解本国法律自身特点不可或缺的工具。"任何一种科学都不能仅仅依靠在本国国境之内产生的认识。"① 其次，立法比较可以开阔视野，为国内立法的改革和完善提供参考和支持。尽管由于社会制度和法律传统的不同，各国关于贿赂犯罪的立法存在较大差异；但是基于贿赂犯罪自身所固有的一些特点，不同国家的立法中又呈现出若干相似与相通之处。通过立法比较，可以掌握各国贿赂犯罪刑事立法所共同关注的关键问题及其共同的发展趋势，寻求贿赂犯罪刑事立法中的共同规律，了解新的法律理念和新的视角、发现先进的立法技术，进而从不同的角度审视和反观本国的立法，以便取长补短，相互借鉴。最后，立法比较可能催生超越国界的、一定程度上统一的法律制度。事实上，一些国际公约如《联合国反腐败公约》、经济合作与发展组织《关于国际商务交易活动中反对行贿外国公职人员公约》以及欧洲委员会《反腐败刑法公约》已经在一定范围内促成了贿赂犯罪刑事立法的趋同性。

与抽象的法理比较不同，立法比较是一项更为细致而艰巨的任务，它

---

① ［德］K. 茨威格特、H. 克茨：《比较法总论》，潘汉典等译，法律出版社 2003 年版，第 21 页。

不是对法律的一般理念和宏观制度方面的概括与总结，而是通过对各国各部门的实定法深入细致地加以了解和研究，发现其异同，总结其中带有规律性的东西。茨威格特使用了一对专门概念来区分这两种情况，即"立法比较法"和"学术理论的比较法"。① 中国刑法起步较晚。由于原来理论发展不充分，许多问题实际上是在 1980 年刑法施行后，才结合司法实践提出来的。刑法上的问题和解决方法，直接关系到国家和公民的基本权益，但其又很难像自然科学那样预先在实验室进行实验，取得成功后再应用。解决这一矛盾的办法之一，就是进行古今中外的广泛比较，析其优劣，从中找出适合中国的最佳方案。解决贿赂犯罪中的许多理论难题，也当如是。因此，对于世界各国关于受贿罪的立法情况、成功经验以及研究趋势，我们应当予以高度的重视。

二　研究现状

国内对贿赂犯罪刑事立法的局部研究可谓浩如烟海，但浅层次、重复性研究太多，从总体上加以探讨的较少，② 进行较为系统研究的著作寥寥可数；③ 专门介绍国外贿赂犯罪立法的文献不但稀少而且略显陈旧。④ 由

---

① [德] K. 茨威格特、H. 克茨：《比较法总论》，潘汉典等译，法律出版社 2003 年版，第 76 页。

② 例如储槐植：《完善贿赂罪立法——兼论"罪刑系列"的立法方法》，《中国法学》1992 年第 5 期；苏惠渔、游伟：《完善罪名体系、重构犯罪要件——对我国贿赂犯罪立法的若干思考》，《政治与法律》1996 年第 1 期；曹坚：《论贿赂犯罪刑事立法的整合与完善》，《国家检察官学院学报》2002 年第 5 期；何承斌《论我国贿赂犯罪体系的重构》，《现代法学》2006 年第 6 期；卢勤忠：《我国受贿罪刑罚的立法完善》，《国家检察官学院学报》2008 年第 3 期；焦占营：《贿赂犯罪法定刑评价模式之研究》，《法学评论》2010 年第 5 期。

③ 主要有肖杨：《贿赂犯罪研究》，法律出版社 1995 年版；廖增田：《受贿罪纵览与探究——从理论积淀到实务前沿》，中国方正出版社 2007 年版；卢勤忠：《商业贿赂犯罪研究》，上海世纪出版集团 2009 年版；邓中文：《商业贿赂犯罪研究》，法律出版社 2011 年版；孙国祥：《贿赂犯罪的学说与案解》，法律出版社 2012 年版。

④ 专著主要有王云海：《美国的贿赂罪——实体法与程序法》，中国政法大学出版社 2002 年版；论文主要有洪浩、夏红：《贿赂犯罪本质的嬗变、成因及法律对策——英国反贿赂法律制度改革述评》，《现代法学》1998 年第 3 期；刘守芬、许道敏：《日本刑法中贿赂罪问题研究》，《中外法学》1999 年第 6 期；刘向文、王圭宇：《俄罗斯联邦反贪污贿赂法及其对我国的启示》，《俄罗斯中亚东欧研究》2012 年第 1 期；邓若迅：《英国贿赂罪改革研究》，《中国刑事法杂志》2012 年第 3 期。

于社会制度、价值观念以及法律传统的巨大差异，加之语言的障碍以及外文资料的匮乏，针对某类具体犯罪的立法及司法进行系统的横向比较研究难度极大。在这方面，贿赂犯罪的研究状况亦不例外。仅就研究资料而言，不仅各国刑法典的中文译本比较匮乏、陈旧，即使英文译本也存在类似的情况，① 更不用说专门的理论著作和判例资料。

据笔者所知，国内外对贿赂犯罪立法进行较大范围跨国比较的研究成果屈指可数。国际方面，国际商会与德国马克斯-普朗克外国刑法与国际刑法研究所共同编辑出版的 *Private Commercial Bribery：A Comparison of National and Supranational Legal Structures*② （《私营部门商业贿赂犯罪：国家与国际法律框架比较》） 一书对 13 个经合组织成员国的贿赂犯罪立法做了较为深入的比较。不过该书仅限于私营部门的商业贿赂，而不涉及公共部门和非商业领域。欧洲委员会下属的反腐败国家集团 （The Group of States against Corruption） 对其成员国贿赂犯罪立法的一系列评估报告是该领域极具参考价值的文献资料，遗憾的是，其范围仅限于欧洲，而且主要按国别考察，而未以法律问题为主线做横向比较和法理分析。拙文 *The "Trading Model" of Bribery：Power, Interest and Trilateral Structure*③ 在对英国关于贿赂犯罪的各种理论模型进行评价的基础上提出了三边结构的交易模型；拙作 *Towards More Reasonable and Effective Punishment Strategies for Bribery：A Comparative and Behavioral Study*④ 则从行为经济学的角度对中西方贿赂犯罪的刑罚策略进行了跨学科研究。国内方面，《法益初论》⑤ 一书对中西方关于受贿罪的法益问题做了较为详细的介绍和探讨，颇有参

---

① 2009—2012 年本书构思及主体创作之时的确如此，各国较新的贿赂犯罪刑法条文均系笔者在德国攻读博士学位期间所收集的英文译本，而意大利刑法典的英译本还停留在 20 世纪 70 年代，西班牙刑法则没有英译本。近年来，国内翻译的外国刑法典越来越多，越来越新，着实可喜。

② G. Hein, B. Huber and O. T. Rose eds., *Private Commercial Bribery：A Comparison of National and Supranational Legal Structures*, Freiburg：ICC, 2003.

③ Gaoneng Yu, "The 'Trading Model' of Bribery：Power, Interest and Trilateral Structure", *The Journal of Criminal Law*, Vol. 72, No. 5, 2008.

④ Gaoneng Yu, *Towards More Reasonable and Effective Punishment Strategies for Bribery：A Comparative and Behavioral Study*, Hamburg：Verlag Dr. Kovac, 2012.

⑤ 参见张明楷《法益初论》，中国政法大学出版社 2000 年版，第 612—640 页。

考价值；对贿赂犯罪立法进行比较研究的著作极少，论文尚有一些，① 但零散的、重复性的研究颇多，真正有见地、有深度的原创性成果并不多，系统性的比较研究几乎空白。

总体而言，关于贿赂犯罪刑事法律系统的、横向的跨国比较和全面审视仍然相当薄弱，与当前反腐败斗争的立法需求严重脱节，因此急需给予高度重视。

三　本书的目的及主要内容

本书试图通过对中国与当代世界其他主要国家和地区贿赂犯罪刑事立法的比较，结合国际和区际反腐败公约的内容，总结贿赂犯罪及其立法的共同特点和一般规律，寻求全球反贿赂犯罪的共同话语，同时发掘各国独具特色的立法例，在此基础上反观和审视中国现行反贿赂犯罪的刑事立法，明辨优劣，查漏补缺，为其完善建言献策。

本书比较的范围主要包括英国、美国、德国、法国、意大利、西班牙、俄罗斯、日本，中国内地、香港、澳门及台湾地区等世界主要国家和地区新近的贿赂犯罪刑事立法，某些方面也涉及其他一些国家如芬兰、奥地利、罗马尼亚、巴西、韩国、新加坡、朝鲜、菲律宾、泰国、越南等。比较的内容主要涉及贿赂犯罪的立法分类、犯罪构成、犯罪形态和刑罚处罚四个方面。立法分类的比较从发生领域、行为方式、行为主体及对象等方面考察，具体探讨公共部门（public sector）与私营部门（private sector）贿赂、公务贿赂与商业贿赂、选举贿赂及证人贿赂、行贿与受贿、履职贿赂（discharge of duty）与背职贿赂（violation of duty）、事前贿赂与

---

① 著作主要有周其华：《中外反贪污贿赂罪比较研究》，经济科学出版社 1997 年版。论文主要有汪进：《国外受贿罪立法比较》，《经济社会体制比较》1987 年第 2 期；高铭暄、赵秉志、余欣喜：《关于贿赂罪的比较研究》，《法学研究》1991 年第 2 期；傅宽芝：《受贿罪犯罪主体的范围和种类比较研究》，《外国法译评》1993 年第 2 期；阮方民：《贿赂犯罪的比较研究》，《杭州大学学报》1993 年第 2 期；刘仁文：《中日公务员贿赂犯罪问题国际学术研讨会综述》，《法学研究》1994 年第 4 期；缪树权：《中外贪污贿赂罪法定刑比较研究》，《国家检察官学院学报》1996 年第 3 期；韩小鹰：《反腐败的刑事政策：对法哲学的重新思考——关于中法刑法典中"贪污、贿赂罪"的比较研究》，《法治论丛》2003 年第 6 期；卢建平、张旭辉：《商业贿赂的刑法规制——以私营部门为例》，《法学杂志》2007 年第 1 期；高德友：《联合国反腐败公约与我国刑法中贿赂罪之比较研究》，《河南社会科学》2007 年第 1 期；刘婉予：《中美贿赂犯罪刑罚处罚比较研究》，《云南社会主义学院学报》2013 年第 3 期。

事后贿赂，现职贿赂与非现职贿赂、间接贿赂与影响力交易（trading in influence）、自然人贿赂与法人贿赂、国内贿赂与海外贿赂等类型。犯罪构成的比较分别从犯罪客体（法益）、客观要件、犯罪主体及主观要件等方面进行，着重探讨公共部门与私营部门贿赂犯罪的法益及其差异与联系，贿赂犯罪实行行为的确定，不履行法定职责与为他人谋取利益的关系，对价关系在犯罪构成中的地位，国家工作人员与公职人员的范围及其判定标准，各国贿赂犯罪主体立法的共同趋势，腐败意图的内容与结构，腐败意图的证明等问题。犯罪形态比较包括未遂、共犯及罪数三个方面，主要涉及贿赂既遂与未遂的认定标准，作为必要共犯的贿赂犯罪，行贿犯罪与受贿犯罪的相互关联性与相对独立性，共犯制度对行受贿犯罪法定刑设置的影响，贿赂共犯与近似贿赂犯罪的界限，因受贿而渎职的罪数形态认定等问题。刑罚处罚的比较主要从刑罚种类、法定刑法尺度、特别自首制度等方面进行，着力探讨贿赂犯罪刑罚种类的合理配置，尤其是罚金、没收财产、剥夺公权等刑种的完善，贿赂犯罪法定刑尺度的内部平衡与外部平衡，以及刑罚尺度的决定因素等问题。

在研究思路上，本书将总结立法一般规律和发掘立法特色相结合，力求客观中立，不做浅层次的盲目比较。基于贿赂犯罪本身的复杂性，各国立法及理论丰富多样，本书首先从贿赂犯罪的立法分类入手，对各国立法中存在的贿赂犯罪类型加以全面梳理和概括，找出其分类标准，并分析各种分类之间的细微差别与交叉重叠之处，避免误读，为之后犯罪构成及刑罚处罚等各方面的比较打下坚实的基础。在总结各国立法关于贿赂犯罪分类和核心要件方面采用的共同概念、关注的共同问题，以及刑罚处罚上的共同措施的同时，本书尽力发掘各国独具特色和卓有成效的立法例及其原理，以期相互借鉴。例如私营部门贿赂、信托关系理论、影响力交易罪、蕴含自首从宽精神的刑事政策等。

在比较的过程中，本书对发现的重大问题从法理上进行了全面深入的分析，从世界范围的广阔视野重点思考以下问题：区分公共部门与私营部门贿赂犯罪是否合理且是否具可操作性？利用职务之便和为他人谋取利益是否应作为受贿罪的成立条件？是否有必要区分履职受贿与背职受贿？斡旋受贿与影响力交易罪属于何种关系？介绍贿赂罪与贿赂共犯如何区分？行贿罪与受贿罪应当同等处罚还是区别对待？贿赂犯罪的特别自首制度有无必要？如何确立合理的、具有可操作性的贿赂未遂的认定标准？如何认定因受贿而枉法行为的罪数形态?

　　在比较和分析的基础上,本书总结了各主要国家和地区贿赂犯罪刑事立法的共性和个性,对贿赂犯罪刑事立法的体系性进行了深入思考,提出了系统性、合目的性和一致性等合理构建贿赂犯罪立法体系的若干基本原则,以及分立与整合两种立法模式选择的总体思路。以此为指导,本书最后从立法分类及罪名设置、构成要件设置、法定刑设置以及特别自首制度等方面系统地指出了《刑法修正案(九)》颁行之后中国反贿赂犯罪刑事立法依然存在的若干问题,并且有针对性地提出了相应的立法完善建议:(1)在犯罪分类方面,主张明确分类标准,廓清公共部门与私营部门贿赂、公务贿赂与商业贿赂、国家工作人员贿赂与非国家工作人员贿赂等分类之间的关系,将贿赂犯罪划分为公务贿赂、选举贿赂、证人贿赂、商业贿赂以及业务贿赂五大类。(2)在罪名设置方面,主张在每一类罪名中设置若干具体罪名形成罪名系列;区分背职贿赂、履职贿赂与单纯受贿罪;增设贿赂证人罪及证人受贿罪、贿赂选民或代表罪及选民或代表受贿罪;整合并简化单位贿赂犯罪,将现有单位贿赂犯罪罪名分解纳入相应的自然人犯罪中;将利用影响力交易犯罪集中排列于狭义的贿赂犯罪之后;将海外贿赂犯罪单列并增设收受外国人贿赂罪。(3)在犯罪构成上,主张厘清并充实贿赂犯罪的核心要件,保持各种贿赂犯罪核心构成要件的协调一致,在法条设置上建立构成要件群。客观要件方面,主张取消"为他人谋取利益"的要求,明确规定贿赂行为的各种具体情形,对为本人受贿与为第三人受贿、事前贿赂与事后贿赂、作为与不作为、就职前贿赂、现职贿赂与离职后贿赂等做出明确规定;扩大介绍贿赂罪的对象;扩大贿赂的范围和表现形式,将贿赂由"财物"改为"财产性利益"。主观要件方面,主张明确将"对价关系"纳入其中,以对"对价关系"的明知或确信取代"为他人谋取利益"和"利用职务之便"等客观要件方面的要求。(4)在法定刑设置上,主张为受贿罪设置独立的法定刑,摆脱其对贪污罪的依赖;保持各种贿赂犯罪法定刑尺度的内部平衡及贿赂犯罪与相关犯罪法定刑尺度的外部平衡,消除行贿罪和受贿罪的法定刑数额标准的明显差异,并使法定刑适用的其他情节标准基本对应,同时缩小贿赂犯罪与盗窃罪、诈骗罪等财产犯罪因犯罪数额标准的巨大差异而导致的法定刑适用上的实际差异;在基本法定刑之外,明确规定加重法定刑的具体条件,重罚司法贿赂。

四　本书特色与创新之处

本书的特色与创新之处主要体现在研究角度、研究方法及学术观点三个方面。在研究角度上，本书全面系统地对贿赂犯罪刑事立法进行结构性审视和理性思考，从立法分类、罪名设置、犯罪构成、犯罪形态到法定刑的设置及特别自首制度等方面通盘考虑，将纷繁复杂的贿赂犯罪刑事法律问题分门别类、相互贯通，从而避免了零敲碎打、杂乱无序、只见树木不见森林的局面。就此而言，本书当系首创。

在研究方法上，本书对贿赂犯罪刑事法律进行覆盖世界各主要国家和地区的大范围横向比较，系比较刑法领域中专门针对个罪研究的先行者。在横向比较的过程中，本书体现出以下三个特点：首先，在比较的层次上将立法比较和刑法理论比较相结合，将现状描述与法理分析相结合，深度挖掘、总结特点、探求规律，避免简单的现象罗列。其次，在比较方法上特别注意统一法律用语，厘清常见概念的含义。例如，国内语境中常见的"商业贿赂"一词，国际语境中出现的"主动贿赂"（active bribery）与"被动贿赂"（passive bribery）、事前贿赂与事后贿赂等概念，其含义不够明确，容易产生歧义。又如，"公职人员""国家工作人员""公务员""政府官员"等概念颇为近似，使用时须保持前后一致，避免混用。最后，在资料来源上，注重研究资料来源的统一性、权威性和新颖性。本书统一以英文资料为主要文献，以尽可能地反映各国立法的最新动态，克服因各国刑法典及相关法律中译本匮乏与陈旧造成的不足；而当存在中文译本的情况下，则尽量通过相互比对，消除歧义，力求准确。之所以选择一种统一的语言作为中介，是因为涉及多个国家，直接运用各国官方语言不够现实；而之所以选择英文，一方面是因为英语被各国广泛使用的现实，另一方面是因为多数西方国家有着相似的历史文化背景和法律传统，法律文本的翻译障碍相对较小，翻译误差也相对较少。

在横向比较的同时，本书还通过对中国古代某些贿赂犯罪立法及其蕴含法理的审视，从历史经验的角度解读贿赂犯罪的特点及本质，为解决当今贿赂犯罪立法所面临的某些具体问题提供理论依据和实践参考。例如，唐律以是否"受财"区分"有所请求"的渎职罪与"受财为请求""有事以财行求""监临主司受财枉法"等一系列行贿和受贿犯罪的做法对于今天认定贿赂犯罪罪数形态具有重要借鉴意义；唐律中"受财"枉法与"受财"不枉法的区分和当代西方刑法中履职贿赂与背职贿赂的区分颇为相似；唐律关于"彼此俱罪之赃"与"非彼此俱罪之赃"的区分较早地反映了行贿犯罪与受贿犯罪的相对独立性；唐律关于"公罪"与"私罪"相区分的理论，为立法中理顺包括贿赂犯罪在内的渎职犯罪与普通犯罪的关系提供了思路。再如，元明清三代刑律中关于介绍贿赂罪的规定，充分表明了中国现行刑法中介绍贿赂罪的历史渊源。

在学术观点上，本书有以下创造性的贡献：（1）提出并论证了解释贿赂犯罪法益方面的完整意义上的"义务违反说"。（2）提出将贿赂犯罪刑事立法模式划分为分立模式和整合模式的观点。（3）提出以系统性原则、合目的性原则和效率性原则等作为合理构建贿赂犯罪刑事立法体系的基本原则。（4）提出将各国贿赂犯罪刑事立法划分为四个阶段的观点。（5）提出将各国关于贿赂犯罪未遂立法划分为三种模式的观点。（6）提出行贿犯罪与受贿犯罪的相互关联性与相对独立性的观点。（7）提出区分酌定量刑情节与法定刑情节两种性质完全不同的刑罚影响因素的观点。

此外，本书首次明确提出如下主张：（1）明确贿赂犯罪的分类标准，将贿赂犯罪划分公务贿赂、选举贿赂、证人贿赂、商业贿赂以及业务贿赂五大类，并在每一类罪名中设置若干具体罪名形成罪名系列。（2）在中国刑法中区分背职贿赂与履职贿赂，增设贿赂证人罪、证人受贿罪、贿赂选民或代表罪、选民或代表受贿罪、行业受贿罪以及行业行贿罪。（3）整合并简化单位贿赂犯罪，将现有单位贿赂犯罪罪名分解纳入相应的自然人犯罪中。（4）调整法条结构，构建独立而完整的影响力交罪犯罪。（5）将海外贿赂犯罪单列并增设收受外国人贿赂罪。（6）厘清并充实贿赂犯罪的核心要件，保持各种贿赂犯罪核心构成要件的协调一致，在法条设置上区分基本犯、变形犯和独立犯以建立构成要件群。（7）明确规定贿赂行为的各种具体情形，对为本人受贿与为第三人受贿、事前贿赂与事后贿赂、作为与不作为、就职前贿赂、现职贿赂与离职后贿赂等做出明确规定，理顺逻辑关系，避免产生分歧。（8）不宜将提议或承诺给予或接受贿赂的行为规定为犯罪。（9）不宜将没有请托的单纯基于职务的贿赂规定为犯罪。（10）明确将"对价关系"纳入贿赂犯罪的主观要件中，以对"对价关系"的明知或确信取代"为他人谋取利益"和"利用职务之便"等客观要件方面的要求。（11）保持各种贿赂犯罪法定刑尺度的内部平衡，消除行贿罪和受贿罪的法定刑数额标准的明显差异，并使二者法定刑适用的其他情节标准基本对应。(12) 在公务受贿罪中设置司法人员受贿的加重条款，并在基本法定刑之外，明确规定受贿罪共同的加重法定刑的具体条件。(13) 保持受贿罪与行贿罪特别自首条件的一致性。

第一章　中外贿赂犯罪刑事立法概况

第一节　中国历史上的贿赂犯罪刑事立法概况

一　中国古代的贿赂犯罪刑事立法

"贿，财也。从贝，有声。"① 贿的本义指为特定对象吃肉埋单，"有"为"以手持肉"之形，意为"肉食"，"贝"指钱币，"贝"与"有"联合起来表示"用钱替人买肉"；引申义指让特定关系人免费消费，收买、打点。"贿赂"一词最早见于《左传》："乱狱滋丰，贿赂并行，终予之世，郑其败乎?"② 该记载描述了当时郑国贿赂盛行的社会风气。

中国反贿赂犯罪的立法历史悠久，自有刑罚时便有贿赂犯罪的规定。中国古代多将贿赂称为"赇"。根据《说文解字》，"赇，以财物枉法相谢也。从贝，求声"③。赇既针对行贿，也针对受贿，"法当有罪而以财求免，是曰赇。受之者亦曰赇。……赇，谢也，求而谢，不求而谢，皆得谓之赇"④。魏、晋称"请赇"，梁称"受赇"，后周、北齐、隋复称"请赇"。"受赇"与"请赇"都是贿赂之意。从唐朝开始，中国封建法律将"受财枉法、受财不枉法、受所监临财物"这三方面的贿赂犯罪，连同强盗、盗窃和坐赃总称为"六赃"，并为后代所沿用。各朝"六赃"之中贿赂犯罪的内容有所不同：唐律"六赃"中包括受财枉法、受财不枉法及

---

① （汉）许慎：《说文解字·卷六下》，中华书局 1985 年版，第 204 页。
② 《左传》，岳麓书社 1991 年点校本，第 1074 页。
③ （汉）许慎：《说文解字·卷六下》，中华书局 1985 年版，第 205 页。
④ 沈家本：《历代刑法考·汉律撫遗卷二·盗律·受财枉法》，中华书局 1985 年版，第 1406 页。

受所监临财物以及坐赃四种贿赂犯罪；明律和清律"六赃"中的贿赂犯罪仅包括受财枉法与受财不枉法两种，其中清律中的受财枉法又分为有禄人受财枉法与无禄人受财枉法两种，受财不枉法又分为有禄人受财不枉法与无禄人受财不枉法两种。①

关于贿赂犯罪的立法归类，各朝亦有所不同。战国时期，魏国李悝的《法经》将贿赂犯罪规定在《杂法》篇的"金禁"之中；秦律直接沿用《法经》，只是"改法为律"；汉代将"所监受财枉法"规定在《盗律》中；三国时期魏国专设《请赇律》并为晋代所沿用；北齐则将其规定在《违制律》之中；隋《开皇律》和唐律则把贿赂犯罪规定在《职制律》之中；宋元两代承袭了唐律的做法；明清将贿赂犯罪规定于《刑律》中单列的《受赃》篇之中。②

中国古代贿赂犯罪刑事立法呈现出阶段性特点。先秦时期对贿赂犯罪未设置正式罪名，处罚也没有具体规定，尚处于萌芽阶段。秦汉魏晋是中国古代贿赂犯罪刑事立法的初步发展时期，贿赂犯罪的罪名增多且日趋完善，对贿赂犯罪的量刑有了明确规定，对性质严重的贿赂犯罪如受财枉法处以重刑。唐朝是中国古代贿赂犯罪刑事立法的发展和定型阶段，唐律集历代贿赂犯罪刑事立法之大成，成为后世立法的蓝本，主要体现在对贿赂行为的明细区分、对各种具体罪名的概念及量刑原则的明确规定。宋以后及至明清的反贿赂犯罪立法基本沿用唐律，只是对贿赂行为的防范和防治更加严密，罪名有所增加，处罚也更为严厉。

（一）先秦时期贿赂犯罪立法的成文化

早期的贿赂犯罪与贪污罪并未截然分开，而是被作为同种犯罪对待。据《左传》记载，在夏朝建立之前皋陶造律时，便已出现惩治官吏腐败的规定："恶而掠美为昏，贪以败官为墨，杀人不忌为贼。《夏书》曰：昏、墨、贼，杀。皋陶之刑也。"③ 昏是指"恶而掠美"，即自己做了坏事而窃取他人的美名；墨是指"贪以败官"，贪得无厌，败坏官纪；贼是指"杀人无忌"，即肆无忌惮地杀人。犯这三种罪之一的，就要被处以死刑。

---

① 张俊霞、付俊华：《对我国贿赂犯罪立法的历史考察》，《河南社会科学》2000 年第 5 期。

② 同上。

③ 《左传》，岳麓书社 1991 年点校本，第 1106—1107 页。

也就是说，夏朝的刑法将官吏贪污财货而致统治效能败坏的行为与杀人罪一样，均视为应处死刑的重罪。

商朝关于贿赂犯罪的立法包含在"三风十愆"之中。据《尚书》记载，"敢有恒舞于宫，酣歌于室，时谓巫风；敢有殉于货色，恒于游败，时谓淫风；敢有侮圣言，逆忠直，远耆德，比顽童，时谓乱风。惟兹三风十愆，卿士有一于耳，家必丧，邦君有一于身，国必亡。臣下不匡，其刑墨"①。其中"淫风"中的"殉于货色"一条，即贪求财物美色。根据当时的规定，凡国君有犯"三风十愆"而臣下不加劝谏、匡正者，就得处墨刑。可见，受贿犯罪在商朝已被视为关系国家存亡的重大犯罪。

据《尚书》记载，周代的《吕刑》把官吏的受贿徇私枉法总称为"五过之疵"②。所谓"五过之疵"，一是"惟官"，即官官相护；二是"惟反"，即以个人好恶包庇某人或报复某人；三是"惟内"，即搞裙带风；四是"惟货"，即收受贿赂；五是"惟来"，即接受过去有来往之人的人情请托。在司法过程中官吏如犯有"五过"，就要按照"其罪惟均"的办法处以与所审罪犯相同的刑罚。③《吕刑》还规定对于接受犯人贿赂的要严惩不贷："狱货非宝，惟府辜功，报以庶尤。"

战国初期，魏国李悝所著《法经》中"杂律"一篇提出了"假借不廉"和"受金"等内涵明晰的罪名和惩罪办法："丞相受金，左右伏诛，犀首以下受金则诛，金自镒以下罚不诛也"，即丞相受贿，他左右的人要被处死，将军以下的官员受贿，其本人要被处死。

（二）秦汉魏晋贿赂犯罪立法的专门化

秦朝奉行法家的重刑主义，对赃吏一律重罚，不赦不宥。秦朝将以钱财行贿受贿的行为称为通钱。根据《云梦秦简·法律答问》记载："通一钱者，黥为城旦"，即行贿受贿的财物价值只要达一个铜钱，就要被判处脸上刺墨加无限期苦役的刑罚。同时，还有"知人通钱而为藏"的规定，即不但处罚受贿者，而且对于转移赃款而为之收藏的"窝赃者"也加以处罚。此外，秦律还对受贿罪规定了比盗窃罪更严厉的处罚标准，即受赃

---

①　《左传》，岳麓书社 1991 年点校本，第 231—232 页。

②　同上书，第 278 页。

③　张建国：《惩贪肃贿法制的历史考察》，《中外法学》1995 年第 6 期。

不足一钱者与盗千钱者同论。①

　　汉代《九章律》在《盗律》中专列了受赇之条，并对两种情况作了从重处罚的规定。一是对主守官受贿的处罚重于监临官受贿。"主守而盗，值十金弃市"，而"监临官受其官属所赠饮食计偿费勿论；受财物，夺爵为士伍，免之；无爵，罚金二斤，令没入所受"②。二是对"受赇枉法"和"恐猲受赇"加重处刑。据《汉书·刑法志》记载，汉文帝十三年颁布诏令，"吏坐受赇枉法，守县官财物而即盗之，已论命复有笞罪者，皆弃市"③。所谓的"受赇枉法"，即官吏受人财物而为之曲法断案的行为；所谓"恐猲受赇"，记载于《汉书·王子候表》中，是以行将不利相恐吓，使人心怀畏惧而以财物相谢，④大致相当于现在的索贿。对贿赂犯罪，汉文帝时曾规定，从赃者不得为吏；安帝以后更规定，赃吏子孙，三世禁锢，即其三代之内的子孙也不得为官。

　　三国时期，魏明帝修《魏律》十八篇。就贿赂犯罪而言，因当时"盗律有受所监受财枉法，杂律有假借不廉，令乙有呵人受钱，科有使者验赂，其事相类，故分为请赇律"⑤。也就是说，《魏律》将汉代《盗律》中的"受所监受财枉法"、《杂律》中的"假借不廉"、令中的"呵人受钱"（即借某种罪名向人敲诈勒索）、科中的"使者验赂"（即使者在检查财物时接受钱财）等相类似的条文集中在一块，专门设置了《请赇律》。这是中国最早的惩治贿赂犯罪的系统化法律。

　　西晋时期，《晋律》当中的《违制律》规定了贪赃枉法、行贿受贿的行为。当时注释法律盛行，贪赃受贿的概念逐渐规范化。在为《晋律》所作的注释中，时任最高司法审判机构廷尉明法掾职务的张斐明确指出了单纯的恐吓即敲诈勒索罪与索贿的区别："不以罪名呵人为呵人，以罪名呵人为受赇"⑥，即不以罪名相恐吓而索取他人财物的行为是恐吓罪，以给人治罪相恐吓来索取财物的行为是索贿。很明显，只有官吏才能以给人

---

① 孔庆明：《秦汉法律史》，陕西人民出版社1992年版，第50页。

② 张俊霞、付俊华：《对我国贿赂犯罪立法的历史考察》，《河南社会科学》2000年第5期。

③ 丘汉平编：《历代刑法志》，群众出版社1988年版，第16页。

④ 蔡枢衡：《中国刑法史》，中国法制出版社2005年版，第135页。

⑤ 丘汉平编：《历代刑法志》，群众出版社1988年版，第48页。

⑥ 同上书，第52页。

治罪相恐吓。《晋律》还规定："吏犯不孝、谋杀……受财枉法及掠人和卖、诱藏亡奴婢，虽遇赦，皆除名为民。"这条律令把官吏贪污受贿枉法断事与不孝、谋杀等重罪并列，作为不能赦免的罪行之一，实际上开了唐宋及以后赃罪"遇赦不原"的先河。《抱朴子·审举篇》对此有所记载：晋惠帝时，强调"诸居职其犯公坐者，以法律从事；其以贪浊赃污为罪，不足至死者刑竟，及遇赦，皆宜禁锢终身，轻者二十年"①。

北魏首次使用了"义赃"的概念。"义赃"指官吏利用喜庆宴会之机私自接受馈赠，对此类馈赠，无论何种名义，皆计赃定罪。义赃的规定在今天看来仍然有很强的现实意义。

（三）唐代贿赂犯罪立法的系统化

《唐律疏议》②是中国立法的巅峰，贿赂犯罪在唐律中的规定也最为丰富。《唐律疏议》中共规定了贿赂犯罪的近20种具体情形，涵盖了受贿和行贿等主要犯罪类型。这些规定主要分布在《名例》《职制》《杂律》以及《断狱》等篇章之中。

《职制》及《杂律》将受贿罪划分为受财枉法、受财不枉法、受所监临以及坐赃四种基本类型。（1）受财枉法罪。"诸监临主司受财而枉法者，一尺杖一百，一匹加一等，十五匹绞；不枉法者，一尺杖九十，二匹加一等，三十匹加役流；无禄者，各减一等；枉法者二十匹绞，不枉法者，四十匹加役流。"《唐律疏议》将受财枉法解释为：监临主司"受有事人财而为曲法处断者"，其中"监临主司"是指"统摄案验及行案主典之类"。（2）受财不枉法罪。由于受财不枉法罪的危害性小于受财枉法罪，所以对受财不枉法罪的处罚要轻一些。不过，受财不枉法罪也侵害了官吏职务行为的廉洁性，且不枉法往往是枉法的先导。因此对受财不枉法也要以犯罪论处，只是在量刑上轻于受财枉法罪。（3）受所监临罪。"诸监临之官，受所监临财物者，一尺答四十，一匹加一等；八匹徒一年，八匹加一等；五十匹流二千里。乞取者，加一等；强乞取者，准枉法论。"（4）坐赃致罪。《唐律疏议》第389条规定，"诸坐赃致罪者，一尺答二十，一匹加一等，十匹徒一年，十匹加一等，罪止徒三年……"坐赃致

---

① 黄启昌：《试论中国古代的反贪立法》，《中国史研究》1999年第1期。

② 参见钱大群撰《唐律疏义新注》，南京师范大学出版社2007年版；曹漫之主编《唐律疏议译注》，吉林人民出版社1989年版；薛允升《唐明律合编》，法律出版社1999年版。

罪是指"监临主司"以外的官员受贿，相当于现在的斡旋受贿。该罪是唐律中贿赂犯罪的兜底条款，有了这个条款，各种身份、职业或职务的人因事收受不正当财物的，都可以被以赃论罪。

除此之外，《唐律疏议》还对各种特殊情形的受贿行为作了十分细致的规定，其定罪分别归入上述四种类型之中，法定刑则比照四种类型予以增减。主要包括：（1）受财为请求。指非监临主司的受贿行为。"诸受人财而为请求者，坐赃论加二等；监临势要，准枉法论。……若官人以所受之财，分求余官，元受者并赃论，余各依已分法。"（《唐律疏议》第136条）即对官吏收取贿赂后又将其中一部分拿出去求托其他官员提供方便，该官吏按全部贿赂价值来量刑，而其他官吏则按其各自所得贿赂的份额承担责任。（2）因使受送遗。"诸官人因使，于使所受送遗及乞取者，与监临同；经过处取者，减一等。即强乞取者，各与监临同。"（3）贷所监临财物。"诸贷所监临财物者，坐赃论；若百日不还，以所受监临财物论。强者，各加二等。若买、卖有剩利者，计利，以乞取监临财物论。强市者，笞五十；有剩利者，计利，准枉法论。"（4）役使所监临。"诸监临之官，私役使所监临及借奴婢、牛、马、驼、骡、驴、车船、碾硙、邸店之类，各计庸、赁，以受所监临财物论。"（5）监临受供馈。"诸监临之官，受猪、羊供馈，坐赃论。强者，依强取监临财物法。"（6）率敛所监临财物。"诸率敛所监临财物，馈遗人者，虽不入己，以受所监临财物论。"（7）挟势乞索。包括官员索贿和非官员实施的敲诈勒索。"诸因官挟势及豪强之人乞索者，坐赃论减一等；将送者，为从坐。"（8）去官受旧官属士庶馈与。即离职受贿。"诸去官而受旧官属、士庶馈与，若乞取、借贷之属，各减在官时三等。"（9）"监临之官家人乞借"，即官员的近亲属受贿，大致相当于现在的利用影响力受贿罪。"诸监临之官家人，于所部有受乞、借贷、役使、买卖有剩利之属，各减官人罪二等。官人知情，与同罪；不知情者，各减家人罪五等。其在官非监临及家人有犯者，各减监临及监临家人罪一等。"（10）事后受财。在受财枉法罪中，一般是受财在前，枉法在后。对于受财在后枉法在前的，《职制》专门规定："诸有事先不许财，事过之后而受财者，事若枉，准枉法论；事不枉法者，以受所监临财物论。"这种处罚较一般情况下的受财枉法罪为轻，即犯罪官吏"不在除、免、加役流之例"。至于事后受财而官吏并未枉法，则危害性更小，因而只科以"受所监临财物罪"，从轻论处。

《唐律疏议》中的行贿犯罪主要包括以下四种类型。（1）有事以财行求。该罪与受财枉法罪和受财不枉法罪相对应。《职制》篇规定："诸有事以财行求，得枉法者，坐赃论；不枉法者，减二等。即同事共与者，首则并赃论，从者各依已分法。"根据该条规定，行贿罪的范围较宽，只要行为人有事以财行求，不论所获利益是否正当，不论官吏是否枉法裁断，均以犯罪论处。（2）受所监临罪中的行贿方。"与者，减五等，罪止杖一百。"（3）坐赃致罪中的行贿方。其刑事责任比照受贿方减五等处罚。（4）受财为请求中的行贿方。其刑罚是"与财者，坐赃论减三等"。

从立法内容上看，唐律对贿赂犯罪的规定具有三个特点。第一，法网严密，立法精细。唐律是对历代贿赂犯罪立法成果的归纳和总结，它几乎对任何可能出现以权谋私的情形都有针对性的规定，其"法律的细密完备和当今发达国家的法律相比毫不逊色，只是用语比较简洁罢了"[1]，许多规定在今天看来仍具有现实意义。唐律针对贿赂犯罪在犯罪主体、行为方式、贿赂范围等方面都作了详尽细密的规定。从犯罪主体看，贿赂犯罪的主体广泛，现任官吏、卸任官吏和官吏的家人都包括在内。唐律分类列举了监临、监临家人、在官非监临、在官非监临家人、离任之官、因官挟势之人、豪强之人等作为受贿罪主体；以有事之人、所监临等作为行贿罪主体。"坐赃致罪"规定监临主司之外的各种身份、职业或职务的人因事收受不正当财物的，都可以按赃论罪，对应的行贿行为也可构成犯罪。从行为方式看，一切可以获取财物的手段几乎都囊括在内。对于事前受贿和事后受贿，本人直接受贿、斡旋受贿和通过亲友间接受贿，收受财物和无偿使用劳务，在职受贿和退职受贿，收受财物和仗势索取财物，受贿枉法和受贿不枉法，等等，均有规定。从贿赂的范围看，不仅仅局限于财物。监临之官在本辖区内经商营利或者强行购买所需物品，或者私自役使被监督、管辖之人或在本辖区内借用奴婢及其他用具，或者借用被监督、管辖之人的财物，以及接受饮食招待，等等，都构成贿赂犯罪。这对于打击那些隐性的受贿行为十分有力。

第二，重受贿轻行贿，从严治吏。唐律对受贿规定得细而多，对行贿规定得简而少，而且前者的法定刑重于后者的法定刑，后者比照前者而定。对于受贿，唐律针对不同情况规定了受财枉法、受财不枉法、受财为

---

① 张建国：《惩贪肃贿法制的历史考察》，《中外法学》1995 年第 6 期。

请求以及受所监临财物 4 个罪名和近 20 种具体的犯罪形式。而对行贿，只规定了"有事以财行求"等 4 种情形，而且在定罪上依附于相应的受贿罪。在同一案件中，在受贿人与行贿人都构成犯罪的情况下，对前者的处罚要明显重于对后者的处罚。例如，监临之官受财枉法或不枉法的法定刑，均比行贿者"得枉法"或"不枉法"的法定刑重得多；监临之官受所监临财物的法定刑也比行贿者的法定刑重得多。

第三，充分体现了罪刑相适应的原则。（1）因官职不同，罪名和法定刑不同。例如，同是"受人财而为请求"的行为，行为人若属非监临之官，以坐赃论处；若属监临势要，则以受财枉法论处。监临势要向主司求情无异于下命令，而非监临之官向主司求情则只是一般性请求，二者对案件产生的影响并不相同。（2）因受贿方式不同，罪名和法定刑不同。例如，同是监临之官，若收受被监督管辖之人财物的，以受所临监财物论处；若索取财物的，以受所监临财物加一等处罚；若强行勒索的，则以受财枉法论处。（3）因造成的后果不同，罪名和法定刑不同。例如，监临主司非法收受他人财物后作枉法裁判的，以受财枉法论处；不作枉法裁判的，则以受财不枉法论处。（4）因所接受的财物不同，罪名和法定刑不同。例如，监临之官在辖区内收受已宰好的猪、羊等畜产供馈的，以坐赃论处；而收受生猪、羊及米面等供馈的，则以受所监临财物论处。（5）因借用财物的期限不同，罪名和法定刑不同。例如，监临之官借用所监临财物，未超过一百天的，以坐赃论处；超过一百天的，以受所监临财物论处。（6）因作案场所不同，法定刑不同。例如，官吏受差遣执行公务时，在差遣地收受、索取或强行勒索财物以及在经过之处强行勒索财物的，以受所监临财物论处；而在经过之处收受、索取财物的，则以受所监临财物论减一等处罚。（7）因行为人主观方面不同，法定刑不同。例如，监临之官的家人在本官辖区内收受、索取或借贷财物时，本官知情的，与家人同罪；若不知情的，则以家人之罪减五等处罚。（8）因是否在任，法定刑不同。例如，离任之官收受、索取或借贷在任时所辖僚属和士人百姓财物的，比照在任时实施此类行为减三等处罚。①

从立法技术看，唐律对贿赂犯罪的规定主要呈现出以下三个特点：第一，犯罪分类上盗赃并列，在"六赃"中确立了贿赂犯罪的"四赃"模

---

① 张玉珍：《试析唐律中的贿赂犯罪》，《齐鲁学刊》2008 年第 3 期。

式。唐律首次将一切具有"赃"的特征的经济犯罪统一为"六赃"，使以前纷繁杂呈的各色经济犯罪以及混淆不一的罪名概念顿时廓清，使反贿赂犯罪的法律体系更趋完善。① "六赃"之中，受财枉法、受财不枉法、受所监临以及坐赃致罪等"四赃"皆为贿赂犯罪。将贿赂犯罪与盗窃、抢劫并列，可以表明贿赂犯罪与盗窃罪、抢劫罪等财产犯罪同属贪利性犯罪。"四赃"以外，贿赂犯罪还有十余种特殊情形，单独规定其刑事责任比较麻烦，采取其他贿赂犯罪刑事责任比照"四赃"加等、减等的"四赃"模式，对于定罪量刑的规范化具有重要意义。第二，区分"彼此俱罪之赃"与"非彼此俱罪之赃"。对于彼此俱罪之赃，赃款赃物没官；对于非彼此俱罪之赃，则应归还原主。"彼此俱罪之赃"主要包括受财枉法、受财不枉法等情形。"非彼此俱罪之赃"也包括两种情况：一是行贿受贿双方取与不和，如一方行贿而另一方拒绝受贿，或一方索贿而另一方拒绝行贿；二是行贿受贿双方取与虽和，但出于考虑双方的特殊身份或隶属关系，受贿一方又有索贿的明示或暗示，如乞索之赃、率敛之物、强市有剩利等，法律明确规定与者无罪。② 第三，计赃论罪。对受贿行为采取计赃论罪的原则，依受贿之所得，折合绢价，以绢之多少，定罪之轻重，不仅便于计算，而且体现了按照行为结果之轻重来决定刑罚之轻重的思想。③

（四）宋元明清贿赂犯罪立法的严密化

《宋刑统》承袭了《唐律疏议》关于惩治贿赂犯罪的规定，六赃之名与唐律相同。《宋刑统·职制律》中规定了请求公事、枉法赃、不枉法赃以及受所监临赃四种贿赂犯罪。请求公事，指从主司求曲法之事，"诸有所请求者，笞五十；主司许者，与同罪。已施行者各杖一百。所枉罪重者，主司以出入人罪论。他人及亲属为请求者，减主司罪三等；自请求者，加本罪一等。即监临势要为人嘱请者，杖一百；所枉重者，罪与主司同。至死者，减一等"。枉法赃及不枉法赃针对监临主司，"诸监临主司

---

① 刘守芬、王洪波、姜涛等：《对中国古代廉政法律制度的历史考察》，《北京大学学报》（哲学社会科学版）2003 年第 3 期。

② 程宝库：《唐朝反贿赂法律制度的成就与缺陷综析》，《广州大学学报》（社会科学版）2007 年第 12 期。

③ 叶小琴：《中国古代受贿犯罪立法的历史考察》，《江苏警官学院学报》2004 年第 2 期。

受财而枉法者，一尺杖一百，一匹加一等，十五匹绞；不枉法者，一尺杖九十，二匹加一等，三十匹加役流。无禄者，各减一等，枉法者，二十匹绞；不枉法者，四十匹加役流"。受所监临赃则指单纯索取或收受财物的行为，"诸监临之官，受所监临财物者，一尺笞四十，一匹加一等；八匹徒一年，八匹加一等，五十匹流二千里。与者减五等，罪止杖一百。乞取者，加一等；强乞取者，准枉法论"①。可以看出，宋代惩治受贿的规定较唐律有所宽缓。例如，枉法赃处绞刑的标准由十五匹提高至二十匹，无禄人枉法赃的则由二十匹宽至二十五匹。

元朝典章制度将贿赂犯罪划分为取受、以不枉法论、以枉法论、过钱、回钱等。取受是指因事受财，分为枉法和不枉法两种。所谓"枉法"，指"受讫为事无理人钱物，断令有理；受讫有罪人钱物，脱放；受钱买嘱，刑及无辜；教令有罪人妄指平民，取受财物；违例卖官，及横差民户，充仓库官、祗待头目、乡里正等，诈取钱物"②。所谓"不枉法"，是指"馈献，率敛津助、人情、推收、过割，因事索要勾事、纸笔等钱，及仓库院务搭带分例，关津、批验等钱，其事多端，不能尽举；与钱人本宗事无理或有罪，买嘱官吏，求胜脱免，虽已受赃，其事未曾枉法结绝，合从不枉法科断"③。《大元通制·职制》对于受贿行为的规定很详细，"诸职官及有出身人，因事受财枉法者，除名不叙；不枉法者，殿三年；再犯不叙；无禄者减一等"，出使受供馈的行为以不枉法减二等论；官员受贿的事实清楚，"虽死犹责家属纳赃"；恐吓有罪人求赂没有获得的也要笞二十七，针对枉法与不枉法的不同数量，详细地规定了笞、杖等不同的刑罚措施。④ 元朝称行贿为"与财"，与财而有罪的主要原因是"非义而与"，具体包括四种情形，"一曰与财行求得枉法者，二曰与财行求得不枉法者，三曰监临受财而非因事者，四曰因事受财而非监临者"；称介绍贿赂为"过钱"，对过钱人的处罚采取"验赃轻重，量情断罪"的办法，但当官吏犯赃被赦免或因自首免罪时，不再追究过钱人的责任。⑤

---

① 薛梅卿点校：《宋刑统》，法律出版社 1999 年版，第 196、199、201 页。

② 《大元圣政国朝典章》（上），中国广播电视出版社 1998 年影印元刊本，第 1692 页。

③ 同上书，第 1692—1693 页。

④ 叶小琴：《中国古代受贿犯罪立法的历史考察》，《江苏警官学院学报》2004 年第 2 期。

⑤ 温雅洁：《中国古代贿赂犯罪罪种体系的历史考察》，《河南司法警官职业学院学报》2008 年第 3 期。

明代采用"重典治世"的原则，尤对官吏犯罪实行"重罪加重"的原则。在这种指导思想之下，《大明律》中关于贿赂罪的规定在唐律的基础之上又有所发展，更加细化，更具可操作性，但惩罚之严酷也是亘古未有的。《大明律》首附《六赃图》，改革了唐六赃的名目，即监守盗、常人盗、窃盗、枉法、不枉法和坐赃，没有规定受所监临财物。其中后四赃均是专门针对官吏犯罪的。《大明律》专设《受赃》篇，内有"官吏受财""坐赃致罪""事后受财""有事以财请求""在官求索借贷人财物""家人求索""风宪官吏犯赃""因公擅科敛""私受公侯财物""克留盗赃""官吏听许财物"11个罪种。"风宪官吏犯赃"和"官吏听许财物"两个罪种是唐律中所没有的。"风宪官吏"指掌管司法的官员，此为明知故犯，故加罪二等。"听许"指"但许之而未受者也"，即官员只要任之许以财物，即便最后并未接受也按犯罪处理。《大明律》将官吏受财区分有禄人枉法赃、有禄人不枉法赃，无禄人枉法赃，无禄人不枉法赃，同时还规定了"说事过钱"罪，即现在的介绍贿赂罪，"说事过钱者，有禄人减受钱一等，无禄人，减二等，罪止杖一百，各迁徙。有赃者，计赃从重论"①。

在刑罚设置方面，明律也非常严格细致。首先，《大明律》将"受赃"分为"枉法赃""不枉法赃"与"坐赃"三种，计赃科刑，有所区别。枉法赃"通算全科"，即按受赃总数科刑，有禄人犯者，一贯以下杖七十、八十贯绞，无禄人犯者减一等，一百二十贯绞；不枉法赃"通算折半"，即按受赃总算之半科刑，十贯杖七十、一百二十贯流三千里；坐赃也"通算折半"，三贯以下笞三十、八十贯杖一百，百贯徒一年，五百贯以上罪止徒三年。由于明朝"钞贱物贵"，因而以货币比值计算，明律对赃罪的处罚比唐律重得多。② 其次，明代官吏因受赃除名、罢役之后，不再叙用，与唐律中因受赃免官经一定年限，仍可降级使用不同。《大明律·刑律·受赃》规定"凡官吏受财者，计赃科断。无禄人，各减一等。官追夺除名，吏罢役俱不叙"③。最后，明律突出体现了处罚赃官从重的特点。如明律规定一般的"常人盗"八十贯处以纹刑，而监管官吏的

① 怀效锋点校：《大明律》，法律出版社1999年版，第183页。
② 殷凤斌：《明初惩贪肃贿法制的历史考察与借鉴》，《理论与现代化》2002年第1期。
③ 怀效锋点校：《大明律》，法律出版社1999年版，第183页。

"监守盗"四十贯就得处以斩刑，对监督法律执行的御史更要加重其刑事责任，凡是监督法律执行的官吏贪污、受贿要加罪二等。[①]

清朝的《大清律例·刑律》也专设《受赃》一篇，基本沿袭明朝的贿赂犯罪立法。在受贿罪中区分官吏受财枉法赃和官吏受财不枉法赃，前者的处罚重于后者。"凡官吏听许财物，虽未接受，事若枉者，准枉法论；事不枉者，准不枉法论，各减一等。"[②] 清律中行贿罪称为"有事以财请求"。如果行贿人是在官吏刁难下被迫出钱的，不予处罚。"凡诸人有事，以财行求得枉法者，计所与财，坐赃论。若有避难就易，所枉（法之罪）重（于与财）者，从重论（其赃入官）。其官吏刁蹬，用强生事，逼抑取受者，出钱人不坐。"[③] 清律中也规定有"说事过钱"罪，"说事过钱者，有禄人减受钱人一等，无禄人减二等，罪止杖一百、徒二年。有赃者，（过钱而不受钱），计赃从重论（若赃重从本律）"[④]。

二　中国近代的贿赂犯罪刑事立法

（一）民国时期

1911 年辛亥革命推翻了清王朝，建立了资本主义性质的中华民国，在南京临时政府、北洋军阀及国民党政府统治时期，先后制定和实施的刑法共三部：《暂行新刑律》、1928 年刑法和 1935 年刑法，并颁布了许多惩治贪污罪的单行刑事法规。《暂行新刑律》将贿赂犯罪规定在第六章渎职罪中。该章总计 13 条，其中有 7 条是关于贿赂犯罪的，在贿赂犯罪中将罚金刑规定为主刑，并确定了罚金数额。这是中国近代刑罚制度不同于古代刑罚制度的一个重要标志，是商品经济关系的反映。

国民党政府于 1928 年 3 月 10 日公布了《中华民国刑法》，其中涉及贿赂罪的计 4 条，当时的政府及刑法学界把贿赂罪和贪污罪视为同一种犯罪。对全部受贿和行贿罪都规定了罚金刑及罚金数额，并规定犯受贿罪者，"所收受之贿赂没收之"，如若无法没收，则"追征其价额"，此项规

---

① 吕鹤云：《中国古代刑律中有关官吏赃罪的探究》，《华中师范大学学报》（哲学社会科学版）1987 年第 4 期。

② 沈之奇：《大清律辑注》，法律出版社 2000 年版，第 865 页。

③ 郑秦：《清律惩贪条款辨析》，《政法论坛》1992 年第 2 期。

④ 同上。

定充分反映了旧中国经济时代刑事立法的特点。1931年国民党政府着手对刑法进行修订，到1935年1月10日颁布，时人称前一部刑法典为旧刑法，称后一部刑法典为新刑法。新刑法在体例、内容上基本以旧刑法为蓝本，渎职罪一章中贪污受贿罪的条款未改变，只是条文内容有所减少。国民党政府在颁布刑法的同时，还制定了几个惩治贪官污吏的单行刑事法规，如1914年的《官吏犯赃治罪条例》、1938年的《惩治贪污暂行条例》、1938年的《惩治贪污条例》、1941年的《财务行政征收人员犯赃治罪暂行条例》等。这几部特别刑法进一步充实了刑法典中贪污贿赂罪的内容，是对刑法典的有益补充。

（二）民主革命时期

中国共产党领导的红色政权自成立的那一天起，就十分重视保持政权的清正廉洁，打击贪污受贿等违法行为。从第二次国内革命战争、抗日战争到解放战争时期，各革命根据地相继通过制定单行刑事法规惩治贪污受贿犯罪行为，主要有：1933年公布的《关于惩治贪污浪费行为的训令》，1939年的《陕甘宁边区惩治贪污条例》，1944年的《山东省惩治贪污罪暂行条例》，1941年的《晋西北行署惩治贪污暂行条例》，1942年的《晋冀鲁惩治贪污暂行办法》和《晋察冀边区惩治贪污条例》，1947年的《东北解放区惩治贪污暂行条例》，1948年的《晋冀鲁豫边区惩治贪污条例》，1949年的《苏北区奖励节约惩治贪污暂行条例》等。

这些惩治贪污的单行法规总体上体现了从严治贪的立法宗旨，但立法技术粗糙。其基本特点如下：一是规定的贪污犯罪行为含义广泛，包容了1997刑法规定的贪污罪、挪用公款罪、受贿罪、职务侵占罪、敲诈勒索罪等罪名；二是规定了具体数额标准作为定罪量刑的主要依据，数额的计算方式多种多样，多数以粮食（又有杂粮、小米等称谓）和财物（或公款）数额为计量单位；三是法定刑各档次间的衔接渐趋科学合理，由开始的死刑、半年以上五年以下监禁、强迫劳动三种刑罚完善为死刑、无期徒刑、十五年以下有期徒刑、劳役以及并处罚金等。值得一提的是，中华苏维埃政府于1933年公布的《关于惩治贪污浪费行为的训令》是我国最早的以贪污作为罪名并规定相应法定刑的立法。但此时的贪污受贿罪仍然作为一个罪名。

第二节　当代中国贿赂犯罪刑事立法概况

一　大陆地区贿赂犯罪刑事立法之沿革

（一）1979 年之前的立法

1952 年 4 月 21 日中央人民政府公布的《中华人民共和国惩治贪污条例》① 第 2 条规定，贪污罪是指"一切国家机关、企业、学校及其附属机构的工作人员侵吞、盗窃、骗取、套取国家财物，强索他人财物、收受贿赂以及其他假公济私违法取利之行为"。第 3 条规定，犯贪污罪者，依其数额和情节，分别判处死刑、无期徒刑、有期徒刑、劳役、管制或免刑予以开除、撤职、降职、降级、记过或警告的行政处分；集体贪污，按各人所得数额及其情节，分别惩治。贪污所得财物，应予追缴；其罪行特别严重者，并得没收其财产之一部或全部。第 4 条和第 5 条分别规定了得从重或加重处刑、得从轻或减轻处刑或缓刑或免刑予以行政处分的情况。第 6 条明确规定，一切向国家工作人员行贿、介绍贿赂者，参酌贪污罪的规定处刑。第 7 条规定，在与国家工作人员交易中送收小额回扣的，对送者和收者分别以行贿、受贿治罪。第 12 条规定，非国家工作人员勾结国家工作人员伙同贪污者，应参照贪污罪的规定予以惩治。第 15 条规定，社会团体的工作人员贪污的，适用该条例的规定。

在刑法典颁布前，《中华人民共和国惩治贪污条例》一直是中国惩治贪污贿赂罪的基本法律依据。尽管此时的受贿犯罪仍然没有从贪污罪中独立出来，但是贿赂犯罪的主要内容均已在该条例中有所体现，如行贿、受贿、索贿、介绍贿赂、经济贿赂、贿赂共犯、社会团体工作人员贿赂等。此外，以犯罪数额作为贪污罪法定刑配置主要依据的立法例对后来的刑事立法产生了极为深远的影响。该条例所设定的贿赂犯罪立法格局和框架，常常为后来的单行刑法甚至刑法典所效仿和继承。

1952 年《中华人民共和国惩治贪污条例》关于贿赂犯罪的法定刑设置具有以下五个鲜明特征：其一，将收受贿赂行为以贪污罪处罚；其二，

---

① 参见高铭暄、赵秉志《新中国刑法立法文献资料总览》，中国人民公安大学出版社 1998 年版。

行贿罪与受贿罪适用同一刑的种类和幅度；其三，犯罪数额作为评价贿赂犯罪行为社会危害性程度进而适用不同刑种和刑度的标准；其四，以数额为评价标准的法定刑有死刑、无期徒刑、有期徒刑、劳役和管制以及免予刑事处分后的行政处分；其五，国家机关、企业、学校及其附属机构的工作人员贿赂犯罪处遇相同，不评价犯罪人的身份差异。

（二）1979 年刑法典

1979 年 7 月 1 日，第五届全国人民代表大会第二次会议通过了《中华人民共和国刑法》。

该法典改变了传统的贪污罪概念，受贿罪首次被作为独立的罪名从贪污罪中分离出来，贪污罪被置于第五章侵犯财产罪中，而受贿罪、行贿罪、介绍贿赂罪等被置于第八章渎职罪之首。该法第 185 条规定了贿赂犯罪，"国家工作人员利用职务上的便利，收受贿赂的，处五年以下有期徒刑或者拘役。赃款、赃物没收，公款、公物追还。犯前款罪，致使国家或者公民利益遭受严重损失的，处五年以上有期徒刑。向国家工作人员行贿或者介绍贿赂的，处三年以下有期徒刑或者拘役"。第 155 五条规定了贪污罪，"国家工作人员利用职务上的便利，贪污公共财物的，处五年以下有期徒刑或者拘役；数额巨大、情节严重的，处五年以上有期徒刑；情节特别严重的，处无期徒刑或者死刑"。

在该法典中，受贿罪与贪污罪在法定刑上有了明显差异。首先，贪污罪的法定刑划分为三个档次，其中最高档为无期徒刑或死刑。而贿赂犯罪只有两个档次，最高档为五年以上有期徒刑，明显比贪污罪轻许多。其次，犯罪数额是影响贪污罪法定刑幅度的因素之一，但在贿赂罪中没有规定。可以说，1979 年刑法典开创了中国贿赂犯罪方面一个完全不同的立法格局。

（三）单行刑法

1982 年 3 月 8 日，第五届全国人民代表大会常务委员会第二十二次会议通过的《关于严惩严重破坏经济犯罪的决定》对 1979 年刑法进行修改，第 1 条第 2 项对 185 条第 1 款和第 2 款修改为：国家工作人员索取、收受贿赂的，比照刑法第 158 条贪污罪论处，情节严重的处无期徒刑或死刑。这次刑法修改的显著特征是加重了受贿犯罪的惩罚力度，在刑种上增加了无期徒刑和死刑，这显然是回到了 1952 年《中华人民共和国惩治贪污条例》贪污受贿同等处罚的法定刑配置模式。在法定刑评价模式上，此次修改并未将贿赂犯罪数额作为量刑评价的依据。但是，1985 年 7 月 8 日最高人民法院、最高人民检察院《关于当前办理经济犯罪案件中具体应用法律的若干问题的解答》中明确规定，"在司法实践中，对个人受贿追究刑事责任的金额可以参照贪污罪的金额，并可根据具体情况来掌握"。根据该司法解释，当时贪污罪追究刑事责任的数额标准是 1000 元到 2000 元。

1988 年 1 月全国人大常委会颁布的《关于惩治贪污罪贿赂罪的补充规定》（以下简称《补充规定》）对 1979 年刑法典作了诸多修改和补充。首先，恢复了 1952 年《中华人民共和国惩治贪污条例》以犯罪数额为主的法定刑评价模式，对贪污罪的定罪情节数额和量刑情节数额做出明确规定，提高了贪污罪的法定刑。根据《补充规定》第 2 条规定，贪污罪的数额标准划分为 4 个档次：（1）个人贪污数额不满 2000 元，情节较重的，处 2 年以下有期徒刑或者拘役；情节较轻的，由其所在单位或者上级主管机关酌情给予行政处分。（2）个人贪污数额在 2000 元以上不满 1 万元的，处 1 年以上 7 年以下有期徒刑；情节严重的，处 7 年以上 10 年以下有期徒刑。（3）个人贪污数额在 1 万元以上不满 5 万元的，处 5 年以上有期徒刑，可以并处没收财产；情节特别严重的，处无期徒刑，并处没收财产。（4）个人贪污数额在 5 万元以上的，处 10 年以上有期徒刑或者无期徒刑，可以并处没收财产；情节特别严重的，处死刑，并处没收财产。对于受贿罪，《补充规定》除规定依据贪污罪的数额标准处罚外，还设定了一个特别情节，即贿赂行为使国家利益或者集体利益遭受重大损失。《补充规定》第 5 条规定，对犯受贿罪的，根据受贿所得数额及情节，依照本规定第 2 条的规定处罚；受贿数额不满 1 万元，使国家利益或者集体利益遭受重大损失的，处 10 年以上有期徒刑；受贿数额在 1 万元以上，使国家利益或者集体利益遭受重大损失的，处无期徒刑或者死刑，并处没收财产。索贿的从重处罚。其次，提高了行贿犯罪的法定刑。1979 年刑法中行贿罪和介绍贿赂罪的法定刑是 3 年以下有期徒刑，补充规定把行贿犯罪的法定刑提高到无期徒刑，同时划分出三个档次：犯行贿罪处 5 年以下有期徒刑或拘役；情节严重的，或使国家利益、集体利益遭受重大损的处 5 年以上有期徒刑；情节特别严重的，处无期徒刑，并处没收财产。最后，增设了单位受贿罪和单位行贿罪，单位犯行贿罪和受贿罪，对单位判处罚金，对其直接负责的主管人员和其他责任人员处 5 年以下有期徒刑或拘役。

在沿用先前立法关于经济贿赂、贿赂共犯等规定的同时，《补充规定》还首创了单位贿赂犯罪和行贿罪的特别自首。第6条规定："全民所有制企业事业单位、机关、团体，索取、收受他人财物，为他人谋取利益，情节严重的，判处罚金，并对其直接负责的主管人员和其他直接责任人员，处五年以下有期徒刑或者拘役。"第8条规定："行贿人在被追诉前，主动交代行贿行为的，可以减轻处罚，或者免予刑事处罚。"此外，《补充规定》还确立了因行贿、受贿而进行违法活动构成其他罪的实行数罪并罚的处罚原则。

《补充规定》关于贿赂犯罪法定刑设置具有如下特点：其一，受贿罪的法定刑回归到1952年惩治贪污行为时法定刑设定的状态，虽然独立出受贿罪罪名，但是刑罚的适用完全依照贪污罪的数额和标准。其二，开创了法典中贿赂犯罪法定刑评价标准单一化的立法例，直接以犯罪数额引导刑种和刑度的使用，虽然规定受贿犯罪使国家利益或者集体利益遭受重大损失的法定情节，但由于缺少操作性规定，司法实践基本上以贿赂犯罪数额作为定罪量刑的标准。其三，沿袭新中国成立初期和1982年对受贿犯罪人适用无期徒刑、死刑的先例，在重刑威吓思想引导下忽视了刑罚设置的经济性要求。其四，系较短时间内第四次对贿赂犯罪的法定刑进行修改，表现出刑事立法的不成熟。

（四）1997年刑法典及其修正案

1997年3月14日，第八届全国人民代表大会第五次会议修订了《中华人民共和国刑法》，留了《补充规定》的主体内容，但是将贪污罪和受贿罪分别从侵犯财产罪和渎职罪中分离出来，再次将二者加以统一，构成刑法典第八章贪污贿赂罪。该章包括6种具体犯罪：受贿罪、行贿罪、介绍贿赂罪、单位受贿罪、向单位行贿罪、单位行贿罪。这些犯罪中，受贿的主体为"国家工作人员"。私营部门贿赂犯罪则出现在刑法典第三章"破坏社会主义市场经济秩序罪"第三节"妨害对公司、企业的管理秩序罪"中。该章包括两个具体罪名：行贿罪（第163条）和受贿罪（第164条），其受贿主体为"公司、企业或者其他单位的工作人员"，其中不包括在国有公司、企业中从事公务的工作人员，以及由国有公司、企业派往非国有公司、企业中从事公务的工作人员。

新刑法典沿用了单行刑法以犯罪数额为主的法定刑评价模式，只是比

1988 年《关于惩治贪污罪贿赂罪的补充规定》规定的数额有所提高。第 386 条规定："对犯受贿罪的，根据受贿所得数额及情节，依照本法第三百八十三条的规定处罚。索贿的从重处罚。"也就是说，区分为以下四种情形："（一）受贿数额在十万元以上的，处十年以上有期徒刑或者无期徒刑，可以并处没收财产；情节特别严重的，处死刑，并处没收财产。（二）受贿数额在五万元以上不满十万元的，处五年以上有期徒刑，可以并处没收财产；情节特别严重的，处无期徒刑，并处没收财产。（三）受贿数额在五千元以上不满五万元的，处一年以上七年以下有期徒刑；情节严重的，处七年以上十年以下有期徒刑。受贿数额在五千元以上不满一万元，犯罪后有悔改表现、积极退赃的，可以减轻处罚或者免予刑事处罚，由其所在单位或者上级主管机关给予行政处分。（四）受贿数额不满五千元，情节较重的，处二年以下有期徒刑或者拘役；情节较轻的，由其所在单位或者上级主管机关酌情给予行政处分。"

2006 年 6 月 29 日通过的《刑法修正案（六）》修改了刑法第 163 条和第 164 条，2009 年 2 月 28 日通过的《刑法修正案（七）》新增的第 388-1 条规定了利用影响力受贿罪，2011 年 2 月 25 日通过的《刑法修正案（八）》在刑法第 164 条增设了向外国官员、国际公共组织官员行贿罪。后者的犯罪主体可以是自然人，也可以是单位，其法定刑与国内私营部门行贿犯罪相同但明显轻于向国内公务人员行贿犯罪。2015 年 8 月 29 日通过的《刑法修正案（九）》增设了对有影响力者行贿罪，将受贿罪和行贿罪的刑罚标准改为概括式的犯罪数额加犯罪情节模式，为受贿罪增设了特别自首制度，为非国家工作人员受贿罪之外的所有贿赂犯罪增设了罚金刑，为受贿罪首创了终身监禁。

目前，贿赂犯罪共有 11 个罪名，即刑法典 163 条非国家工作人员受贿罪，第 164 条对非国家工作人员行贿罪，向外国官员、国际公共组织官员行贿罪，第 385 条受贿罪，第 387 条单位受贿罪，第 388-1 条利用影响力受贿罪，第 388-2 条对有影响力者行贿罪，第 389 条行贿罪，第 391 条对单位行贿罪，第 392 条介绍贿赂罪，以及第 393 条单位行贿罪。

二 香港、澳门及台湾地区贿赂犯罪刑事立法概况

香港关于贿赂犯罪的立法主要集中在 1971 年的《防止贿赂条例》（《香港法例》第 201 章）、1955 年的《选举（舞弊及非法行为）条例》

（《香港法例》第554章）以及1974年的《总督特派廉政专员公署条例》（《香港法例》第204章）之中。其中涉及罪刑设置的实体内容主要规定在前两个条例中，而第三个条例主要是关于机构设置以及相关程序的规定。关于贿赂犯罪的具体罪名，根据《防止贿赂条例》的规定，包括以下12个：订明人员受贿罪（第3条）、向公职人员行贿罪（第4条第1款）、公职人员受贿罪（第4条第2款）、涉及合约之行贿罪（第5条第1款）、涉及合约之受贿罪（第5条第2款）、涉及招标之行贿罪（第6条第1款）、涉及招标之受贿罪（第6条第2款）、涉及拍卖之行贿罪（第7条第1款）、涉及拍卖之受贿罪（第7条第2款）、与公共机构有事务往来的人向公职人员行贿罪（第8条）、代理人受贿罪（第9条第1款）、向代理人行贿罪（第9条第2款）；另外，《选举（舞弊及非法行为）条例》中也规定了几个与贿赂有关的犯罪：贿赂候选人或准候选人的舞弊行为、在选举中贿赂选民或其他的舞弊行为、在选举中向他人提供茶点或娱乐的舞弊行为、受贿撤回选举呈请或选举上诉，其中前三类犯罪中均包含行贿和受贿在内。[①]

香港地区贿赂犯罪刑事立法具有如下特点：一是法网严密。在香港，凡是公务人员索取或接受某种好处，或者有人向公务人员索取或接受某种好处，作为其做某种事项或不做某种事项的酬谢和诱饵，均属犯罪行为。贪污等于贿赂，行贿等于受贿，凡公务人员生活水准和拥有的财产与其薪金收入不相称，又无法解释这种现象，应推定为贪污所得。而且为了防止腐败分子规避处罚，对财产来历不明者设置了比一般贪污受贿更为严厉的刑罚。二是注重资格刑的适用。贪污受贿犯罪者，不仅处以罚款、监禁等刑罚，而且不得受雇于某些机构。如任何人犯《防止贿赂条例》所规定的犯罪，10年内不得担任行政局、立法局、市政局议员及任何其他公共机构的职务。

1996年1月1日起生效的新《澳门刑法典》[②]，在其第二卷分则第五编"妨害本地区罪"的第五章"执行公务职务时所犯之罪"里对贿赂等

---

① 余高能：《香港地区贿赂犯罪的立法特色及其对内地立法的启示》，《未来与发展》2013年第11期。

② 参见中国政法大学澳门研究中心、澳门政府法律翻译办公室编《澳门刑法典澳门刑事诉讼法典》，法律出版社1997年版。

渎职犯罪作了规定。该法典把受贿行为分为两种，一种是"受贿作不法行为"，还有一种是"受贿作合规范之行为"，并对这两种受贿行为分别设置了不同的法定刑。根据该法典第337条的规定，对于受贿作不法行为者，处1—8年徒刑；如行为人未实行该罪行之事实，处最高3年徒刑或科罚金。如行为人在做出该罪行之事实之前，因已拒绝接受曾答应接受所给予之利益或承诺，又或将该利益返还，或如为可替代物质将其价值返还者，则不予处罚。该法典第338条规定，对于受贿作合规范之行为者，处最高2年徒刑，或处罚金。如行为人在做出该罪行之事实之前，因已拒绝接受曾答应接受所给予之利益或承诺，又或将该利益返还，或如为可替代物质将其价值返还者，则不予处罚。针对私营部门贿赂犯罪澳门地区还颁行了一部专门的法律，即《预防和打击私营部门贿赂犯罪法》。该法第3条将私营部门的受贿罪界定为"任何履行职业义务者，包括任何在私营部门组织体中从事管理活动的人员，即使该组织体系临时设立，本人或经本人同意或批准而通过中间人，为本人或第三者索取或收受不正当的金钱或非金钱利益，或此类利益之承诺，作为对其违反职责而作为或不作为的回报……"不难发现，澳门地区贿赂犯罪刑事立法具有如下特点：一是将受贿罪作了"受贿作不法行为"和"受贿作合规范之行为"的区分，为前者设置更高的法定刑；二是将"受贿作不法行为"的实行犯和未实行犯作了区分，为前者设置更高的法定刑。三是为惩治私营部门贿赂犯罪制定专门的法律。

　　台湾地区惩治腐败犯罪的刑事立法主要集中在《台湾刑法典》[①]和《贪污治罪条例》中。贿赂犯罪规定在该刑法典第四章渎职罪中，包括不违背职务之受贿罪、违背职务受贿罪、准受贿罪以及行贿罪四个罪名。[②]该法典第121条规定了不违背职务之受贿罪："公务员或仲裁人对于职务上之行为，要求、期约或收受贿赂或其他不正利益者，处七年以下有期徒刑，得并科五千元以下罚金。犯前项之罪者，所收受之贿赂没收之。如全部或一部不能没收时，追征其价额。"第122条规定了违背职务受贿罪及其行贿罪："公务员或仲裁人对于违背职务之行为，要求、期约或收受贿

---

① 即台湾地区新刑法——《中华民国刑法》，2006年7月1日生效。
② 内地有著作在介绍时没有提及行贿罪，参见谢望原《台港澳刑法与大陆刑法比较研究》，中国人民公安大学出版社1998年版，第563页。

赂，或其他不正利益者，处三年以上十年以下有期徒刑，得并科七千元以下罚金。因而为违背职务之行为者，处无期徒刑或五年以上有期徒刑，得并科一万元以下罚金。对于公务员或仲裁人关于违背职务之行为，行求、期约或交付贿赂或其他不正利益者，处三年以下有期徒刑，得并科三千元以下罚金。但自首者减轻或免除其刑。在侦查或审判中自白者，得减轻其刑。犯第一项或第二项之罪者，所收受之贿赂没收之；如全部或一部不能没收时，追征其价额。"第123条规定了准受贿罪："于未为公务员或仲裁人时，预以职务上之行为，要求期约或收受贿赂或其他不正利益，而于为公务员或仲裁人后履行者，以公务员或仲裁人要求期约或收受贿赂或其他不正利益论。"1992年7月17日公布的《贪污治罪条例》则针对不同类型的受贿犯罪规定了比刑法典更重的法定刑：对于不背职务之受贿罪，可处7年以上有期徒刑，得并处新台币200万元以下罚金；违背职务之受贿罪，处无期徒刑或10年以上有期徒刑，得并处新台币300万元以下罚金。台湾地区贿赂犯罪刑事立法的特点，一是立足于贿赂犯罪侵犯的主要是公务行为的廉洁性，主要以贿赂的行为方式并结合贿赂的对象作为罪轻罪重的标准；二是对贿赂犯罪设置罚金刑，既是对其贪利思想的矫治，又有利于预防其再犯新罪。

第三节　世界各主要国家贿赂犯罪刑事立法概况

在西方国家，腐败（corruption）一词常常和贿赂（bribery）混用，多数情况下不做严格的区分。例如，英国1889年《公共机构反腐败法》（*Public Bodies Corrupt Practice Act*）、1906年《预防腐败法》（*Prevention of Corruption Act*）中均只规定贿赂犯罪。而广义上的腐败（corruption），则包含了贿赂罪、贪污罪以及滥用职权罪、洗钱罪、妨害司法罪等在内。《联合国反腐败公约》（*United Nations Convention against Corruption*）即在此意义上使用该词。本节主要介绍英国、美国、法国、德国、意大利、西班牙及俄罗斯等西方主要国家和日本、韩国及新加坡等亚洲国家的贿赂犯罪刑事立法。在上述国家，贿赂犯罪的立法形式主要有刑法典模式、单行刑事法规模式以及附属刑法模式。大陆法系国家一般采用刑法典模式，英国和美国采用单行刑事法规模式，意大利和日本关于私营部门的贿赂犯罪的规定则分别包含在其民法典和商法典之中。

一　欧陆国家

《德国刑法典》① 第 331—334 条规定了 4 种具体的贿赂犯罪：收受贿赂罪（第 331 条）、意图违背职责而收受贿赂罪（第 332 条）、行贿罪（第 333 条）、意图使收受人违背职责而行贿罪（第 334 条）。上述犯罪中的受贿人包括公职人员、接受委托从事公共服务的人员、法官、仲裁员。根据规定，只要行为人基于现在或将来的职务行为，为自己或他人索要、让他人允诺或收受他人利益的，即构成受贿和索贿。该法第 299 条规定了"商业交往中的索贿与行贿"，其中受贿人为各种商业组织中的雇员和代理人。德国关于受贿罪的规定具有如下特点：一是在客观要件上没有构成犯罪最低数额的限制，受贿罪的成立不受实际收受与否的限制，只要有主观故意，即使尚未实际收受利益也构成犯罪既遂。二是刑罚比较轻缓。德国最高的刑罚也只有无期徒刑，废除了死刑的规定。对受贿罪只适用罚金刑和有期徒刑，且最高法定刑不超过 10 年。三是对司法腐败予以更严重的刑罚。德国在受贿罪的处罚上，对司法人员的刑罚要比一般公务员严厉得多，无论是起点刑还是最高刑都是一般公务员的两倍。

《法国刑法》② 中贿赂犯罪由三个部分组成：第 432-11 条公职之人员受贿罪、第 434-9 条涉及司法人员的贿赂犯罪、第 433-1 条向公职人员行贿罪；第 433-2 条影响力交易罪（包括行贿和受贿）；第 435-1 条至435-4 条危害欧共体、欧盟成员国、其他外国与国际组织的行贿、受贿罪。根据第 432-11 条和第 433-1 条的规定，"公职人员"是指"享有公共权威、行使公共职责，或经选举获得公职的人员"。私营部门贿赂犯罪则由该法典第 445-1 条（行贿）和第 445-2 条（受贿）规定。

《意大利刑法典》③ 将公共部门的贿赂犯罪划分为 5 种：履职受贿（第 318 条）、背职受贿（第 319 条）、为职务行为而行贿（第 321 条）、为背职行为而行贿（第 321 条）以及索贿（第 317 条）。私营部门贿赂犯

---

① 最近一次修订于 2009 年 6 月 29 日，参见英译本 M. Bohlander, *The German Criminal Code, A Modern English Translation*, Oxford：Hart Publishing, 2008.

② 最近一次修订于 2005 年 7 月 4 日，参见法国政府官方英译本 French Penal Code 1994. http：//195. 83. 177. 9/upl/pdf/code_ 33. pdf。

③ 参见 GRECO, *Evaluation Report on Italy*, 2009, http：//www. coe. int/greco, 以及黄风译注《最新意大利刑法典》，法律出版社 2007 年版。

罪则由《意大利民法典》第 2635 条（由立法令 61/2002 修正）加以规定。2000 年 9 月 29 日新增的《意大利刑法典》第 322-2 条则规定了海外贿赂犯罪。意大利刑法对贿赂犯罪的规定具有如下特点：一是对受贿犯罪的规定比较详细，把现实生活中的主要受贿情形都纳入了调整范围，很少有遗漏，而且对不同的情形规定不同的法定刑，甚至一个行为的先后顺序不同，都规定了不一样的法定刑，如履职受贿罪。二是对受贿犯罪的处罚比较严厉。对受贿犯罪没有起点数额的规定，哪怕是受贿一元钱也构成犯罪，应该受到法律的处罚。三是附加刑的种类比较多。受贿犯罪分子除了受到较重的自由刑以外，在其他方面也得不偿失，经济上要被罚金，政治上要被剥夺公权、禁止担任法人和企业的领导职务等。

《西班牙刑法典》[①] 第五章"贿赂"规定了背职受贿罪（第 419 条）、履职受贿罪（第 420 条）、同意收受贿赂罪（第 422 条）、行贿罪（第 424 条）以及通过特定关系人行贿罪（第 425 条）；第六章"对公务员施加影响"规定了公务员利用影响力受贿罪（第 428 条）和为利用公职人员影响力而行贿罪（429 条）；第十章"国际贸易中的腐败"规定了向外国公务员或国际组织人员行贿罪（第 445 条）；第十一章第四节"特定人之间的腐败"规定了商业行贿罪（第 286 条之一第 1 款）和商业受贿罪（第 286 条之一第 2 款）。在第五章规定的罪名中，需要特别注意以下几点：其一，对行贿人的处罚与受贿人相同；其二，同样适用于欧盟公务员及欧盟成员国的公务员（第 427 条）；其三，包括法人犯罪。

《俄罗斯联邦刑法典》[②] 中，公共部门贿赂犯罪包括受贿罪（第 290 条）和行贿罪（第 291 条）两种具体犯罪。第 290 条规定，公务人员本人或者通过中间人接受金钱、有价证券、其他财产或财产性质利益等形式的贿赂，为行贿人或者被代理人的利益而在其职权范围内实施某种行为（或不作为），或者利用职务之便促成某种行为或不作为，以及利用职务之便进行庇护或纵容，构成受贿罪。私营部门贿赂犯罪规定在该法典第

---

① 最近一次修订于 2014 年 12 月 4 日，参见潘灯译《西班牙刑法典》，中国检察出版社 2015 年版。

② 最近一次修订于 2004 年 12 月 28 日，参见英译本 *The Criminal Code of the Russian Federation*，http：//www. legislationline. org/documents/section/criminal-codes 以及黄道秀等译《俄罗斯联邦刑法典》，北京大学出版社 2008 年版。

204 条 "营利组织中的贿赂犯罪" 中。

二 英美国家

英国的制定法最初也对两大部门的贿赂犯罪做了区分。1889 年颁布的《公共机构反腐败法》（*Public Bodies Corrupt Practice Act*）规定了公共部门的贿赂犯罪，覆盖了 "公共机构中的任何成员、官员或职员"。1906 年颁布的《预防腐败法》（*Prevention of Corruption Act*）将贿赂行为扩展至 "任何代理人的任何涉及委托人的事务或业务的行为"，从而确立了私营部门的贿赂犯罪。

英国于 2010 年颁布施行的《贿赂犯罪法》（*Bribery Act 2010*）是一部最具特色的贿赂犯罪立法。该法取消了对贿赂犯罪做两大部门的划分，整合了贿赂犯罪的各种具体罪名，统一了各种具体贿赂犯罪的构成要件及刑罚处罚。依据该法，英国的贿赂犯罪包括四种具体犯罪：两个基本罪名和两个特殊罪名。基本罪名包含行贿和受贿两种犯罪，其核心要件为 "不适当地行使有关职能或从事有关活动"。该法第 3 条对 "职能" 和 "活动" 做了详细界定，涵盖了任何具有公共性质的职能、任何与商业（包含交易或职业在内）有关联的活动、任何发生于受雇佣期间的活动，以及任何由某个组织（无论法人或非法人）实施的或代表该组织实施的活动。基本罪名集中涵盖了背职贿赂与履职贿赂、事前贿赂与事后贿赂、自然人贿赂与法人贿赂等情形。两个特殊罪名是贿赂外国官员罪和商业组织懈于预防贿赂罪。

美国的贿赂犯罪立法是由联邦及各州一些极为繁杂且颇多重叠、相互交错的法律、法规所组成的。在联邦法律中，涉及公共部门贿赂犯罪的法律主要有三部分：《美国法典》（*United States Code*）第 18 编第 201 条，第 666 条、第 1951 条。其中第 201 条是最为重要的基础条款，适用于联邦政府职员、联邦证人以及陪审员。第 666 条将联邦贿赂法的范围扩展到地方政府、接受联邦资金的个人和组织。第 1951 条将公职人员利用职务之便的勒索行为犯罪化。涉及私营部门贿赂犯罪的法律则杂乱而分散。例如，涉及金融机构监管人员（《美国法典》第 18 编第 212—213 条）、银行信贷官员（《美国法典》第 18 编第 214—215 条）、发包人（《美国法典》第 41 编第 51 条）、酒类中介及分销商（《美国法典》第 27 编第 205 条 c 款）、工会官员（《美国法典》第 29 编第 186 条）、铁路职员（《美国法典》第 49 编第 11907 条）以及体育竞赛中的贿赂犯罪（《美国法典》第 18 编第 224 条）。除此之外，最为重要的当数举世闻名的《海外反腐败法》（《美国法典》第 15 编第 78a 条起）。该法主要针对国际商务交易活动中贿赂美国公职人员的行为。在美国各州的法律中，关于公共部门贿赂犯罪的具体表述存在较大差异，许多州也有关于商业贿赂的刑事立法。

三　亚洲国家

中国周边不少国家都曾经属于传统中华法系的范围，虽然现在实行不同的法律制度，但是中国传统的儒家文化对其造成的影响也不容忽视，其在反腐败方面的做法，仍然值得关注。

《日本刑法典》① 第 25 章"腐败犯罪"对贿赂犯罪的规定十分细密，它没有采用笼统的规定方法，而是根据不同的行为方式和危害的轻重将公共部门贿赂犯罪细分为 8 个罪名，即单纯受贿罪、受托受贿罪、事前受贿罪（第 197 条）、为第三者受贿罪（第 197-2 条）、枉法受贿罪、事后受贿罪（第 197-3 条）、斡旋受贿罪（第 197-4 条）以及行贿罪（第 198 条）。其中单纯受贿罪是指公务员或者仲裁人就其有关职务上的事项，收受、要求或者约定贿赂的行为；受托受贿罪是指单纯受贿罪的要件再加上"接受委托"这一要件，相当于单纯受贿罪的加重型；为第三者受贿罪是指公务员或仲裁人就其职务接受请托，让人将贿赂交付第三者，或者要求或约定如此交付的行为。《日本商法典》第 493 条则对私营部门贿赂犯罪做了明确而详细的规定，主要涉及董事及其他人员的受贿犯罪以及向上述人员行贿的犯罪。

韩国没有专门的反贿赂法，有关贿赂罪的规定集中在《韩国刑法典》② 中。该法典第七章"公务员职务犯罪"中详细规定了 7 种贿赂犯罪及其相应的法定刑。单纯受贿罪处 5 年以下劳役或 10 年以下停止资格；事前受贿罪（指将要成为公务员或者仲裁人者，接受请托而收受、索取或者约定与其即任职务有关的贿赂，而后成为的公务员或者仲裁人犯罪行为），处 3 年以下劳役或 7 年以下停止资格；向第三者提供贿赂罪，处 5

---

① 最近一次修订于 2007 年 6 月 12 日生效，参见日本政府官方英译本 *Penal Code of Japan*. http://www.cas.go.jp/jp/seisaku/hourei/data/PC.pdf。

② 金永哲译：《韩国刑法典及单行刑法》，中国人民大学出版社 1996 年版。

年以下劳役或 10 年以下停止资格；受贿后不正行为罪，处 1 年以上的有期劳役，同时可以并处 10 年以下停止资格；公务员或者仲裁人在实行了不正行为之后受贿的，处 1 年以上的有期劳役，同时可以并处 10 年以下停止资格；曾经担任过公务员或者仲裁人者在职期间实行违背职务之不正行为后受贿的，处 5 年以下的有期劳役，或者 10 年以下停止资格，也可以并处 10 年以下停止资格；斡旋受贿罪处 3 年以下劳役，或 7 年以下停止资格。此外，"关于特定犯罪加重处罚等的法律"设立了对前三种贿赂犯罪加重处罚的规定。对受贿数额在 1000 万韩元以上 5000 万韩元以下的，处 5 年以上有期劳役；对受贿数额在 5000 万韩元以的，处无期或者 10 年以上的劳役。在犯罪构成方面，韩国刑法并未把"为他人谋取利益"规定为受贿罪的要件，公务员只要是利用职务收受了他人的财物，就构成受贿罪，如果还为他人谋取了利益，实施了不正当行为，或者不实施适当行为，则构成加重受贿罪，要适用比普通受贿罪更重的法定刑。

新加坡的刑事法律受英国影响，在贿赂犯罪立法上形成了刑法典与单行刑法配合、实体法与程序法合一的模式。《新加坡刑法》① 自 1872 年 9 月 16 日正式施行一直沿用至今。该法第九章"公务员犯罪或与之有关的犯罪"以 5 个条文分别对受贿罪、教唆受贿罪作了规定。1960 年新加坡通过了《防止贿赂法》（Prevention of Corruption Act）。该法对贪污贿赂的主体、内容和范围都作了详细规定。《防止贿赂法》在刑法典的基础上，补充了多个新的贿赂罪名，加大了对贿赂罪的处罚。具体从第 5—14 条，规定了 14 个罪名。公务员的一般受贿罪及与之对应的行贿罪，法定刑为 5 年以下监禁或 10 万新元以下罚金，或两者并处；犯公务员违背职务受贿罪及与之对应的行贿罪，处 7 年以下监禁或 10 万新元以下罚金，或两者并处；犯代理人受贿罪、向代理人行贿罪、投标人受贿撤回投标罪、向投标人行贿撤回投标罪、议员受贿罪、向议员行贿罪、公共机构人员受贿罪、向公共机构人员行贿罪，判处 7 年以下监禁或 10 万新元以下罚金，或两者并处。1988 年 3 月 16 日出台的《没收贿赂所得利益法》涉及贿赂所得利益的认定、估价及没收的条件和程序等内容。根据该法，法庭有权没收被认定为"贿赂所得利益"的财物。

新加坡的刑事立法针对腐败行为贪利的特点，有针对性地设置了颇具

---

① 刘涛、柯良栋译：《新加坡刑法》，北京大学出版社 2006 年版。

特色的刑罚。犯贿赂罪的不仅要受到监禁或者罚金，而且一律除名，永不录用，没收退休公积金。在新加坡，公务员退休后没有专门的养老金或退休工资，而是领取在职期间积存的公积金，公积金制度实际上已经成为新加坡政府以严养廉的强大后盾，对受贿犯罪分子具有巨大的威慑力。

第四节　国际区际公约关于贿赂犯罪的规定

贿赂犯罪不但在各国国内成为打击重点，而且引起国际社会的广泛关注。国际及区际公约反过来又对各国国内刑事立法产生了巨大的促进作用，并使之呈现出趋同化的特点。

一　国际公约

（一）一般性国际公约

鉴于腐败犯罪的严峻形势与反腐败国际合作的迫切需要，第 58 届联合国大会于 2003 年 10 月 31 日通过了《联合国反腐败公约》（以下简称《公约》）这一独立的、全面指导国际反腐败斗争的法律文件。该公约于 2005 年 12 月 14 日正式生效，除序言外，包括"总则""预防措施""定罪和执法""国际合作""资产的追回""技术援助和信息交流""实施机制""最后条款"八章，确立了预防机制、刑事定罪和执法机制、国际合作机制、资产追回机制、技术援助和信息交流机制、履约监督机制六大反腐败机制，对于各国加强国内的反腐败行动、提高惩治和预防腐败犯罪的成效以及促进反腐败国际合作，都具有重要意义。

《公约》第 15 条、第 16 条、第 21 条对公共部门和私营部门的贿赂犯罪进行了详尽的规定。《公约》第 15 条规定了贿赂本国公职人员罪，包括行贿和受贿两种行为。前者指"直接或间接向公职人员许诺、提议给予或实际给予该公职人员或其他人员或实体不应有的好处，以使该公职人员在执行公务时作为或不作为"；后者指"公职人员为其本人或其他人员或实体直接或间接索取或收受不应有的好处，以作为其在执行公务时作为或不作为的条件"。《公约》第 16 条规定了贿赂外国公职人员或者国际公共组织官员罪，也包括行贿和受贿两种行为。前者指"直接或间接向外国公职人员或者国际公共组织官员许诺给予、提议给予或者实际给予该公职人员本人或者其他人员或实体不正当好处，以使该公职人员或者该官员在执行公务时作为或者不作为，以便获得或者保留与进行国际商务有关的商业或者其他不正当好处"；后者指"外国公职人员或者国际公共组织官员为其本人或者其他人员或实体直接或间接索取或者收受不正当好处，以作为其在执行公务时作为或者不作为的条件"。《公约》第 21 条规定了私营部门内的贿赂犯罪，也包括行贿和受贿两种行为。前者指"直接或间接向以任何身份领导私营部门实体或者为该实体工作的任何人许诺给予、提议给予或者给予该人本人或者他人不正当好处，以使该人违背职责作为或者不作为"；后者指"以任何身份领导私营部门实体或者为该实体工作的任何人为其本人或者他人直接或间接索取或者收受不正当好处，以作为该人违背职责作为或者不作为的条件"。

《公约》第 18 条明确规定了影响力交易罪，包括行贿和受贿两种行为。前者指"直接或间接向公职人员或者其他任何人员许诺给予、提议给予或者实际给予任何不正当好处，以使其滥用本人的实际影响力或者被认为具有的影响力，为该行为的造意人或者其他任何人从缔约国的行政部门或者公共机关获得不正当好处"；后者指"公职人员或者其他任何人员为其本人或者他人直接或间接索取或者收受任何不正当好处，以作为该公职人员或者其他人员滥用本人的实际影响力或者被认为具有的影响力，从缔约国的行政部门或者公共机关获得任何不正当好处的条件"。

（二）特殊领域的国际公约

经济合作与发展组织（OECD）于 1997 年 11 月 21 日通过了《禁止在国际商业交易中贿赂外国公职人员公约》。该公约主要针对国际商业活动中的行贿行为。该公约第 1 条规定了行贿外国公职人员罪，即"任何人，无论是直接地还是通过中间方，故意地向外国公职人员或者为外国公职人员或第三方提议给予、承诺给予或事实上给予不当的金钱或其他利益，以期该外国公职人员在履行其职责中采取作为或不作为，进而在国际商业活动中获得或保留其业务或其他不当利益的行为"。其中"外国公职人员"指"任何因委任或选任而在外国立法、行政或司法机构中任职的人，任何代表外国国家，包括政府机构和国营企业，行使公共职能的人或国际公共组织的任何官员或代理人"，"外国国家"包括"从国家到地方的各级政府机构及政府机构的各个部门"，"作为或不作为"指"公职人员任何利用其职位的行为，而无论这种行为是否在其法定的权限内"。公约第 2 条要求缔约方确立法人行贿外国公职人员应承担的责任。

二　区域性公约

关于贿赂犯罪的区域性公约主要包括美洲国家组织于 1996 年 3 月 29 日通过的《美洲国家组织反腐败公约》、欧洲联盟理事会于 1997 年 5 月 26 日通过的《打击欧洲共同体官员和欧洲联盟成员国官员腐败公约》、欧洲委员会部长委员会于 1999 年 1 月 27 日通过的《反腐败刑法公约》、非洲联盟国家和政府首脑于 2003 年 7 月 12 日通过的《非洲联盟预防和打击腐败公约》。

《反腐败刑法公约》是世界范围内唯一的一部关于贿赂犯罪的刑法公约，全文共 5 章 42 条。该公约第 2—12 条分别规定了向国内公职人员行贿罪，国内公职人员受贿罪，涉及公共议会成员的行贿受贿犯罪，涉及外国官员的行贿受贿犯罪，涉及外国议会成员的行贿受贿犯罪，私营部门行贿罪，私营部门受贿罪，涉及国际组织官员的行贿受贿犯罪，涉及国际、区际组织议会成员的行贿受贿犯罪，涉及国际法院法官或官员的行贿受贿犯罪以及影响力交易罪。该公约的一大特点是明确使用了主动贿赂（active bribery）和被动贿赂（passive bribery）的概念，前者用以指称行贿犯罪，后者用以指称受贿犯罪。

第二章 中外贿赂犯罪之立法分类比较

分类是对事物进行识别和分析的一种基本方法，而法律分类的目的在于区别对待和准确认定。贿赂犯罪作为一类犯罪的统称，其类型及结构颇为复杂，对其立法分类加以系统梳理和研究，不但有利于我们正确区分和理解刑法规定的各种具体的贿赂犯罪，全面深入地理解刑法规范的内容，而且便于我们发现贿赂犯罪立法分类中存在的问题，为立法完善提供有益的参考。

第一节 按发生领域划分

一 公共部门与私营部门贿赂

在世界范围内，公共部门（public sector）和私营部门（private sector）贿赂是关于贿赂犯罪最为普遍也是最为基本的一种立法分类。前者指涉及政府官员和公共管理事务的贿赂犯罪，后者指发生于私法主体之间的贿赂犯罪。该种分类存在于大多数国家的立法中，主要包括德国、法国、意大利、西班牙、俄罗斯、日本、中国以及英国和美国。

（一）立法概况

《德国刑法典》①针对公共部门和私营部门的贿赂犯罪分别做了规定。该法典第 30 章"公务活动中的犯罪"中第 331—334 条包含了 4 种具体的贿赂犯罪：收受贿赂罪（第 331 条）、意图违背职责而收受贿赂罪（第 332 条）、行贿罪（第 333 条）、意图使收受人违背职责而行贿罪（第 334 条）。上述犯罪中的受贿人包括公职人员、接受委托从事公共服务的人

---

① 最近一次修订于 2009 年 6 月 29 日，参见英译本 M. Bohlander, *The German Criminal Code: A Modern English Translation*, Hart Publishing, Oxford, 2008。

员、法官、仲裁员。私营部门的贿赂犯罪则由刑法典第 26 章 "妨害竞争的犯罪" 第 299 条 "商业交往中的索贿与行贿" 加以规定，具体包括受贿和行贿两种犯罪。其中，受贿人为各种商业组织中的雇员和代理人。值得一提的是，私营部门的贿赂犯罪被严格限制在市场竞争的情形下，而且只有经相关方提出请求后才予以起诉（《德国刑法典》第 301 条）。

《法国刑法典》① 第 432-11 条和第 433-1 条分别规定了公职人员受贿罪和向公职人员行贿罪，第 434-9 条就涉及司法人员的贿赂犯罪做了特别规定。根据第 432-11 条和第 433-1 条的规定，"公职人员" 是指 "享有公共权威、行使公共职责，或经选举获得公职的人员"。与此相对，私营部门贿赂犯罪由该法典第 4 编 "妨害公众信任罪" 第 5 章 "非公职人员贿赂罪" 第 445-1 条（行贿）和第 445-2 条（受贿）规定，其犯罪主体包括 "不享有公共权威、不行使公共职责，或不属于经选举获得公职的人员，但为自然人、法人或其他机构工作，拥有管理职位，或以其职业能力或社会能力而负责其他事务"（第 445-2 条）。

《意大利刑法典》② 将国内公共部门的贿赂犯罪划分为 5 种：索贿（第 317 条）、履职受贿（第 318 条）、背职受贿（第 319 条）、为职务行为而行贿（第 321 条）以及为背职行为而行贿（第 321 条）。私营部门贿赂犯罪则由《意大利民法典》第 2635 条（由立法令 61/2002 修正）加以规定，其犯罪主体包括：因收受任何好处或者同意接受关于任何好处的许诺而作为或不作为，从而违背职责并给法人造成损害的经理、董事长、负责起草资产负债表的董事以及审计或清算人员。行贿人亦受同等处罚。③

2010 年之前的《西班牙刑法典》④ 第 419—427 条只对公共部门贿赂犯罪做了规定。根据行贿人对受贿官员预期行为的性质，受贿罪被进一步划分为 5 种类型，分别是：履行法定义务的行为、不履行法定义务的行为、不适当履行的职务行为、构成不正当行为的职务行为、构成犯罪的职务行为。私营部门贿赂犯没有在任何法律中加以规定。2010 年 12 月 23

---

① 最近一次修订于 2005 年 7 月 7 日，参见法国政府官方英译本 *French Penal Code 1994*，http: //195. 83. 177. 9/upl/pdf/code_ 33. pdf.

② 参见 GRECO, *Evaluation Report on Italy*, 2009, http: //www. coe. int/greco, 以及黄凤译注《最新意大利刑法典》，法律出版社 2007 年版。

③ 参见 GRECO, *Evaluation Report on Italy*, 2009, http: //www. coe. int/greco.

④ 相关条文内容参见 GRECO, *Evaluation Report on Spain*, 2009 所含英文版本。

日生效的刑法修正案方才增加了对此类犯罪的规定。新的《西班牙刑法典》①第十九编"破坏公共管理罪"第五章"贿赂"规定了背职受贿罪（第419条）、履职受贿罪（第420条）、同意收受贿赂罪（第422条）、行贿罪（第424条）以及通过特定关系人行贿罪（第425条）；第十三编"侵犯财产和扰乱社会经济秩序罪"第十一章第四节"特定人之间的腐败"第286条之一第1款规定了商业行贿罪，第2款规定了商业受贿罪。

在《俄罗斯联邦刑法典》②中，公共部门贿赂犯罪被归入第30章"侵害国家政权、国家公务利益以及地方自治机关公务利益"一章，包括受贿罪（第290条）和行贿罪（291条）两种具体犯罪，其受贿主体为"国家工作人员"。私营部门贿赂犯罪出现在该法典第23章"侵害营利组织及其他组织公共利益"第204条"营利组织中的贿赂犯罪"中，其中的受贿罪被界定为"营利组织及其他组织中履行管理职能的人员，非法收受金钱、有价证券或其他财产，以及非法利用财产性质的服务，为行贿人的利益而实施与其职务有关的行为或不作为，……"

《日本刑法典》③所规定的贿赂犯罪只针对公共部门而不涉及私营部门。该法第25章"腐败犯罪"中规定了5种具体的贿赂犯罪。受贿罪（第197条）、介绍贿赂罪（第197-2条）、加重受贿罪（第197-3条）、影响力交易罪（第197-4条）、行贿罪（第198条）。不过，《日本商法典》对私营部门贿赂犯罪做了明确而详细的规定："第493条（涉及董事及其他人员的贿赂犯罪）（1）本法第486条及487条所指人员、监察人员或监察委员会成员，在受到非法利诱时，接受、要求或者同意接受任何与其职责相关的金钱利益的，处5年以下惩役或5000000日元以内罚金。（2）前款规定适用于提供上述利益者，以及做出许诺或者同意提供此等利益者。此等行贿人将被处以3年以下惩役或

----

① 最近一次修订于2014年12月4日，参见潘灯译《西班牙刑法典》，中国检察出版社2015年版。

② 最近一次修订于2004年12月28日，英译本 *The Criminal Code of the Russian Federation*，http：//www.legislationline.org/documents/section/criminal-codes 以及黄道秀等译《俄罗斯联邦刑法典》，北京大学出版社2008年版。

③ 最近一次修订于2007年6月12日生效，参见日本政府官方英译本 *Penal Code of Japan*，http：//www.cas.go.jp/jp/seisaku/hourei/data/PC.pdf。

3000000 日元以内罚金。"①

《中华人民共和国刑法》第八章"贪污贿赂罪"专门对公共部门贿赂犯罪做了集中规定。该章包括 6 种具体犯罪：受贿罪、行贿罪、介绍贿赂罪、单位受贿罪、向单位行贿罪、单位行贿罪。这些犯罪中，受贿的主体为"国家工作人员"。私营部门贿赂犯罪则出现在第三章"破坏社会主义市场经济秩序罪"第三节"妨害对公司、企业的管理秩序罪"中。该章包括两个具体罪名：行贿罪（第 163 条）和受贿罪（第 164 条），其受贿主体为"公司、企业或者其他单位的工作人员"，其中不包括在国有公司、企业中从事公务的工作人员，以及由国有公司、企业派往非国有公司、企业中从事公务的工作人员。

与众不同的是，中国澳门地区颁行了专门针对私营部门贿赂犯罪的法律：《预防和打击私营部门贿赂犯罪法》。该法将私营部门的受贿罪界定为"任何履行职业义务者，包括任何在私营部门组织体中从事管理活动的人员，即使该组织体系临时设立，本人或经本人同意或批准而通过中间人，为本人或第三者索取或收受不正当的金钱或非金钱利益，或此类利益之承诺，作为对其违反职责而作为或不作为的回报……"（第 3 条）。

英国的制定法最初也对两大部门的贿赂犯罪做了区分。1889 年颁布的《公共机构反腐败法》（*Public Bodies Corrupt Practice Act*）规定了公共部门的贿赂犯罪，覆盖了"公共机构中的任何成员、官员或职员"。1906 年颁布的《预防腐败法》（*Prevention of Corruption Act*）将贿赂行为扩展至"任何代理人的任何涉及委托人的事务或业务的行为"，从而确立了私营部门的贿赂犯罪。

美国联邦法律中，涉及公共部门贿赂犯罪的法律主要有三部分，即《美国法典》（*United States Code*）第 18 编第 201 条、第 666 条和第 1951 条。其中第 201 条是最为重要的基础条款，适用于联邦政府职员、联邦证人以及陪审员。第 666 条将联邦贿赂法的范围扩展到地方政府、接受联邦资金的个人和组织。第 1951 条将公职人员利用职务之便的勒索行为犯罪化。涉及私营部门贿赂犯罪的法律则显得比较散乱，例如涉及金融机构监管人员（《美国法典》第 18 编第 212—213 条）、银行信贷官员（《美国法

---

① 本法条译自 G. Hein, B. Huber, and O. T. Rose, eds., *Private Commercial Bribery: A Comparison of National and Supranational Legal Structures*, Freiburg: ICC, 2003, p. 204.

典》第 18 编第 214—215 条)、发包人 (《美国法典》第 41 编第 51 条)、酒类中介及分销商 (《美国法典》第 27 编第 205 条 c 款)、工会官员 (《美国法典》第 29 编第 186 条)、铁路职员 (《美国法典》第 49 编第 11907 条) 以及体育竞赛中的贿赂犯罪 (《美国法典》第 18 编第 224 条) 等。《海外反腐败法》(《美国法典》第 15 编第 78a 条起) 主要针对国际商务交易活动中贿赂美国公职人员的行为。在美国各州的法律中,关于公共部门贿赂犯罪的具体表述存在较大差异,许多州也有关于商业贿赂的刑事立法。

公共部门贿赂犯罪与私营部门贿赂犯罪的划分在一些关于反腐败的最重要的国际公约中也得到了体现,如《联合国反腐败公约》、经济合作与发展组织关于《国际商务交易活动中反对行贿外国公职人员公约》以及欧洲委员会《反腐败刑法公约》。

(二) 立法特点

通过比较,不难发现各国贿赂犯罪刑事立法在两大部门呈现出一些共同的立法特点。首先是立法时序上的异步性。各国关于公共部门贿赂犯罪的刑事立法起步早、重视程度高。相比之下,私营部门的贿赂犯罪则被长期忽略,直到近些年才逐渐引起广泛关注。例如,《德国刑法典》中的私营部门贿赂犯罪专章是根据 1997 年 8 月 20 日颁布《反腐败法》(*Gesetz zur Bekaempfung der Korruption*) 所增设。另一个比较明显的例子是 2010 年修订后的《西班牙刑法典》对私营部门贿赂犯罪的增设。对此现象,阿甘都拉 (Argandona) 列举了四个可能的原因。第一,人们普遍认为私营部门在保护自身利益方面比公共部门更为有效。第二,一般认为私营部门的贿赂活动缺乏其存在的激励因素,因为这种无效率的行为迟早会被市场中的竞争规则所淘汰。第三,基于前条所述原因,有人认为,私对私的贿赂所造成的经济的、社会以及伦理方面的负面影响比私对公的贿赂要小得多。第四,在私营部门的贿赂犯罪中,涉案主体一般倾向于尽可能通过内部纪律加以处理,从而避免将自身暴露于公众视野。[①] 海恩 (Hein) 也持有类似的看法,同时,他还补充说,人们总是认为刑罚制裁应当留给公共

---

① A. Argandona, "Private-to-Private Corruption", *Journal of Business Ethics*, Vol. 47, 2003.

部门的贿赂犯罪，私营部门的贿赂应当通过自律和民事救济的方式加以处理。①

其次是立法分类的非对称性与不完整性。相对而言，公共部门的贿赂犯罪不但分类全面、细致，而且关于构成要件的规定深入具体。例如，多数国家如美国、德国、意大利、西班牙、俄罗斯、日本的刑事立法都针对公共部门区分了背职受贿（violation of duty）和履职受贿（discharge of duty），而对私营部门则无此区分。再如，中国刑法典中介绍贿赂罪与斡旋受贿只存在于公共部门，单位受贿犯罪同样也只存在于公共部门而不涉及私营部门。在大多数国家的刑事立法中，公共部门贿赂犯罪既包括国内贿赂也包括海外贿赂，而针对私营部门则未设置海外贿赂犯罪。尤其令人费解的是，中国刑法典将贿赂外国官员罪置于私营部门贿赂犯罪的条文之中。

最后是刑法处罚的非对称性。在刑罚处罚方面，各国刑事立法普遍对私营部门的贿赂犯罪规定了明显轻于公共部门的法定刑。例如，《法国刑法典》规定，公共部门贿赂犯罪中行贿受贿双方的基本法定刑均为10年监禁及150000欧元罚金（第432-11、433-1、433-2、434-9条），而私营部门贿赂犯罪行贿受贿双方的法定刑则为5年监禁及75000欧元罚金。根据《意大利刑法典》，公共部门贿赂犯罪行贿受贿双方的法定刑均为2年以上5年以下监禁（第319条），而在私营部门，双方的法定刑则为3年以下监禁（《意大利民法典》第2635条）。《德国刑法典》规定，公职人员背职受贿罪的法定刑为6个月以上监禁（第332条），与此相应的行贿罪的法定刑为3个月以上监禁（第334条），而私营部门贿赂犯罪行贿受贿双方的基本法定刑则均为3年以下监禁及罚金（第299条）。中国和俄罗斯等国的刑法典也在不同程度上拉开了两大部门贿赂犯罪的法定刑幅度。

特别值得一提的是，在《德国刑法典》中，私营部门的贿赂犯罪被严格限制在市场竞争的情形下，而且只有经相关方提出请求后才予以起诉（《德国刑法典》第301条）。《意大利民法典》中也有类似的规定。

---

① G. Hein, B. Huber and O. T. Rose, eds., *Private Commercial Bribery: A Comparison of National and Supranational Legal Structures*, Freiburg: ICC, 2003, p. 3.

（三）立法趋势

正当中国及西班牙等国家对贿赂犯罪立法进行细化的时候，英国酝酿已久的贿赂犯罪单一化的法律改革终于尘埃落定。英国于 2010 年颁行的《贿赂犯罪法》是一部最具特色的贿赂犯罪立法，因为该法取消了对贿赂犯罪做两大部门的划分，整合了贿赂犯罪的各种具体罪名，统一了各种具体贿赂犯罪的构成要件及刑罚处罚。依据该法，英国的贿赂犯罪包括四种具体犯罪：两个基本罪名和两个特殊罪名。基本罪名包含行贿和受贿两种犯罪，其核心要件为"不适当地行使有关职能或从事有关活动"。该法第 3 条对"职能"和"活动"做了详细界定，涵盖了任何具有公共性质的职能、任何与商业（包含交易或职业在内）有关联的活动、任何发生于受雇佣期间的活动，以及任何由某个组织（无论法人或非法人）实施的或代表该组织实施的活动。基本罪名集中涵盖了背职贿赂与履职贿赂、事前贿赂与事后贿赂、自然人贿赂与法人贿赂等情形。两个特殊罪名是贿赂外国官员罪和商业组织懈于预防贿赂罪。尽管如此，在世界范围内，多数国家的贿赂犯罪刑事立法目前依然采取的是两部门的立法模式。

二　公务贿赂与商业贿赂

与公务贿赂（official bribery）相对，商业贿赂（commercial bribery）是指在不公平的商业活动中，买卖一方以给付对方雇员或代理人利益的方式击败其他竞争对手的行为。[①] 在美国，商业贿赂通常被定义成为促使私营部门的雇员代表行贿者利益而不是代表其雇主利益行事而从事的贿赂行为。这一概念是建立在普通法上雇主和雇员的信托关系以及基本的代理原则基础上的。德国、法国、瑞士、加拿大等大多数国家的法律都认为商业贿赂是私营部门在商业交往过程中发生的贿赂行为，从而与公职人员的贿赂相区分。在德国刑法中，只有与商业交往有关的私营部门的贿赂行为才纳入刑法的范围，而不存在对私营部门普遍适用的贿赂罪。与此类似，依照《联合国反腐败公约》的界定，私营部门内的贿赂是指在经济、金融或者商业活动中，直接或间接向以任何身份领导私营部门实体或者为该实体工作的任何人许诺给予、提议给予或者实际给予该人本人或他人不正当好处，以使该人违背职责作为或者不作为的行为；或者以任何身份领导私

---

①　薛波主编：《元照英美法词典》，法律出版社 2003 年版，第 253 页。

营部门实体或者为实体工作的任何人为其本人或者他人直接或间接索取或者收受不正当好处，以作为其违背职责作为或者不作为的条件的行为。欧洲理事会《反腐败刑法公约》也只是把私营部门在商业交往中发生的贿赂行为犯罪化。这种有所限定的商业贿赂属于狭义的商业贿赂概念。值得注意的是，经济与合作发展组织《禁止在国际商业交易中贿赂外国公职人员公约》专门针对国际商业活动中的行贿行为规定了行贿外国公职人员罪，但是根据该规定商业贿赂显然不等同于私营部门贿赂，因为它涉及公职人员。

在中国语境中，则将商业贿赂界定为是发生在商业活动中的贿赂，既包括发生在私营部门的贿赂，也包括发生在公务部门的贿赂，属于广义的"商业贿赂"概念。广义的商业贿赂不是一个严格的法律概念。这种称谓的最大意义在于对商业贿赂专项斗争的指导、整合和协调作用。① 根据中国1993年《反不正当竞争法》，商业贿赂是指在商业活动中，经营者为销售或者购买商品、提供或者接受服务而采用给予对方单位或者个人财物或者其他利益的行为。2008年最高人民法院、最高人民检察院《关于办理商业贿赂刑事案件适用法律若干问题的意见》第1条规定，"商业贿赂犯罪涉及刑法规定的以下八种罪名：（1）非国家工作人员受贿罪（刑法第一百六十三条）；（2）对非国家工作人员行贿罪（刑法第一百六十四条）；（3）受贿罪（刑法第三百八十五条）；（4）单位受贿罪（刑法第三百八十七条）；（5）行贿罪（刑法第三百八十九条）；（6）对单位行贿罪（刑法第三百九十一条）；（7）介绍贿赂罪（刑法第三百九十二条）；（8）单位行贿罪（刑法第三百九十三条）"。刑法典并无"商业贿赂罪"这样的罪名，有关商业贿赂犯罪的规定散见于刑法典第三章第三节"妨害对公司、企业管理秩序罪"、第四节"破坏金融管理秩序罪"和第八章"贪污贿赂罪"中。

中国刑法与西方刑法及国际公约关于商业贿赂的规定存在三个方面的差别。首先，中国刑法将公司、企业或者其他单位的工作人员在经济往来之外进行的贿赂行为也规定为犯罪。中国刑法第163条规定了公司、企业或者其他单位工作人员受贿罪，第164条规定了对公司、企业或者其他单

---

① 卢建平、张旭辉：《商业贿赂的刑法规制——以私营部门为例》，《法学杂志》2007年第1期。

位工作人员行贿罪。根据刑法第 163 条第 1 款规定，公司、企业或者其他单位的工作人员利用职务上的便利，索取他人财物或者非法收受他人财物，为他人谋取利益的，应当受刑事处罚；该条 2 款规定，公司、企业或者其他单位的工作人员在经济往来中，违反国家规定，收受各种名义的回扣、手续费归个人所有的，依照第 1 款的规定处罚。从这两款的逻辑关系来分析，第 1 款规定的行为并不要求发生在经济往来或者商业交往中，也就是说其范围不限于市场竞争活动。可见，本罪所言的"职务之便"是在公司、企业的业务活动中产生的，这种业务活动应当既包括单位的管理活动，也包括劳务活动。与此类似，刑法第 385 条第 2 款规定，"国家工作人员在经济往来中，违反国家规定，收受各种名义的回扣、手续费，归个人所有的，以受贿论处"；与之对应，第 389 条第 2 款规定，"在经济往来中，违反国家规定，给予国家工作人员以财物，数额较大的，或者违反国家规定，给予国家工作人员以各种名义的回扣、手续费的，以行贿论处"。也就是说，国家工作人员在经济活动中的贿赂行为也属于前述商业贿赂的范围，但不属于私营部门贿赂。其次，刑法第 164 条没有将与第 163 条第 2 款相对应的行贿行为规定为犯罪；而第 385 条第 2 款则有第 389 条第 2 款与之对应。最后，中国刑法第 163 条、第 164 条中公司、企业的范围与西方刑法中所说的私营部门存在较大区别。西方刑法中的私营部门是排除国内、国外公共事务部门和国际公共组织之外的其他一切机构和组织；而中国刑法第 163 条及第 164 条中所指的公司、企业是指不包括事业单位、机关、团体在内的非国有公司、企业，公司、企业工作人员是指公司、企业中的非国家工作人员，因为如果是国家工作人员，则构成刑法第 385 条规定的受贿罪，而不构成该罪。

公务贿赂与商业贿赂的划分和公共部门与私营部门的划分颇为相似但不完全相同。首先，公务贿赂不等于公共部门贿赂。选举贿赂和证人贿赂属于公共部门贿赂，但显然无法包含在公务贿赂之中。其次，商业贿赂也不等于私营部门贿赂。商业贿赂与私营部门贿赂多有重叠之处，但是商业贿赂不全都发生在私营部门，而私营部门贿赂不仅涉及商业贿赂，也可能涉及商业活动之外的事务如内部管理活动。这主要与商业贿赂这一概念的界定有关。

三　选举贿赂及证人贿赂

《德国刑法典》中规定了两个涉及投票选举活动的贿赂犯罪具体罪名，即贿赂选民罪（第108条b款）和贿赂代表罪（第108条e款）。第108条b款规定，"（1）意图使他人不选举或以特定方式选举，而向其提供、承诺或给予礼物或其他利益的，处5年以下自由刑或罚金刑。（2）为了不选举或以特定方式选举而向他人索要、让他人向自己许诺或接受礼物或其他利益的，处与前款相同之刑罚"。第108条e款规定，"（1）在欧洲议会、联邦、州、乡镇或联合乡镇的选举或表决中买卖选票的，处5年以下自由刑或罚金刑。（2）行为人在因犯第1款之罪被判处6个月以上自由刑时，法院可剥夺其从公共选举中获得权利的资格，以及在公共事务中的选举权和表决权"。很明显，二者分别都包括了行贿和受贿两种行为并且对其设置了相同的法定刑。在立法分类上，这两种犯罪没有与公职人员贿赂犯罪（第30章"职务犯罪"）放在一起，而是归入该法典的第4章"危害宪法性机构罪及危害选举与投票罪"。

与之类似，中国香港和台湾地区刑法也设立了专门的选举贿赂犯罪。香港地区《选举（舞弊及非法行为）条例》（《香港法例》第554章）第7条、第11条、第12条和第21条分别规定了贿赂候选人或准候选人罪、贿赂选民或其他人员罪、在选举中向他人提供茶点或娱乐罪、受贿撤回选举呈请或选举上诉罪四种类型的选举贿赂犯罪，除最后一类外，每一类型之中又分别包含了行贿和受贿两种犯罪行为。根据该法第6条规定，任何人在选举中做出舞弊行为，即属犯罪，经简易程序审理定罪，可处3年监禁及200000港元罚金；经公诉程序审理定罪，可处7年监禁及500000港元罚金。《台湾刑法典》① 第六章妨害投票罪第143条规定了投票受贿罪："有投票权之人，要求、期约或收受贿赂或其他不正当利益，而许以不行使其投票权或为一定之行使者，处三年以下有期徒刑，得并科五千元以下罚金。犯前项之罪者，所收受之贿赂没收之。如全部或一部不能没收时，追征其价额。"第144条规定了投票行贿罪："对于有投票权之人，行求、期约或交付贿赂或其他不正利益，而约其不行使投票权或为一定之行使者，处五年以下有期徒刑，得并科七千元以下罚金。"

---

① 台湾地区新刑法《中华民国刑法》，2006年7月1日生效。

有些国家对证人贿赂犯罪作了明确规定。《美国法典》第 18 编第 201 条（b）（3）和（4）分别规定了贿赂证人罪和证人受贿罪。其法定刑同为罚金或 15 年以下监禁，或者罚金和监禁并科，同时可剥夺其担任任何美国公职的权利。该法第 201 条（c）（2）和（3）则分别规定了馈赠证人罪和证人接受馈赠罪。后一组罪名与前一组罪名的区别在于，前者具有腐败意图（corruptly），即意图影响证人的证词或使证人缺席，或者意图将贿赂作为被影响或缺席作证的回报；而后者仅仅是因为作证或缺席作证而馈赠或接受馈赠，并没有腐败意图。后者的法定刑为罚金或 2 年以下监禁，或者罚金与监禁并科。《意大利刑法典》也规定了贿赂证人罪，但是其法定刑依据贿赂对象而有所不同，并将作伪证的行为未实施规定为减轻处罚的情节。该法第 377 条规定："向应召向司法机关发表陈述、进行鉴定、提供技术咨询或进行翻译的人员给付或者许诺给付钱款或其他利益，以便引诱其实施第 371-2 条、第 372 条和第 373 条规定的犯罪的，如果上述给付或许诺未被接受，处以上述各条规定的刑罚，并在一半至三分之二的幅度内减轻处罚。如果上述给付或许诺已被接受，但作假行为未被实施，适用同样的规定。"该法第 371-2 条、第 372 条和第 373 条规定的分别是向公诉人提供虚假情况罪、虚假证明罪和虚假鉴定或翻译罪，三者的法定刑有所不同。

中国刑法对选举贿赂和证人贿赂都有涉及。《中华人民共和国刑法》第 256 条规定了破坏选举罪。该罪在客观方面表现为"以暴力、威胁、欺骗、贿赂、伪造选举文件、虚报选举票数等手段破坏选举或者妨害选民和代表自由行使选举权和被选举权"。显然，贿赂选民的行为包含在破坏选举罪之内，只是此处的选举专指选举各级人民代表大会代表和国家机关领导人员。与此类似，该法第 307 条规定的妨害作证罪在以暴力和威胁等方法组织证人作证或指使他人作伪证之外也包含了贿赂证人的行为。

比较中国刑法与上述国家（意大利除外）和地区刑法关于选举贿赂和证人贿赂的规定，可以发现三点不同。其一，中国刑法没有将选举贿赂罪和贿赂证人罪单列。特别值得一提的是，《德国刑法典》除了选举贿赂罪之外，还规定了妨碍选举罪、伪造选举罪、伪造选举资料罪、侵害选举秘密罪、恐吓选举人罪以及欺骗选举人罪等罪名，并设置了各自不同的法定刑。其二，中国刑法中的选举贿赂和证人贿赂均只涉及行贿而不涉及受贿。也就是说，选民受贿和证人受贿并不构成犯罪。其三，相对而言，中国刑法中选举贿赂和证人贿赂的法定刑均明显轻于公务领域的行贿罪。《德国刑法典》对选举贿赂犯罪设置了与公职人员贿赂犯罪大体一致的基础法定刑，即 5 年以下有期徒刑或罚金。《美国法典》则为证人贿赂设置了与公职人员贿赂完全相同的法定刑。

毋庸置疑，选举贿赂行为首先是对选举制度的破坏，将选举贿赂视为选举中的一种舞弊行为是完全正确的。但是从实质上看，选举贿赂行为完全符合贿赂犯罪的本质特征，即不正当的"权钱交易"行为，因而同时也属于贿赂犯罪的范围。[①] 不过，选民和代表显然不属于公职人员，将其单列在公职人员贿赂之外是妥当的。同样的，证人贿赂犯罪虽然涉及司法活动，但证人并非公职人员，其作证行为并不代表官方，因而也不应当归入公职人员贿赂的范围。尽管如此，将选举贿赂和证人贿赂划入公共部门贿赂应当是合理的，因为二者都与公共利益直接相关。选民投票关系到选举的公正性，证人证词会影响到司法活动的公正性。可见，公务贿赂不等于公共部门贿赂，后者的范围大于前者。

第二节 按行为方式划分

一 行贿、受贿与索贿

（一）行贿与受贿

行贿罪和受贿罪是贿赂犯罪最基本的两种形式，在世界各国的刑事立法中均有规定。有些国家都将行贿和受贿放在同一条文里加以规定，如英国和美国，有些国家将行贿和受贿用不同的条文加以规定，但仍然放在同一章节中，如德国、意大利、西班牙、俄罗斯、日本、中国。与此不同的是，《法国刑法典》将二者分列于不同的章节。根据该法，受贿罪被规定在第二章"公务员危害政府罪"第三节"违反诚实义务"中；而行贿罪则规定在第三章"公民危害公共管理罪"第 1 节"公民实施的积极贿赂罪以及影响力交易罪"中。此种规定明显地反映出该法对受贿和行贿两种犯罪所侵犯法益的不同认识和评价。

---

① 余高能：《香港地区贿赂犯罪的立法特色及其对内地立法的启示》，《未来与发展》2013年第 11 期。

西方语境中，行贿常常被称为主动贿赂（active bribery）而受贿被称为被动贿赂（passive bribery）。例如，欧洲委员会《反腐败刑法公约》在公共部门和私营部门贿赂犯罪中均在此意义上使用了这对概念。这种用法也正式地出现在澳门地区《预防和打击私营部门贿赂犯罪法》之中。然而，这种用法实际上是不恰当的，因为它很容易产生歧义引起误解。在贿赂犯罪中，行贿人不总是积极主动的一方，而受贿人也不总是消极被动的一方。索贿的情形就是一个明显的例子。经济合作与发展组织在《关于〈国际商务交易活动中反对行贿外国公职人员公约〉的注释》中解释说："本公约并不简单化地使用'主动行贿'这一术语，以免非专业读者误解，认为行贿行为是主动行为而受贿者仅仅是被动无辜的受害者。而实际上，多数情况下，受贿者已经先有意地诱导甚或强迫行贿者向其行贿，从这个角度来看，受贿者的腐败行为要比行贿者更具有主动性。"严格地讲，行贿人和受贿人都不属于真正的被动方，因为在贿赂犯罪实际发生之前，双方必须达成一致。从这一点看，《联合国反腐败公约》没有采用这对术语是妥当的。从量刑的角度看，区分贿赂双方谁主动谁被动是有意义的，只是不能简单化地一概将行贿人视为主动方而将受贿人视为被动方。

在中国刑法中，行贿罪的构成要件与受贿罪不完全对应。行贿罪要求的是为了非法利益而行贿，强调的是非法利益，而受贿罪既可以是索贿也可以是为他人谋取利益而收受贿赂，这里只要求为他人谋取利益，并不要一定是谋取非法利益。也就是说，某一行为构成受贿罪时，与之对应的行贿行为为不一定构成行贿罪。

（二）收受贿赂与索取贿赂

中国刑法明确地将公共部门的受贿罪区分为收受贿赂和索贿两种情形，并规定在收受贿赂的情况下，必须以受贿人为行贿人谋取利益为成立条件。同时，该法将行贿罪中的行贿行为区分为为谋取不正当利益而行贿与为谋取正当利益而行贿，规定前者构成犯罪而后后者不构成犯罪。除中国刑法外，《意大利刑法典》也对索贿作了专门规定。根据该法第317条，索贿是指公职人员滥用职权强迫或引诱他人非法给予或承诺给予其本人或第三人金钱或其他有价值的财物的行为，其法定刑为4—12年有期徒刑。在索贿中被勒索者被视为受害者，不受处罚。

二 背职贿赂、履职贿赂与单纯受贿

对于公共部门贿赂犯罪，许多国家进一步区分了渎职贿赂或者背职贿赂（violation of duty）和履职贿赂（discharge of duty）两种情形，其中对前者的处罚更为严厉。值得注意的是，这种区分同时针对受贿方和行贿方，而非仅限于受贿方。美国、德国、意大利、俄罗斯、西班牙、日本、韩国、新加坡等国以及中国台湾、澳门地区的刑法都作如此分类。

《美国法典》第 18 编第 201（b）条规定了背职贿赂，第 201（c）条规定了履职贿赂。美国刑法界一般将履职贿赂称为不法馈赠罪（gratuity）。根据该法典第 201（b）条的规定，背职贿赂罪包含三种情形。从行贿方来看，一是意图对公务行为施加影响；二是意图对公职人员施加影响从而使其实施、帮助他人实施、与人串谋实施以及容忍他人实施任何针对美国的诈骗行为，或者为任何针对美国的诈骗行为的实施创造条件；三是诱使公职人员实施任何违反其法定职责的作为或不作为。受贿方与此相对应。根据该法典第 201（c）条的规定，履职贿赂中的行贿指的是除法律许可的情形外，因为或者为了使公职人员恰当履行其法定职责，而直接或间接地给予、提议或者许诺给予该公职人员任何有价物的情形。履职贿赂中的受贿亦与此相对应。

《德国刑法典》① 第 331—334 条规定了履职受贿、背职受贿及各自对应的行贿罪：普通受贿罪（第 331 条）、意图违背职责而收受贿赂罪（第 332 条）、普通行贿罪（第 333 条）、意图使收受人违背职责而行贿罪（第 334 条）。第 331 条第 1 款规定："公务员或从事特别公务的人员，为履行其职务行为而为自己或他人索要、允许他人向自己承诺提供利益或收受他人利益的，处 3 年以下监禁刑或罚金。"第 332 条第 1 款规定："公务员或从事特别公务的人员，为自己或他人索要、允许他人向自己承诺提供利益或收受他人利益，作为已实施或即将实施其职权行为从而违反或将违反其法定义务的，处 6 个月以上 5 年以下自由刑或罚金。情节较轻的，处 3 年以下监禁刑或罚金。"

---

① 最近一次修订于 2009 年 6 月 29 日，参见英译本 M. Bohlander，*The German Criminal Code*，*A Modern English Translation*，Oxford：Hart Publishing，2008，以及徐久生、庄敬华译《德国刑法典》，方正出版社 2004 年版。

《意大利刑法典》第 318 条规定了履职贿赂："公职人员因履行其职务活动而为本人或第三人收受金钱或其他有价物等不正当的报酬，或者接受此种许诺的，处 6 个月至 3 年有期徒刑。如果公务员因已经履行的职务行为而接受上述报酬，处 1 年以下有期徒刑。"该法第 319 条规定了背职贿赂罪："公职人员因不履行或者延迟履行其职务活动，或者因实施了违反其职责的行为，而为本人或者第三者收受金钱或其他有价物，或接受此种许诺的，处 2 年至 5 年有期徒刑。"

《俄罗斯刑法典》区分了基于履行职务而受贿和基于实施非法的作为或不作为而受贿。该法第 290 条第 1 款规定，"公职人员为了行贿人或其被代理人的利益而实施属于其职权范围内的行为（不作为），或公职人员由于地位能够促成此种行为（不作为），以及利用职务之便进行一般庇护或纵容，因而亲自或通过中间人收受金钱、有价证券、其他财产或财产性质的利益等形式的贿赂的，处……"；该条第 2 款规定，"公职人员因实施非法行为（不作为）而收受贿赂的，处……"与此相应，该法第 291 条区分了为使公职人员履行职务而行贿和为使其实施非法的作为或不作为而行贿。

《日本刑法典》则在背职贿赂和履职贿赂之外，独具特色地规定了受贿的另一种情形，即单纯受贿。该法第 197 条第 1 款规定区分了单纯基于其职务而受贿和基于请托同意履行其职责而受贿："公职人员或仲裁员收受、索取或约定收受与其职责相关的贿赂的，处 5 年以下有期徒刑；有上述行为并因接受请托而同意实施某种行为的，处 7 年以下有期徒刑"；该法第 197-3 条则将背职受贿等作为受贿罪的加重情节加以规定。

2010 年 12 月 23 日生效的《西班牙刑法典》[①] 将公共部门的受贿犯罪也区分为背职受贿罪（第 419 条）、履职受贿罪（第 420 条）、单纯受贿罪（第 422 条）以及与之对应的行贿罪（第 424 条）。该法第 422 条规定，"当局或公务员为自己或他人牟利，同意由本人或经由他人收受利用自己职务和职位所获得的赠品、礼品，处……"2010 年之前的《西班牙刑法典》第 419—427 条曾对公共部门贿赂犯罪做了详细的规定。根据行贿人对受贿官员预期行为的性质，受贿罪被进一步划分为 5 种类型，分别

---

① 最近一次修订于 2014 年 12 月 4 日，参见潘灯译《西班牙刑法典》，中国检察出版社 2015 年版。

是：履行法定义务的行为、不履行法定义务的行为、不适当履行的职务行为、构成不正当行为的职务行为、构成犯罪的职务行为。随着预期行为性质的恶化，其法定刑相应加重。①

　　台湾刑法不但明确区分背职贿赂和履职贿赂，而且针对背职贿赂进一步区分了实行与未实行背职行为两种情况。《台湾刑法典》第 121 条规定了不违背职务之受贿罪："公务员或仲裁人对于职务上之行为，要求、期约或收受贿赂或其他不正利益者，处七年以下有期徒刑，得并科五千元以下罚金。犯前项之罪者，所收受之贿赂没收之。如全部或一部不能没收时，追征其价额。"第 122 条规定了违背职务受贿罪及其行贿罪："公务员或仲裁人对于违背职务之行为，要求、期约或收受贿赂，或其他不正利益者，处三年以上十年以下有期徒刑，得并科七千元以下罚金。因而为违背职务之行为者，处无期徒刑或五年以上有期徒刑，得并科一万元以下罚金。对于公务员或仲裁人关于违背职务之行为，行求、期约或交付贿赂或其他不正利益者，处三年以下有期徒刑，得并科三千元以下罚金。"

　　与之类似，澳门刑法将受贿行为分为"受贿作不法行为"与"受贿作合规范之行为"，对前者设置了比后者明显重得多的法定刑，同时进一步将"受贿作不法行为"的实行犯和未实行犯作了区分，对前者规定了更重的刑罚。根据《澳门刑法典》② 第 337 条的规定，对于受贿作不法行为者，处 1—8 年徒刑；如行为人未实行该罪行之事实，处最高 3 年徒刑或科罚金。如行为人在做出该罪行之事实之前，因已拒绝接受曾答应接受所给予之利益或承诺，又或将该利益返还，或如为可替代物质将其价值返还者，则不予处罚。该法典第 338 条的规定，对于受贿作合规范之行为者，处最高 2 年徒刑，或处罚金。如行为人在做出该罪行之事实之前，因已拒绝接受曾答应接受所给予之利益或承诺，又或将该利益返还，或如为可替代物质将其价值返还者，则不予处罚。

　　英国、法国和中国刑法中没有规定单纯受贿罪，也没有背职贿赂和履职贿赂的区分。需要指出的是，这种区分在中国历史上很早就有并且曾经

---

　　① 条文内容参见 GRECO, *Evaluation Report on Spain*, 2009, http：//www.coe.int/greco 所含英文版本。

　　② 中国政法大学澳门研究中心、澳门政府法律翻译办公室编：《澳门刑法典澳门刑事诉讼法典》，法律出版社 1997 年版。

在立法中长期处于主导地位。例如汉代《九章律》中就有对受赇枉法加重处罚的规定；《唐律疏议》则明确地区分了受财枉法和受财不枉法并为二者设立了独立的罪名。就受贿而言，"监临主司受财"而枉法的，受贿绢一尺杖一百，一匹加一等，十五匹绞；"监临主司受财"而不枉法的，受贿绢一尺杖九十，二匹加一等，三十匹加役流。就行贿而言，"有事以财求"而造成枉法后果的，坐赃论；虽以财行求，官人不为曲判的，坐赃论减二等。① 从这些规定中，可以清晰地看出澳门及台湾地区现行刑法中的相关规定与中国古代立法密切的历史渊源。

三　事前受贿与事后受贿

一些国家的刑事立法对贿赂的阶段界定得十分宽泛，贿赂行为可以是已经发生的，也可以是约定即将实施的。有些国家的刑法典对事后受贿规定了较轻的法定刑。例如《意大利刑法典》第 318 条规定，"公务员因履行其职务行为而为自己或第三人接受表现为钱款或利益的、不应接受的报酬，或者接受有关的许诺的，处以 6 个月至 3 年有期徒刑。如果公务员因已经履行的职务行为而接受上述报酬，处 1 年以下有期徒刑"②。该法第319 条原本对背职受贿中事前受贿和事后受贿的法定刑也做了类似区分，③而该法条现行的规定则将二者统一为 2—5 年有期徒刑。《德国刑法典》第 334 条第 2 款在关于"涉及法官的贿赂罪"的法定刑设置上，区分了已经实施的行为和将要实施的行为。前者的法定刑为至少 3 个月，后者则为至少 6 个月。与此不同，《日本刑法典》第 197-3 条对背职受贿内部的事前受贿和事后受贿设置了相同的法定刑。中国刑法对事前、事后受贿没有明确的规定，但根据相关司法解释和法理，前者可认定为受贿罪，后者可认定为利用影响力受贿罪。

四　现职受贿与非现职受贿

与事前贿赂和事后贿赂十分相似的另一对概念是现职受贿与非现职受

---

① 参见程宝库《唐朝反贿赂法律制度的成就与缺陷综析》，《广州大学学报》（社会科学版）2007 年第 12 期。

② 黄凤译注：《最新意大利刑法典》，法律出版社 2007 年版。

③ 参见 Edward M. Wise, *Italian Penal Code*, New York: Fred B. Rothman & Co, 1978。

贿。《日本刑法典》第 197 条第 1 款规定了现职受贿罪。该法第 197 条第 2 款规定了就职前受贿罪：“即将被任命为公职人员者，就其将要担任的职务，因接受请托而收受、索取或约定收受贿赂，并事后成为公职人员的，处 5 年以下有期徒刑。”该法第 197-3 条第 3 款规定了离职后受贿罪：“曾任公务员者，就其在职时接受请托在职务上曾实施不正当行为，或者不实施适当行为，收受、索取或者约定收受贿赂的，处 5 年以下有期徒刑。”《台湾刑法典》中的准受贿罪实际上属于就职前受贿罪。其第 123 条规定：“于未为公务员或仲裁人时，预以职务上之行为，要求期约或收受贿赂或其他不正利益，而于为公务员或仲裁人后履行者，以公务员或仲裁人要求期约或收受贿赂或其他不正利益论。”

需要注意的是，现职受贿与非现职受贿的划分不同于事前贿赂和事后贿赂的划分。就职前或离职后受贿与现职受贿的区分，考虑的是受贿人行为当时是否具有公职人员的身份；而事前贿赂与事后贿赂中的“事”，指的是贿赂之对价，即受贿人即将（不）履行或已经（不）履行的行为或事务，关注的是受贿和为他人谋取利益两种犯罪行为的先后顺序。

五　为本人受贿与为第三人受贿

受贿罪的受益人，通常是受贿者本人，但也可以是第三人。例如，《意大利刑法典》第 318 条规定：“公职人员因履行其职务活动而为本人或第三人收受金钱或其他有价物等不正当的报酬，或者接受此种许诺的，处 6 个月至 3 年有期徒刑。”该法第 319 条规定：“公职人员因不履行或者延迟履行其职务活动，或者因实施了违反其职责的行为，而为本人或者第三者收受金钱或其他有价物，或接受此种许诺的，处 2 年至 5 年有期徒刑。”《德国刑法典》第 331—334 条规定的 4 个具体罪名中也对作为受益人的第三人作了明确的表述。2010 年修订后的《西班牙刑法典》第 419 条、第 420 条以及第 422 条关于公务员受贿犯罪的规定中，使用了“为自己或为他人牟利”的表述方式。英国 2010《贿赂犯罪法》第 2 条第（6）款（b）项规定，无论行为人为自己还是为他人索取或收受利益，均构成受贿罪。

中国刑法没有明确规定受贿罪的受益人可以是第三人，但相关的司法解释却有所涉及。根据 2007 年 7 月 8 日最高人民法院、最高人民检察院《关于办理受贿刑事案件适用法律若干问题的意见》的规定，国家工作人员利用职务上的便利为请托人谋取利益，授意请托人将财物给予特定关系人的，以受贿论处。所谓"特定关系人"，是指与国家工作人员有近亲属、情妇（夫）以及其他共同利益关系的人。

多数国家对贿赂的受益人在同一法条内加以规定，与此不同，《日本刑法典》设立了单独的"为第三者受贿罪"。该法第197-2条规定："公职人员应他人请求而同意实施某种行为，致使请托人将与该公职人员职责相关的贿赂提供给第三人，或者要求或约定将此种贿赂提供给第三人的，处5年以下有期徒刑。"值得注意的是，该罪的主体仅限于公职人员。

六　介绍贿赂、斡旋受贿与影响力交易

介绍贿赂罪是中国刑法中较为独特的一种贿赂犯罪。该罪的主体为一般主体，但是受贿方仅限于国家工作人员。该罪最早规定于1950年《刑法大纲草案》中。该草案第90条第1款规定："向国家工作人员行贿或介绍贿赂者，处三年以下监禁或批评教育。"其后，从1952年的《惩治贪污条例》直至1979年2月的《刑法草案》等新中国一系列刑事立法文件中，均规定有介绍贿赂罪。随后，在1979年正式制定的刑法典中，也对介绍贿赂的行为进行了规定，并确定了与行贿罪相同的独立的法定刑。1988年全国人大常委会颁布的《关于惩治贪污罪贿赂罪的补充规定》没有对介绍贿赂罪做出规定，学术界和实务界对介绍贿赂罪的存废始终存在认识上的分歧，刑法修改稿对此也存在多次的反复。1997年刑法典再次对介绍贿赂罪予以确认，刑法第392条规定："向国家工作人员介绍贿赂，情节严重的，处三年以下有期徒刑或者拘役。介绍贿赂人在被追诉前主动交代介绍贿赂行为的，可以减轻或免除处罚。"事实上，中国历史上早就有关于介绍贿赂的规定。元朝的法律称介绍贿赂为"过钱"，对过钱人的处罚采取"验赃轻重，量情断罪"的办法；《大明律》和《大清律》中也规定了"说事过钱"罪，后者规定"说事过钱者，有禄人减受钱人一等，无禄人减二等，罪止杖一百、徒二年。有赃者，（过钱而不受钱），计赃从重论（若赃重从本律）"①。

苏联的刑事立法中亦有此罪名。苏联最高法院全体会议在1962年7月31日《关于贿赂案件的审判实践》决议中指出："中介人系指应行贿

---

① 郑秦：《清律惩贪条款辨析》，《政法论坛》1992年第2期。

人或受贿人之请求或委托行事、协助达成或实施行贿受贿协议的人。"①
1996 年《俄罗斯联邦刑法典》取消了介绍贿赂罪的罪名。据笔者所知，其他国家没有介绍贿赂罪这一罪名，依据法理，相应的行为一般作为行贿或受贿的共犯对待。

《日本刑法典》则设置了独立的斡旋受贿罪。该法第 197-4 条规定："公职人员基于他人请求，接受、索取或者承诺接受贿赂以作为向另一公职人员施加或将要施加影响的对价，从而使另一公职人员实施非法行为或不履行法定职责的，处 5 年以下有期徒刑。"根据该法第 198 条的规定，影响力交易罪中的行贿人构成行贿罪。与之类似，中国刑法针对国家工作人员受贿罪，也规定了斡旋受贿的情形，即国家工作人员利用本人职权或者地位形成的便利条件，通过其他国家工作人员职务上的行为，为请托人谋取不正当利益，索取请托人财物或者收受请托人财物的行为。英国2010《贿赂犯罪法》第 2 条第（5）款（b）项的规定与此类似。

斡旋受贿与普通受贿相比较，主要有以下几点差异：其一，行为方式不同。斡旋受贿通过第三人的职务行为；普通受贿则通过自己的职务行为。其二，谋取利益的性质不同。斡旋受贿中要求"为请托人谋取不正当利益"，存在贪赃枉法的行为；普通受贿罪中对于谋取利益的正当性未作要求，包括贪赃枉法与贪赃不枉法两种情形。其三，在索贿的条件下，斡旋受贿有为请托人谋利的要求；普通受贿中只要有索贿行为即构成犯罪，没有为请托人谋利的要求。

与介绍贿赂罪及斡旋受贿罪相类似，许多西方国家的刑事法律中设立了影响力交易犯罪（trading in influence），该罪既处罚受贿人也处罚行贿人。《法国刑法典》明确规定了完整的影响力交易犯罪的系列罪名。该法第二章"由履行公职的人实施的危害公共行政管理罪"第三节"违反廉洁义务罪"第 432-11 条第 1 项规定了公职人员受贿罪，第 2 项规定了公职人员利用影响力受贿罪："公职人员、提供公共服务者或者公共选举人员，于任何时间无权但直接或间接地索取或者接受提议、许诺、捐赠、礼物或其他好处，以期实现下列目的的，处 10 年监禁，并处 150000 欧元罚金：（1）……（2）滥用其实际或自称的影响以从公共机构或政府部门获

---

① ［苏联］E. B. 沃尔仁金：《贿赂中介之定罪问题》，单周华译，《国外法学》1981 年第3 期。

取特殊待遇、工作职位、合同或其他有利决定的";第三章"个人妨害公共行政管理罪"第一节"行贿罪及个人利用影响力贿赂罪"第 433-1 条第 1 款第 1 项规定了向公职人员行贿罪,第 2 项规定了向有影响力的公职人员行贿罪:"任何人于任何时间非法地直接或间接提供任何提议、许诺、捐赠、礼物或酬谢给公职人员、提供公共服务者或者公共选举人员,使其实施下列行为的,处 10 年监禁,并处 150000 欧元罚金:(1)……(2)滥用其实际或自称的影响以从公共机构或政府部门获取特殊待遇、工作职位、合同或其他有利决定的";第 433-2 条第 1 款规定了非公职人员利用影响力受贿罪:"任何人直接或间接地索取或者接受提议、许诺、捐赠、礼物或其他好处,并试图滥用其实际或假定的影响以从公共机构或管理部门获取特殊待遇、工作职位、合同或其他有利决定的,处 5 年监禁,并处 75000 欧元罚金";第 2 款规定了向有影响力的非公职人员行贿罪。该法典最显著的一个特点是将典型的贿赂犯罪和影响力交易犯罪做平行式的规定。《西班牙刑法典》第 430 条也规定了利用影响力受贿罪,但是并未将影响力交易中的行贿行为犯罪化。《联合国反腐败公约》第 18 条以及欧洲委员会《反腐败刑法公约》第 12 条也明确规定了影响力交易罪。然而,影响力交易罪在普通法系国家的刑事法律中似乎没有涉及。

中国刑法顺应国际潮流,于 2009 年在刑法典中新增第 388-1 条规定了利用影响力受贿罪。该罪指的是国家工作人员的近亲属或者其他与该国家工作人员关系密切的人,通过该国家工作人员职务上的行为,或者利用该国家工作人员职权或者地位形成的便利条件,通过其他国家工作人员职务上的行为,为请托人谋取不正当利益,索取请托人财物或者收受请托人财物的行为。离职的国家工作人员或者其近亲属以及其他与其关系密切的人,利用该离职的国家工作人员原职权或者地位形成的便利条件实施上述行为的,也属于利用影响力受贿罪。利用影响力受贿罪旨在解决国家工作人员利用"身边人"受贿,逃避法律制裁的问题,学界将其称为"非国家工作人员斡旋受贿罪",其法条排列紧随斡旋受贿之后,成为第 388 条之一,足见二罪之间的密切关系。2015 年 8 月 29 日通过的《刑法修正案(九)》增设了对有影响力者行贿罪(第 388 条之二):"为谋取不正当利益,向国家工作人员的近亲属或者其他与该国家工作人员关系密切的人,或者离职的国家工作人员或者其近亲属以及其他与其关系密切的人行贿的,处二年以下有期徒刑或者拘役,并处罚金;情节严重的,或者使国家利益遭受重大损失的，处二年以上五年以下有期徒刑，并处罚金；情节特别严重的，或者使国家利益遭受特别重大损失的，处五年以上十年以下有期徒刑，并处罚金。"

第三节　按行为主体及对象划分

一　国家工作人员贿赂与非国家工作人员贿赂

中国刑法典第三章"破坏社会主义市场经济秩序罪"第三节"妨害对公司、企业的管理秩序罪"中规定了两个贿赂犯罪的具体罪名：非国家工作人员受贿罪（第 163 条）和对非国家工作人员行贿罪（第 164 条）。非国家工作人员受贿罪的主体为"公司、企业或者其他单位的工作人员"，其中不包括在国有公司、企业中从事公务的工作人员，以及由国有公司、企业派往非国有公司、企业中从事公务的工作人员。非国家工作人员受贿罪与刑法典第八章规定的受贿罪的区别主要在于受贿人的法定身份，行贿罪与对非国家工作人员行贿罪的区分与此同理。

如本章第一节第二部分"公务贿赂与商业贿赂"所述，刑法第 163 条第 2 款规定的是公司、企业或者其他单位的工作人员在经济往来中的受贿行为，但第 1 款规定的行为并不要求发生在经济往来或者商业交往中。也就是说，中国刑法将公司、企业或者其他单位的工作人员在经济往来之外进行的贿赂行为也规定为犯罪。

二　自然人贿赂与非自然人贿赂

英国刑法最早将非自然人纳入了行贿和受贿犯罪的主体范围。根据 1889 年《公共机构贿赂犯罪法》第 7 条规定，作为贿赂犯罪主体的"人"包括"由自然人组成的机构，无论法人或非法人"在内。同样的，英国 2010 年《贿赂犯罪法》第 11、14、15 条规定的行贿罪、受贿罪和向外国官员行贿罪三种贿赂犯罪的主体既包括自然人也包括法人。

与英国刑法将自然人与法人贿赂犯罪合并加以规定的立法模式不同，法国和中国的刑法典设立了单独的非自然人贿赂犯罪。《法国刑法典》只将法人的行贿行为犯罪化而不涉及法人的受贿行为。该法第 433-25 条规定了法人向公职人员行贿罪，第 434-47 条规定了法人向司法人员行贿罪。中国刑法没有使用法人犯罪这一术语，而是创造性地规定了单位犯罪。中国刑法同时处罚法人的行贿和受贿行为，但对私营部门有所限制。针对公共部门，该法规定了三种有关法人贿赂的具体犯罪，即单位受贿罪、向单位行贿罪和单位行贿罪。该法的一大特色是主体范围的广泛性。作为犯罪主体的"单位"涵盖了国家机关、国有公司、企业、事业单位和人民团体。对于私营部门而言，行贿罪可以由单位构成，但受贿罪仅限于自然人。

西班牙原本没有规定法人贿赂犯罪。2010 年 12 月 23 日生效的修订后的《西班牙刑法典》作了突破性的改变。该法第 427 条第 2 款明确规定了法人贿赂犯罪的法定刑。德国、意大利、俄罗斯及日本目前还没有将法人贿赂犯罪化。

三　国内贿赂与海外贿赂

除国内贿赂外，越来越多的国家对海外贿赂也做了明确规定。最早规定海外贿赂犯罪的是英国 1906 年的《腐败预防法》。该法一视同仁地适用于国内贿赂和海外贿赂犯罪。该法第 1 条第 4 款明确规定："所涉事物、生意或职能是否与英国有联系，是否在英国之外的国家或地区实施均无关紧要。"2010 年《贿赂犯罪法》废除了上述规定，同时创设了一个独立的罪名"贿赂外国官员罪"（第 6 条），并设置了与国内贿赂犯罪完全相同的法定刑（第 11 条）。根据该法，"外国官员"是指任何在英国之外的国家或地区担任立法、行政或司法职务的人，或者为英国之外的国家或地区行使或代表其行使公共职能的人，或者为英国之外的某个国家或地区的公共办事机构或公共企业行使公共职能的人，或者公共国际组织的官员或职员（第 6 条第 5 款）。

海外贿赂立法中影响最大的当属美国于 1977 年颁行的《海外反腐败法》（Foreign Corrupt Practices Act）。该法实际上是对《美国法典》第 15 编第 78m 条、第 78dd 条和第 78ff 条的整合，它将美国人（含法人）基于商业的目的贿赂外国官员的行为规定为犯罪。《海外反腐败法》仅覆盖针对外国官员、政党、党务工作者或者任何外国政府职位候选人的行贿行为。外国官员，指任何外国政府、国际组织、代表官方身份的任何部门或机构的雇员或官员。在应用《海外反腐败法》时应就特定的情况考虑"外国官员"的定义，比如皇室成员、立法机构的成员、国有企业的官员也同样视为"外国官员"。

《海外反腐败法》适用于任何个人、公司、官员、董事、雇员、企业代理人或者任何代表公司行事的股东。如果个人或公司命令、授权或协助他人违反反贿赂条款，该个人或公司将受到惩罚。在界定向外国官员行贿行为的司法管辖权时，取决于该违法者是发行人（在美国注册或者需定期向 SEC 提交报告的法人）、国内利益相关者、外国自然人还是外国公司。其中，国内利益相关者，指美国公民、美国国民或者定居在美国的自然人，或者任何依美国法律成立，主营地设在美国的总公司、合伙制公司、协会、联合股份公司、信托、未合并组织或独资企业。发行人和国内利益相关者依照属地管辖或者属人管辖原则，可由《海外反腐败法》追究责任。对于发生在美国境内的行为，如果发行人和国内利益相关者以美国邮件或者其他方式邮寄、转移向外国官员支付的贿赂，该发行人或国内利益相关者要对此行为负责。转移手段或方式包括电话、传真、有线支付或者州际、国际旅行支付。此外，发行人和国内利益相关者也可能对在美国境外发生的行贿受贿行为负责。因此，美国公司或自然人可能对经授权在海外的员工或代理人用国外银行账户进行的行贿受贿行为负责，哪怕并没有设在美国境内的人员参与该行为。1998 年以前，除了那些有资格作为发行人的企业外，该法的适用范围并不包括外国公司和外国自然人。1998 年修订版将《海外反腐败法》通过属地管辖权扩展到外国公司或自然人。一家外国企业或个人在美国境内直接或间接的违法行为将受到《海外反腐败法》的制裁，不论该行为是否使用美国邮政系统或者其他转移支付工具。最后，如果海外子公司被授权、指示或者控制的活动引起争议，美国母公司可能承担法律责任。同样，如果他们被海外子公司雇佣或者代表海外子公司行事，美国公民、居民、国内利益相关者也可能承担法律责任。

《法国刑法典》对海外贿赂作了与国内贿赂犯罪相一致的规定，并且同时处罚行贿人和受贿人。与该法第 432-11 条、第 433-1 条、第 433-2 条和 434-9 条规定的国内贿赂犯罪和影响力交易罪相对应，该法第 435-1—435-4 条分别规定了危害欧共体、欧盟成员国、其他外国与国际组织的贿赂犯罪和影响力交易罪。所有海外行贿罪和受贿罪的法定刑均为 10 年监禁并科 150000 欧元罚金。2000 年修订后的《意大利刑法典》第 322-2 条明确规定将国内贿赂和海外贿赂一视同仁，并且同时处罚行贿人和受贿人。

德国有两部法律专门针对海外贿赂犯罪，即《打击国际贿赂犯罪法》（*Gesetz zur Bekämpfung internationaler Bestechung*）和《欧盟贿赂犯罪法》（*Europäischen Bestechungs Gesetzes*），这两部法律都于 1998 年 9 月 10 日颁布。根据《打击国际贿赂犯罪法》，在国际商业交易活动中，为取得或保留不正当的利益而向外国公共官员行贿的，与国内贿赂犯罪同等对待；而根据《欧盟贿赂犯罪法》，《德国刑法典》中规定的行贿和受贿犯罪都适用于欧盟其他成员国的公共官员以及欧洲委员会的官员。

与其他国家不同的是，《西班牙刑法典》只规定了向外国官员行贿罪，并且将范围限定在国际商业交易活动中（第 445 条）。中国刑法直到 2011 年 2 月才通过《刑法修正案（八）》增设了向外国官员、国际公共组织官员行贿罪。该罪的犯罪主体可以是自然人，也可以是单位，其法定刑与国内私营部门行贿犯罪相同但明显轻于向国内公务人员行贿犯罪。令人费解的是，该修正案将贿赂外国官员罪与国内的私营部门贿赂犯罪放在一起。

不难发现，对于海外贿赂犯罪，一些国家如中国和西班牙等只处罚行贿人而不处罚受贿人。同时，各国刑事立法在国内贿赂犯罪中区分了公共部门与私营部门，但在海外贿赂犯罪中则只涉及公共部门而忽略了私营部门。海外贿赂面临的一个突出问题是管辖权问题。对此，各国刑法的规定不尽相同。

第四节　贿赂犯罪立法分类的理性思考

一　对两部门模式的检视

（一）两大部门的共同性与交互性

公关部门和私营部门贿赂犯罪有许多共同之处。首先是行为的同质性。从道德伦理层面看，两大部门贿赂犯罪均系对"诚实义务"（duty of honesty）和"忠实义务"（duty of loyalty）的违反。正如有学者所指出："无论腐败会造成何种其他后果，它都表明了行为人对忠实义务的违反。而这种义务是公共部门和私营部门基于工作效率所共同要求的。如果没有这种忠诚，内部交易成本将会激增，因为组织体中的每个成员都会极力追求其个人利益的最大化。"① 总体上说，公共部门承担着两种角色。第一，公共部门被视为政府的忠实工具，从而包含着"负责任"和"经济高效"等价值期望。第二，公职人员被视为公众信任的对象。从公职人员的终极目标是服务公众这一意义上讲，某些道德伦理价值必须予以考虑，廉洁、公正等核心价值应当受到更多的关注。② 英国法律委员会认为："有关公共部门贿赂行为的实体法与私营部门的同类法律并无显著差异，因为在'不诚实地'（corruptly）行为这一关键问题上，二者往往是一致的。"③ 国际商会则认为："公共部门与私营部门的划分没有实际意义，因为二者都是对商业交易活动的扭曲，都应当在法律上给予同等对待。"④ 有学者对区分两大部门贿赂犯罪的做法提出了质疑："为什么要对实施了同一种犯罪但具有不同职业身份的人加以区分？"⑤

其次是行为的同构性。公共部门与私营部门具有组织行为上的相似性。从其内部结构和管理层面看，两大部门都由正式的组织体构成，具有相似的组织结构。"公共部门与私营部门的任务或许常常不同，无论其圈外人的动机还是其社会经济后果也都有所差异。但是，二者的基本结构却是一致的：组织成员的行为尺度对于试图对其施加影响的圈外人都具有经济价值，而上级主管在多数情况上却无法证明下属是否违反了劳动合约。"⑥

最后是行为人的交互性。一个常常为人所忽视的重要事实是，无论公共部门还是私营部门，其任务的执行和功能的实现最终都有赖于作为个体的自然人。换句话说，公职人员在社会生活中扮演着双重角色，而这两种角色有时很可能发生交互作用。此外，公职人员不可避免地会受到其他社

---

① Jens C. Andvig, "Remarks on Private-to-Private Corruption", *Norwegian Institute of International Affairs* Paper 635, 2002.

② C. J. G. Sampford and N. Preston eds., *Public Sector Ethics: Finding and Implementing Values*, London: Routledge, 1998, pp. 15-16.

③ Law Commission, *Reforming Bribery*, Law Com No. 313, 2008, p. 10.

④ G. Hein, B. Huber and O. T. Rose eds., *Private Commercial Bribery: A Comparison of National and Supranational Legal Structures*, Freiburg: ICC, 2003, p. 1.

⑤ K. Schlegel and D. Weisburd eds., *White-Collar Crime Reconsidered*, Boston: Northeastern University Press, 1992, p. 31.

⑥ Jens C. Andvig, "Remarks on Private-to-Private Corruption", *Norwegian Institute of International Affairs* Paper 635, 2002.

会成员的影响，尤其是其服务对象。公共机构尤其是政府，一般都是非营利性的，而私营部门却到处充斥着营利性的机构。如果贿赂犯罪在私营部门大行其道，公共部门如何能够独善其身？正如一位美国学者所指出："某些私对私的贿赂犯罪可能导致更为深远的社会后果。如果私对私贿赂广为流传，它会越过自身界限而波及政府机构，会给某些企业提供一种巩固自身垄断地位而损害其他客户和供应商的途径。行贿的目的不再局限于赢得生意，而是降低产品质量，推行垄断，限制市场准入。这样一来，私营部门贿赂犯罪立法的目的超越了其对私营企业的直接影响而与公共部门贿赂犯罪立法融为一体。"① 从这个意义上说，贿赂犯罪对社会道德所造成的破坏比那些具体的、有形的损害更为严重。因此，忽视私营部门贿赂犯罪的社会危害是极其错误的。

综上所述，两大部门的贿赂犯罪并无实质性的区别。因而，在犯罪构成的设定上，二者的核心要件应当保持一致。

（二）两部门模式的不足与局限

首先，公共部门和私营部门二者本身含义不清。尽管两大部门的立法模式已被广为接受，但是关于公共部门和私营部门本身却始终没有明确而统一的正式界定。我们只能从前述各国法律条文的内容对其做出一个大致的区分。一般认为，公共部门贿赂指涉及政府官员和公共管理事务的贿赂犯罪，私营部门贿赂指发生于私法主体之间的贿赂犯罪。实际上，两大部门的概念在含义上模糊不清，容易产生歧义。从字面含义看，人们很容易将公共部门贿赂犯罪理解为发生在公共部门的贿赂犯罪。然而问题是，贿赂犯罪通常至少有行贿人和受贿人两方参与，而两方参与人完全有可能分属公共部门和私营部门。有鉴于此，根据贿赂活动双方参与人所属的领域，可将贿赂犯罪划分为"私对公贿赂"（private-to-public bribery）、"公对公贿赂"（public-to-public bribery）以及"私对私贿赂"（private-to-private bribery）。公职人员向其他公职人员行贿即属于"公对公贿赂"，中国刑法中规定的单位行贿罪也属于"公对公贿赂"，而影响力交易罪则属于"私对私贿赂"中的一种。不过，这种以参与人的社会身份作为贿赂犯罪的分类依据的做法并不十分妥当，因为某些情况下行为人的身份与

---

① S. Rose-Ackerman, "The Law and Economics of Bribery and Extortion", *Annual Review of Law and Social Science*, Vol. 6, 2010.

其活动可能存在脱节现象。

其次，两大部门的界限模糊，可操作性差。两部门模式不但含义不清，而且界限模糊、令人困惑。在司法实践中，依据两部门模式对某些案件很难认定。越来越多的先前由政府部门履行的职能已经转移到某些公司、企业等私营部门，两大部门的界限逐渐模糊，区分意义日益减弱而且区分难度增大。英国法律委员会曾经指出："1889 年《公共机构反腐败法》仅限于公职人员的贿赂犯罪，1906 年《预防腐败法》则适用于'代理人'贿赂而不论其所属部门，这就导致了一些错误的指控以及围绕各种准公共机构是否属于 1889 年法律覆盖范围问题的案件增加的危险。"[1]从社会学的角度看，公共部门与私营部门的角色界限只具有相对的意义而非泾渭分明。所有的角色都同时具有公共的成分和私人的成分。由于某些角色的公共成分明显超过其私人成分，以至于人们将其称为公共角色。同理，某些角色因其私人成分远比公共成分显著而被称为私人角色。因而，所有社会角色都可以被归入这样一个谱系，从明显的私人角色（如朋友、情人等）到带有某些公共成分的私人角色（如丈夫、妻子、父母、子女、教师、学生），再到明显的公共角色（如公司总裁、空中管制员、军士长）。[2] 总之，"区分公共部门与其他部门的做法以及由此引发的各种效应使得法律变得纷繁复杂而令人困惑"[3]。

最后，两部门模式分类不完整。从社会现实看，两部门模式的分类并不完整，无法涵盖所谓的"第三部门"。"第三部门"，又称"社会中介组织"或"行业组织"，主要包括律师、公证、仲裁、司法鉴定、会计、审计、体育裁判、新闻记者、医生、教师等行业和领域。它们在组织上有自己独立的自律管理机构，它与相关政府机关的关系是行业管理关系，而非行政隶属关系；行业组织人员是一类不同于公务人员的特殊主体，从身份上看他不属于公职人员，从行为性质上看其所从事的活动介于公务与商务之间，既不属于典型的公务活动又与纯粹的商业活动有所区别。这些领域介于公共部门与私营部门之间，兼有二者的某些特征，但又无法划入二者

---

① Law Commission, *Reforming Bribery*, Law Com No. 313, 2008, p. 10.

② W. T. Jones, "Public Roles, Private Roles, and Differential Moral Assessments of Role Performance", *Ethics*, Vol. 94, 1984.

③ Law Commission, *Legislating the Criminal Code: Corruption*, Report No. 248, 1998, p. 28.

中的任何一个。第一，这些行业不宜归入私营部门，因为它们不单纯属于盈利活动，如体育竞技不仅仅是商业活动，也有公平竞技的成分。律师等法律工作者不仅为了营利，更为了法律的公正。医生负有救死扶伤的义务，记者负有忠实于事实真相的义务。教师虽然也有收入，但他不单纯是为了营利，而是承担着传递知识、培养人才的社会责任。第二，这些人员也不宜归入公共部门，因为他们并不拥有完整公共权力，与代表政府的官员有着明显的不同。

从刑法规范的角度看，划分公共部门与私营部门的目的无非是在法定刑上予以区别对待。然而，为什么要区别对待呢？其理性根据何在？早在1998 年，英国法律委员会就对此提出质疑：公共部门贿赂犯罪是否比私营部门更严重？公共部门是否比私营部门更需要刑法保护？公共部门是否需要制定更高的行为标准？① 这些问题值得进一步思考。

二　对公务贿赂与商业贿赂的检视

公务贿赂犯罪所侵犯的，主要是国家公务活动的廉洁性。该类犯罪的实质，是公共权力与不正当利益之间的交易，属于典型的"权钱交易"。公务贿赂犯罪的犯罪主体主要是公职人员，但不局限于此，还包括作为一般主体的行贿人。商业贿赂犯罪是对存在于商业活动中的贿赂犯罪的统称，它所侵犯的主要是商业交易活动中的商业秩序。该类犯罪的实质，是非公共权力（民商事权利）与不正当利益之间的交易，同样属于"权钱交易"的范围。无论公职人员还是非公职人员，都可能成为本罪的主体，如果公职人员介入商业活动并利用了其特殊职权，则兼具公务贿赂与商业贿赂双重属性，应当从严处罚。

商业贿赂犯罪在西方多被称为私营部门的贿赂犯罪。私营部门是与公共机构相对而言的，它涉及的是与公共权力无关的民事、经济活动。公务活动属于公法的领域，商业活动属于私法领域，两大领域有着各自不同的规则。商业贿赂区别于公务贿赂的最大特点在于犯罪客体的差异：前者侵害的主要是商业交易的规则和秩序，而后者侵害的主要是公共权力的行使。二者同为"权钱交易"，只不过权力的性质有所不同，一为公权力，

---

① Law Commission, *Legislating the Criminal Code*：*Corruption*，Report No. 248, 1998, pp. 26-27.

二为私权力。区分二者的目的，主要不在于量刑上的厚此薄彼，而在于为准确定罪提供简洁明了的法律依据。

　　商业贿赂犯罪不是一个具体罪名，而是一个罪名的集合，因而不存在统一的犯罪客体。但这并不能否定研究商业贿赂犯罪的意义，因为在这个前提之下，我们可以从犯罪主体的角度研究具体个罪的犯罪客体。从犯罪主体的角度，中国刑法规定了 3 种类型的商业贿赂犯罪：以公司、企业或其他单位人员为主体的商业贿赂罪、以国家工作人员为主体的商业贿赂罪和以单位为主体的商业贿赂罪。虽然这 3 种类型的商业贿赂罪的犯罪主体各不相同，但由于都是发生在经济领域中的贿赂犯罪，因而在犯罪客体方而仍有一些共性的问题值得研究。①

　　"商业贿赂"是一个颇为常用但又极易被误用的概念。人们常常用商业贿赂来指代私营部门贿赂，然而商业贿赂实际上既包含公共部门贿赂也包含私营部门贿赂。当公职人员成为商业贿赂中的受贿方时，这种商业贿赂就属于公共部门贿赂；否则，即为私营部门贿赂。公务贿赂、商业贿赂与业务贿赂的划分标准是受贿人所从事的活动的性质。按照这一标准，与商业贿赂相对应的，应该是公务贿赂和业务贿赂，而非公共部门贿赂。但是，这种分类也有其不足，因为公务贿赂和商业贿赂可能会存在重叠或交叉。例如，公务人员从事政府采购等兼具公务和商务性质的活动的情形。作为一个类概念，私营部门内的商业贿赂犯罪具体包括私营部门人员受贿罪、对私营部门人员行贿罪、私营部门内受贿罪、私营部门内行贿罪、介绍私营部门内的贿赂罪。就刑事惩治的范围而言，应当只将私营部门在经济、金融或者商业活动中发生的贿赂行为规定为犯罪。私营部门在内部管理、人事安排等方面发生的贿赂行为，并没有影响到竞争对手的利益并进而破坏公平自由竞争秩序的，应当交由私营部门内部或者行业协会处理。

　　中国刑法对公司、企业或者其他单位工作人员贿赂犯罪的规定，一方面将非经济交往中发生的私营部门的贿赂行为犯罪化；另一方面又缺乏对私营单位本身在经济往来中发生的贿赂行为进行规制的相关规定，造成了刑法对私营部门内的贿赂行为规制的过剩与不足两个极端，故应当用私营部门内的商业贿赂犯罪代替公司、企业或者其他单位工作人员受贿罪和对公司、企业或者其他单位工作人员行贿罪，以"私营部门"涵括公务部

---

　　①　柳忠卫：《商业贿赂犯罪客体解读》，《华东政法学院学报》2006 年第 5 期。

门之外的领域，以"商业贿赂"将私营部门内贿赂的犯罪限定在商业交往范围内，以体现刑事制裁的必要性。[①]

三　对以行为方式分类的检视

（一）背职贿赂、履职贿赂及单纯贿赂

背职贿赂与履职贿赂二者的社会危害性明显不同。履职贿赂中，行为人只是违反了对于公职的一般忠诚义务，而背职贿赂中行为人不但违反了忠诚义务，而且违背了法定的特殊义务，造成更为严重的后果。因此，在立法中明确区分履职贿赂与背职贿赂是十分必要的。而且，这种区分应当同时针对受贿方和行贿方而非仅限于受贿方。在背职贿赂的情况下，行贿、受贿双方的法定刑都应当重于履职受贿。

中国内地刑法将公共部门的受贿犯罪划分为收受贿赂和索贿两种情形，并规定前者以受贿人为行贿人谋取利益为要件，但是这种区分与履职贿赂和背职贿赂的区分并非一回事。在收受贿赂的情况下，受贿人为行贿人谋取正当利益时，属于履职贿赂，谋取不正当利益时，属于背职贿赂；而在索贿的情况下，虽然不要求受贿人为行贿人谋取利益，但受贿人完全有可能在索取贿赂后为行贿人谋取正当利益，从而构成履职贿赂。

西方国家关于背职贿赂与履职贿赂的区分是以受贿人为主导的分类，而中国刑法针对收受贿赂区分谋取正当利益与谋取不正当利益的做法主要是以行贿人的利益为主导。对贿赂犯罪的分类应当以受贿人为主导，而不应以行贿人为主导，因为贿赂犯罪的实质是权钱交易，其核心是对权力的滥用。受贿人直接掌握权力，处于交易的核心位置，行贿人只是借助于受贿人的权力来谋取利益。

从本质上看，仅仅基于职务的单纯受贿及与之相对的行贿行为，也是对公务廉洁性的侵犯，因为它违背了公职人员不得以公权力谋取私利的义务和要求。但是，受贿罪的本质是权钱交易，而不仅仅是以权谋私。贪污罪和徇私舞弊罪等都属于以权谋私，但并非权力交易。单纯受贿主要表现为受贿人单方的违法性，其权钱交易的性质尚不十分明显，或者说尚处于预备阶段。行贿人的行为只是为尚未确定的之后的交易作准备。单纯受贿

[①]　卢建平、张旭辉：《商业贿赂的刑法规制——以私营部门为例》，《法学杂志》2007 年第 1 期。

罪的设立，既在法理上显得过于严苛，又在实践中难以证明，所以宜对其采取较为谨慎的立法态度。

（二）事前受贿与事后受贿

事前受贿与事后受贿以及为本人受贿与为第三人受贿都属于受贿罪，其划分虽然不涉及此罪与彼罪的区分，但仍然是十分必要的。这种划分的作用在于进一步明确贿赂犯罪的构成要件，统一认识，消除分歧，贯彻罪刑法定原则中的明确性原则，准确认定罪与非罪。其中，事前贿赂与事后贿赂描述的是贿赂行为的时间特征，为本人贿赂与为第三人贿赂描述的是贿赂行为的主观目的。立法上对受贿行为进行科学分类，可以改变受贿罪的刑法条文过于简单、概括的现状；实践上有利于司法工作人员完整系统地把握受贿罪的要件，区分不同情形分别进行处罚；理论上可以防止牵强附会甚至曲解法律的现象，推动对受贿罪的理论研究。[①]

（三）现职受贿与非现职受贿

从刑法上看，就职前受贿与离职后受贿与在职受贿具有不同的法律性质。前两者属于影响力交易罪，后者属于狭义的或典型的受贿罪。狭义的受贿罪和利用影响力受贿罪的主要区别在于利用的因素不同。前者利用的是本人的职权，而后者利用的是职权之外的基于各种因素而产生的影响力。

就职前受贿、在职受贿、离职后受贿的划分，不仅客观地反映了社会现实，而且得到行政法中关于行政职务产生、变更和消灭原理的支持。在行政法中，行政职务是国家职务的一种，是为了有效地实施国家和社会的管理而设置在各种行政组织中具有法定权利和义务的国家公职。行政公职有两种表述，当它用于行政组织时称职位，即指国家设置在行政组织中的位置；当它用于人员时称职务，即处于这种位置的人。可以说，职位和职务是同一客体的两种不同角度的表述。从利用职务的时间来看，可以分为利用现在职务便利、利用过去职务便利和利用将来职务便利；从被利用职务的主体来看，可以分为利用本人职务便利和利用他人职务便利。虽然受贿罪利用的职务不限于行政职务，但通过研究行政职务可以大体上揭示各类公共职务的本质。

[①]　陈兴良、王玉珏：《建立受贿罪罪名体系的构想》，《法学》1991 年第 6 期。

（四）介绍贿赂罪的存废改

对于介绍贿赂的行为在立法上究竟应当如何对待，中国刑法学界主要存在"独立成罪说""贿赂共犯说"以及"非犯罪化说"三种主张。"独立成罪说"认为，虽然介绍贿赂行为有依存于行贿罪与受贿罪的特点，但它并不因此失去独立存在的依据和价值。首先，介绍贿赂罪与行贿罪或受贿罪共犯的主观目的和故意内容不同。贿赂双方是为了谋取不正当的利益或非法利益，而介绍贿赂者出于第三者的地位，其行为目的主要是促成双方的行为内容得以实现。其次，行为的内容不同。受贿罪或行贿罪的共犯只为受贿方或行贿方单方服务，以取得受贿人或行贿人的财物，介绍贿赂的行为人则为行受贿双方沟通关系、提供服务。介绍贿赂的行为人只起牵线搭桥的作用，并不介入为行贿人谋利益的具体行为。介绍贿赂罪的实行行为不是受贿罪、行贿罪的帮助行为，介绍贿赂罪的成立并不以行贿罪、受贿罪的成立为前提。帮助行贿或帮助受贿的行为，应当排除在介绍贿赂罪之外；而同时对行贿、受贿起帮助作用的行为，则属于一行为触犯数罪名，应从一重处罚，最终也不能认定为介绍贿赂罪。介绍贿赂罪只在行贿、受贿人行为都不构成犯罪的情况下才发挥作用。[①] 具体而言，介绍贿赂罪主要针对以下两种情况：其一，在无人请托的情况下，介绍贿赂人不从行贿人或受贿人任何一方的意图出发，而是基于自己独立的主观意愿，分别劝诱行贿人和受贿人，并在二者之间转达信息、安排会面等，其目的是为自己谋取个人的利益；其二，当行贿人谋取的是"正当利益"，或虽谋取的是"不正当利益"但未实现时，行贿人不构成犯罪，介绍贿赂人不成立行贿罪的帮助犯，但成立介绍贿赂罪的实行犯。再次，若将介绍贿赂行为作为贿赂共犯处理，则对于既介绍行贿又介绍受贿的难以定性。最后，将不具有国家工作人员身份的介绍贿赂人认定为受贿罪的共犯，会破坏贿赂犯罪主体的统一性。[②]

"独立成罪说"并不具有足够的说服力。首先，共同犯罪中并不要求参与犯罪的所有犯罪人的主观意图都完全相同，只要所有参与犯罪的人都认识到其犯罪活动的性质，并对犯罪行为形成了共同的故意即可。其次，司法实践中不可能存在完全中立的介绍贿赂人，现实中介绍贿赂人必然偏

---

① 参见吕颖洁《受贿罪的共同犯罪若干问题探讨》，《江淮论坛》2005 年第 6 期。

② 参见王生胜、王玉燕《试论介绍贿赂罪的法律困境》，《法制与社会》2008 年第 1 期。

向一方以促使整个犯罪活动的完成。再次，关于既介绍行贿又介绍受贿的，构成行贿罪共犯与受贿罪共犯的竞合，按从一重罪处断的原则处理即可。最后，共犯理论作为刑法总则性的理论，没有改变刑法分则所规定的基本犯罪要件。单独受贿犯罪的主体依然是国家工作人员，不会因为非国家工作人员身份的介绍贿赂者成了受贿罪的共犯而破坏贿赂犯罪主体的统一性。①

"贿赂共犯说"主张对介绍贿赂行为以贿赂共犯论处。第一，介绍贿赂人总是有倾向性地代表行贿方或者受贿方进行活动，其本质是行贿或受贿的教唆犯或帮助犯，属于贿赂犯罪共同犯罪的一种形式。第二，介绍贿赂罪的成立范围极其狭小，在司法实践上几乎没有实例，立法上没有独立成罪的必要。根据中国刑法第 392 条规定的字面含义，介绍贿赂仅指为了行贿人的利益，受行贿人之托向受贿人介绍贿赂，而不包括应受贿人之托向行贿人索要或者收受贿赂。第三，不将介绍贿赂罪的实行行为解释为行贿、受贿的帮助行为，会出现重罪轻判的现象。介绍贿赂罪的法定刑仅为 3 年以下有期徒刑，与行贿罪和受贿罪的法定刑相差悬殊。第四，介绍贿赂罪的适用范围过于狭窄。刑法设立了非国家工作人员受贿罪与对非国家工作人员行贿罪，但是没有规定向公司、企业或其他单位工作人员介绍贿赂罪。如不将介绍贿赂行为理解为帮助行为，那么这种具有可罚性的行为将不能以犯罪论处。同理，刑法规定了单位行贿罪和单位受贿罪，但没有规定向单位介绍贿赂罪，否认介绍贿赂行为是一种行贿、受贿的帮助行为，也将使自然人向国家机关、国有公司、企业、事业单位、人民团体介绍贿赂的行为得不到刑事制裁。第五，从比较法的视角来看，外国刑法很少有介绍贿赂罪的规定。将介绍贿赂独立成罪的也只有朝鲜、蒙古等少数几个国家，在德国、日本、意大利、瑞士等大多数大陆法系国家、英美法系国家以及旧中国刑法中，介绍贿赂都没有独立成罪。苏联解体后，《俄罗斯联邦刑法典》取消了介绍贿赂罪的规定，其立法变迁值得我们深思。② 第六，介绍贿赂罪作为受贿罪或行贿罪的共犯对待，不但在刑法理论上省去了解决介绍贿赂罪与受贿罪、行贿罪是否存在共犯关系问题，而且也在司法实践中免除了区分介绍贿赂罪与受贿罪、行贿罪共犯的烦琐性

---

① 王生胜、王玉燕：《试论介绍贿赂罪的法律困境》，《法制与社会》2008 年第 1 期。

② 马宏涛、黄大新：《介绍贿赂罪法律问题探悉》，《检察实践》2003 年第 4 期。

与复杂性。

反对"贿赂共犯说"的理由主要有二。首先，介绍贿赂行为是一种独立的中介行为，而不是一种帮助行为，其犯罪的成立并不依赖于受贿人或行贿人犯罪成立。根据现行刑法规定，介绍贿赂行为是以"情节严重"作为构成犯罪量的要求。1999 年最高人民检察院《关于人民检察院直接受理立案侦查案件立案标准的规定（试行）》规定，如果介绍贿赂数额不够，但有 3 次以上或者为 3 人以上介绍贿赂的可以立案。其次，介绍贿赂罪法定刑与行贿罪或受贿罪的差距不能成为介绍贿赂行为是帮助行为的充分理由，介绍贿赂罪的适用范围狭窄导致其他两种具有可罚性的行为无法处理的局面，则是刑事法网不严密所导致。①

"非犯罪化说"主张不将介绍贿赂行为作为犯罪处理。其理由是，介绍人对贿赂犯罪所起的作用很小、社会危害性很小，实践中很少将介绍贿赂行为作为犯罪处理，而且国外绝大多数国家的刑事立法没有设立该罪。显然，非犯罪化思路不可取。实践中确实很少将介绍贿赂行为作为犯罪处理，但仅此不足以使介绍贿赂行为非犯罪化的主张正当化。与行贿人和受贿人相比，介绍人一般来说对贿赂犯罪所起的作用相对较小，但其社会危害性却不容忽视。贿赂犯罪的一个新特点是受贿人只收受"非常信任的人"的贿赂，正是介绍贿赂人使查处贿赂犯罪的难度空前加大。国外绝大多数立法没有设立介绍贿赂罪，并未否定介绍贿赂行为的犯罪性，而是大多以贿赂犯罪的共犯处理。

应当说，介绍贿赂罪有其存在的必要。首先，介绍贿赂的行为具有相当的社会危害性，仅从其与贿赂共犯纠缠不清的关系中即可见一斑。其次，介绍贿赂的行为虽具有教唆或帮助行贿或受贿的性质，但将其独立成罪既可突出其重要性，又可简化定罪过程，省去共犯和罪数的认定与推理。再次，司法实践中缺乏实例，是执法不严的问题，而非立法缺陷。最后，国外没有规定介绍贿赂罪，并不能否定中国刑法中该罪的存在价值。

（五）斡旋受贿与介绍贿赂罪以及影响力交易罪

根据中国刑法的规定，斡旋受贿、介绍贿赂罪以及影响力交易罪三者颇多相似之处，但不完全相同。斡旋受贿与介绍贿赂罪的区别，其一在于主体不同。斡旋受贿主体仅限于国家工作人员，介绍贿赂罪对于行为主体

---

① 参见卢勤忠《商业贿赂犯罪研究》，上海世纪出版集团 2009 年版，第 144—147 页。

没有要求，其范围远大于斡旋受贿。其二在于是否利用行为人自身"职权与地位形成的便利条件"。在斡旋受贿中，行为人因自己本身具有公权力而对第三人产生了影响力，两者处于平等的地位；在介绍贿赂罪中，更多的情形下，介绍人并不是国家工作人员，行为人只是单纯的介绍关系，类似于中介的作用，往往介绍人与第三人处于不平等的地位关系中。其三是斡旋受贿中以行为人"收受或索取他人财物"为构成要件，介绍贿赂罪构成中并不要求介绍人收取财物。其四是斡旋受贿中的第三人往往触犯渎职罪，而介绍贿赂罪中的第三人通常还存在着受贿罪问题。

斡旋受贿与利用影响力受贿罪的区别，其一是犯罪主体不同。斡旋受贿的主体仅为国家工作人员。利用影响力受贿罪的主体包括两类：一类是国家工作人员的近亲属和与其关系密切的人，另一类是离职国家工作人员或其近亲属以及其他与其关系密切的人。其二是客观方面不同。斡旋受贿中"利用自己职权和地位"所形成的是权力性影响力，而利用影响力受贿罪中有直接利用国家工作人员职权与间接通过第三人职权两种形式，权力效力与权力性影响力并存。

应当将影响力交易犯罪这类特殊的贿赂犯罪与典型的贿赂犯罪彻底区分开来，单独设立完整的影响力交易犯罪。典型的贿赂犯罪实质上是权力与金钱之间的交易，而影响力交易犯罪是个人非正常的影响力与金钱之间的交易。尽管二者都是对权力或影响力的滥用，但公共权力和私人影响力不但性质与危害有所不同，而且影响力交易最终仍需借助公共权力，具有间接性。

四　对以行为主体及对象分类的检视

（一）国家工作人员贿赂罪与非国家工作人员贿赂罪

中国刑法典第384条规定的受贿罪和第163条规定的非国家工作人员受贿罪，在实行行为模式设定上是一致的，但因为犯罪主体的身份不同而导致了法定刑及其幅度的不同。行为人若是国有公司、企事业人员，则构成第384条的受贿罪，若是国有公司、企事业人员以外的公司、企事业人员，则构成第163条所规定的犯罪。两类犯罪主体的区别完全是由行为人所在单位的性质决定的。从表面上看，两罪的区分有"以身份论罪刑"的嫌疑。但是实际上造成这种差异的原因，主要地并不在于犯罪主体的不同，而在于其发生的社会生活领域和范围不同，侵害的法益不同。行为人所在单位的性质虽然可以表明行为人的身份，但更重要的是表明其所从事活动的社会性质及社会功能。行为人违背其单位赋予的相应的职责，就是对这种社会功能即犯罪客体的侵犯，而犯罪客体是决定犯罪的社会危害性的主要因素。由于各种贿赂犯罪侵害的客体不同，所造成的社会危害性并不完全相同，对其设置轻重不同的法定刑也就顺理成章。

（二）单位贿赂与自然人贿赂

设立单位贿赂犯罪是中国刑法的一大特色，但是这种立法存在两个方面的问题。首先，自然人贿赂与单位贿赂在罪名设置方面明显不一致。在国内公共部门贿赂犯罪的罪名设置上，中国刑法典专门设立了三个有关单位贿赂的独立罪名，而国内私营部门贿赂犯罪的主体却不包含单位。对于海外贿赂，刑法典只设立了一个罪名，即对外国公职人员、国际组织官员行贿罪。与国内贿赂罪不同，此罪在罪名上并未将单位和自然人加以区分，而是在同一条文内另设一款明确将单位贿赂包含在内。其次，为单位贿赂专门设立独立的罪名实际意义不大，而且徒增法律的烦琐与复杂。就立法的简洁性而言，完全可以将其取消，并通过在行贿罪和受贿罪中增加单位犯罪主体的方式予以解决。

实际上，单位犯罪的后一种立法模式在中国刑法典中大量存在。具体包含两种立法方式。第一种是设立专条规定某类犯罪的单位犯罪的法定刑。例如，刑法第150条关于生产销售伪劣商品罪的单位犯罪的规定。第二种是在规定某一具体犯罪的同一条文内另设一款明确将单位犯罪包含在内。例如，刑法典中走私罪一节以及毒品犯罪一节中某些具体罪名的条款。如果单位贿赂犯罪能够采取类似的立法例，则可以在保持立法的简洁性的同时，与其他罪名的立法方式保持体系上的一致性。

（三）海外贿赂与国内贿赂

一些国家对海外贿赂犯罪的规定缺乏完整性。对于海外贿赂犯罪，一些国家如中国和西班牙等只处罚行贿人而不处罚受贿人。这种立法可以说是半途而废，因为贿赂犯罪作为对行犯，是互相依存的，没有受贿就没有行贿，反之亦然。尽管海外贿赂与国内贿赂有所不同，同一案件中的行贿行为与受贿行为可能分属不同的国家管辖，适用不同的刑法；但是，这并不能成为不处罚受贿人的理由，因为处罚行贿人也面临着同样的局面。因此，打击海外贿赂应当与国内贿赂一样双管齐下，同时处罚行贿人和受贿人，与贿赂外国官员罪相对应，建议没有将海外受贿犯罪化的国家应该增设收受外国人贿赂罪以及外国官员受贿罪。此外，多数国家的刑事立法针对国内贿赂犯罪区分了公共部门与私营部门，但在海外贿赂犯罪中则只涉及公共部门而忽略了私营部门。

中国刑法对海外贿赂罪的定位不合理。2011 年 2 月通过的《刑法修正案（八）》增设了向外国官员、国际公共组织官员行贿罪。该罪的犯罪主体可以是自然人，也可以是单位，其法定刑与国内私营部门行贿犯罪相同但明显轻于向国内公务人员行贿的犯罪。令人费解的是，该修正案将贿赂外国官员罪与私营部门贿赂犯罪放在一起。这表明立法者对海外贿赂犯罪的危害性的认识及其法律定位不够准确。从法律性质上讲，海外贿赂属于国际犯罪，它所侵害的是国际社会的共同利益和普遍价值，不应与国内犯罪混为一谈。中国刑法应当加强国际犯罪的国内立法，针对国际犯罪专设一章，[①] 并将海外贿赂犯罪纳入其中，这样既可以解决国际犯罪的立法模式问题，又可以解决海外贿赂犯罪的定位问题，可谓一举两得。

---

① 参见黄芳《国际犯罪国内立法研究》，中国方正出版社 2001 年版，第 191 页；甘雨沛、高格《国际刑法学新体系》，北京大学出版社 2000 年版，第 276—280 页。

第三章　中外贿赂犯罪之犯罪构成比较

第一节　犯罪客体（法益）比较

要制定一部目的明确、合理高效的法律，首先需要弄清楚该法律所要保护的法益是什么。贿赂犯罪究竟侵犯了什么人的什么利益呢？社会存在决定社会意识，贿赂犯罪以及社会利益本身的错综复杂性，导致了人们对于贿赂犯罪客体认识的分歧。

一　公共部门贿赂犯罪的法益比较

（一）西方刑法理论

对于公共部门贿赂犯罪所侵害的法益，西方刑法学界目前主要有两种理解。一种是公务活动的"不可违背性"（inviolability）理论。另一种是公务活动的"不可收买性"（impossibility of purchasing）理论。公务活动的"不可违背性"理论源于日耳曼法。依据该理论，只有当贿赂是对不正当或非法地履行公务的报偿时，才应当受到刑罚处罚。据此，贿赂犯罪立法所保护的法益是公务活动的公正性或适当性。[①] 公务活动的"不可收买性"理论源于罗马法。根据该理论，任何从事公务的人员均不得将取得某种利益作为履行公务的不当回报。当一名公务人员以此方式出卖其职责时，他已经严重地损害了包含于其职责之中的公众的信任。据此，贿赂犯罪立法所保护的法益乃是公务活动的尊严和公众的信心。两种理论的一个重要差异在于，根据公务活动的"不可收买性"理论，贿赂犯罪的成立并不以行贿人所力图利诱的公务活动使行贿人受益或使社会公众遭受具

[①]　G. Hein，B. Huber and O. T. Rose eds.，*Private Commercial Bribery*：*A Comparison of National and Supranational Legal Structures*，Freiburg：ICC，2003，p. 197.

体损害为必要条件。基于社会利益的要求，公务活动不应当受追求个人利益的不正当动机的影响。① 根据"不可收买性"理论，国家工作人员所具体实施的行为的合法性与否不再是被关注的要点。行为是否侵犯法益，关键要看国家工作人员索取、收受他人财物的行为，是否与其职务行为之间形成对价关系。这里所说的职务行为，包含已做出的以及将要做出的。确切地讲，职务行为不可收买性的内容包括两方面：一是职务行为的不可收买性本身；二是公众对职务行为不可收买性的信赖。公民对职务行为不可收买性的信赖，同样是值得刑法保护的一项重要的法益。这种信赖是公民公平正义观念的具体表现，它使得公民信赖国家工作人员的职务行为，信赖国家机关本身，从而保证国家机关正常活动的开展，促进国家机关实现其活动宗旨。如果职务行为可以获得不正当报酬，职务行为可以被收买，或者公民认为职务行为可以与财物相互交换，则意味着公民不会信赖国家工作人员的职务行为，进而不信赖国家机关本身。这会直接导致国家机关权威的降低和各项正常活动的难以展开。

欧洲委员会所属反腐败国家集团（GRECO）对《西班牙刑法典》的评估报告中认为，该法典惩罚贿赂犯罪所旨在保护的法益，是平等公正原则、公共管理的客观性以及公民对公共管理的信心。这意味着贿赂物的最终用途（无论受贿人将其据为己有还是捐给慈善机构）对犯罪成立无关紧要。也就是说，即使受贿的官员在履行职务时未受贿赂的影响，前述法益仍然会受到严重损害。② 值得注意的是，《法国刑法典》③ 关于公共部门贿赂犯罪的立法规定明显地反映出该法对受贿和行贿两种犯罪之法益的不同认识和评价。根据该法，受贿罪被规定在第二章"公务员危害政府罪"第三节"违反诚实义务"中；而行贿罪则规定在第三章"公民危害公共管理罪"第一节"公民实施的积极贿赂罪以及影响力交易罪"中。

（二）中国刑法理论

中国刑法学界对于公共部门受贿犯罪的客体存在诸多争议，归纳起来

---

① R. M. Perkins and R. N. Boyce, *Criminal Law*, 3rd ed., Mineola: The Foundation Press, 1982, p. 537.

② GRECO, *Evaluation Report on Spain*, 2009, http://www.coe.int/greco.

③ 最近一次修订于 2005 年 7 月 7 日，参见法国政府官方英译本 *French Penal Code 1994*, http://195.83.177.9/upl/pdf/code_ 33. pdf。

主要有"国家机关正常活动说""职务行为的廉洁性说""复杂客体说"以及"选择性客体说"等几种观点。国家机关正常活动说既是我国刑法理论上的传统观点，也是刑法学界的通说。职务行为的廉洁性说认为受贿罪侵犯的直接客体是国家工作人员职务行为的廉洁性；复杂客体说认为，受贿罪不仅侵犯了国家机关的正常活动，而且还侵犯了公私财产的所有权关系；选择性客体说认为，受贿罪的客体是多方面的，除了国家机关、企业事业单位和集体经济组织的正常经济活动之外，还可能包括公私财产的所有权以及社会经济的正常发展。

"国家机关正常活动说"具有一定的局限性，无法全面反映受贿罪的社会危害性。现实生活中受贿罪的表现多种多样，总体上可以分为枉法的受贿和不枉法的受贿两类。作为后者，受贿行为并未影响职务行为，不存在侵犯国家机关正常活动的问题。把侵犯国家机关正常活动作为受贿罪的客体，则会把这类犯罪排除在刑法之外。有些受贿人利用职务之便索取贿赂后，主观上并不想去为他人谋利益，客观上也确实没有实施为他人谋利益的行为。有的受贿人在索取、收受他人贿赂时，对客观上能否为他人谋取利益并不能肯定，或抱放任态度，或者由于客观环境及条件的变化，不能实现为他人谋取利益的承诺。这两种情况下，受贿行为不可能对国家机关的正常职能活动造成危害。

"复杂客体说"在理论上难以成立。首先，复杂客体是指一个犯罪行为同时侵犯两种或两种以上的社会关系，受贿罪侵犯了国家机关的正常活动，但并未侵犯公私财产的所有权。受贿人索取、收受行贿者的财物，并不等于侵犯了公私财产的所有权，因为行贿与受贿是一种钱与权的交易，双方都主观上都各有所图，都是犯罪。当行为人把自己的合法财产用于行贿时，该财产就变成了非法的贿赂物，其对该财物的所有权不再受法律的全面保护。其次，那些发生在商品流通、信贷及金融活动中的受贿罪，的确破坏了国民经济的管理活动，干扰了正常的经济秩序，但是另一些如招工、招生、升职提干以及办理出国护照等活动中的受贿，则与经济管理活动没有直接关系。而且即便前者，也是受贿犯罪之后造成的危害结果，并不等同于犯罪客体。① 将贿赂犯罪视为复杂客体的观点，在一定程度上揭示了贿赂犯罪涉及利益主体及其利益的多元性，但是没有分清矛盾的主要

---

① 参见孙国祥《贿赂犯罪的学说与案解》，法律出版社 2012 年版，第 94—96 页。

方面。

"选择性客体说"认为，受贿罪侵犯的客体具有不确定性，侵犯的直接客体要根据某个具体受贿行为的实际情况确定。这显然使犯罪客体作为理论的概括性功能失去意义，与研究受贿罪直接客体的目的不相符合。

相对而言，"职务行为的廉洁性说"更具说服力。首先，它能准确地揭示受贿罪的本质特征。国家工作人员担负着依法行使国家管理职能的重任，廉洁奉公是一切国家工作人员的为政之本，而受贿罪的本质就在于国家工作人员违反廉政建设法规，利用手中权力进行权钱交易，严重侵蚀国家的肌体，极大地损害国家和政府的威信。其次，它能全面反映各种受贿行为的社会危害性。只要行为人主观上有受贿的故意，客观上实施了受贿行为，则无论财物是否过手，无论是否贪赃枉法，无论是否造成严重后果，都是对廉洁义务的违反，符合受贿罪客体的要求。[1]

不难发现，国内的"职务行为的廉洁性说"与西方的"不可收买性"理论甚为相近。

（三）　立法体现

对贿赂犯罪法益的理解，反映到刑事立法上，就是在刑法分则中如何对贿赂犯罪进行定位和归类的问题。各国关于公共部门受贿罪的归类，主要有四种立法形式。[2] 第一种形式从犯罪主体具有的特殊身份考虑，将受贿罪归属于公务员犯罪。例如，《巴基斯坦刑法典》将受贿罪规定于第九章"公务员犯罪或与公务员有关的犯罪"中。新加坡、韩国、印度等国家的受贿罪亦属此类。第二种形式从受贿罪犯罪主体与职务有无关系考虑，将受贿罪列为渎职罪或职务上犯罪范畴。日本、丹麦、德国、俄罗斯等国将受贿罪列入渎职罪范畴，罗马尼亚、朝鲜、蒙古、阿尔巴尼亚、奥地利、瑞士、西班牙等国家将受贿罪列为职务上的犯罪，或称"违反职务、执行职务的犯罪"。第三种形式从受贿所造成危害的性质考虑，将受贿罪列入妨害公共行政罪或妨害社会国家生活廉洁罪类。如《意大利刑法典》将受贿罪归为"对公共行政之犯罪"，《波兰刑法典》将受贿罪纳入妨碍国家机关和社会机关活动的犯罪之中，在匈牙利受贿罪被归入"妨害社会国家生活清廉犯罪"，捷克斯洛伐克将受贿罪归为"妨害公共

---

① 张淑玲、朱京安：《受贿罪侵犯客体探析》，《法学杂志》1998 年第 1 期。

② 傅宽芝：《受贿罪犯罪主体的范围和种类比较研究》，《外国法译评》1993 年第 2 期。

秩序罪"，在巴西受贿罪属于"违反公共行政管理罪"。第四种形式从受贿罪犯罪主体职务的性质考虑，将受贿罪分别列为国家行政罪中的渎职罪和司法犯罪中的司法渎职罪范畴，如泰国。应当说，由受贿罪的本质特征决定，将受贿罪归入渎职罪类是适当的。

二　私营部门贿赂犯罪的法益比较

关于私营部门贿赂犯罪所侵害的法益，西方国家无论理论上还是立法实践中均存在一定的分歧。概括起来，大体有三种理解。① 第一种观点即传统的观点认为，惩罚私营部门贿赂犯罪的目的在于谴责恶意损害公司财产、股东利益或财产性利益的行为。第二种观点认为，之所以要将私营部门的贿赂活动犯罪化，是因为这类活动危及或侵害了劳动雇佣关系，尤其损害了雇员对雇主负有的特定义务以及普遍的忠诚义务。第三种观点认为，从最广泛的政策意义考虑，私营部门反贿赂法旨在促进竞争，保障自由、公平的竞争以及良好的市场秩序，而商业贿赂则被视为对公平竞争和市场秩序的扭曲和阻碍。应该说，上述三种观点均有其独到之处，但如将三者加以综合，则更为全面。中国刑法理论对私营部门贿赂犯罪所侵犯的法益，似乎没有给予特别的注意。

关于私营部门贿赂犯罪的立法归类，各国刑法不尽一致。中国刑法将其规定于第三章"破坏社会主义市场经济秩序罪"第三节"妨害对公司、企业的管理秩序罪"之中；《德国刑法典》② 将其规定在第二十六章"妨害竞争的犯罪"中；《法国刑法典》将其规定在第 4 编"妨害公众信任罪"第五章"非公职人员贿赂罪"中；《西班牙刑法典》③ 将其规定在第十三编"侵犯财产和扰乱社会经济秩序罪"中；《俄罗斯联邦刑法典》④

---

① G. Hein, B. Huber and O. T. Rose eds., *Private Commercial Bribery: A Comparison of National and Supranational Legal Structures*, Freiburg: ICC, 2003, pp. 612–613.

② 最近一次修订于 2009 年 6 月 29 日，参见英译本 M. Bohlander, *The German Criminal Code: A Modern English Translation*, Hart Publishing, Oxford, 2008。

③ 最近一次修订于 2014 年 12 月 4 日，参见潘灯译《西班牙刑法典》，中国检察出版社 2015 年版。下同。

④ 最近一次修订于 2004 年 12 月 28 日，英译本 *The Criminal Code of the Russian Federation*, http://www.legislationline.org/documents/section/criminal-codes 以及黄道秀等译《俄罗斯联邦刑法典》，北京大学出版社 2008 年版。

将其归于第二十三章"侵害营利组织及其他组织公共利益的犯罪"中；在意大利，私营部门贿赂犯罪则由《意大利民法典》第 2635 条（由立法令 61/2002 修正）加以规定，其核心要件是违背职责并给法人造成损害；日本与意大利相似，私营部门贿赂犯罪规定在《日本商法典》第 493 条（涉及董事及其他人员的贿赂犯罪）。

三　公共部门与私营部门贿赂犯罪法益的异同

（一）公共部门与私营部门贿赂犯罪法益的共同点

与中国在对待职务犯罪方面从严治吏的传统不同，英国立法者十分强调贿赂犯罪对广义的代理人—委托人关系（agent-principal）的破坏。代理人—委托人关系及信托关系原本是民商法上的概念，英国刑法学界将其引入刑法领域用以解释贿赂犯罪的本质，并以此将存在于公共部门与私营部门中的贿赂犯罪统一起来。1889 年《公共机构反腐败法》规定的公共部门的贿赂犯罪覆盖了公共机构中的官员或职员，1906 年《预防腐败法》则将贿赂犯罪的主体扩大到私营部门，并在法条中明确使用了"代理人"（agent）与"委托人"（principal）这一对概念。

英国法律委员会在 1997 年《关于改革贿赂犯罪刑事立法的征求意见书》中主张将下列信托关系（fiduciary relationship）视为贿赂犯罪中的代理人—委托人关系：（1）受托人与受益人（trustee and beneficiary）、狭义的代理人与委托人（agent and principal）、合伙人与共同合伙人（partner and co-partner）、董事与公司（director and company）、雇员与雇主（employee and employer）、律师与当事人（legal practitioner and client）之间的关系。（2）代理人明确地或含蓄地以委托人的名义实施一定行为，在该行为中代理人行使了委托人的决策权，或代理人拥有接触委托人资产的条件（无论是否获得授权），或者代理人能够对委托人就其资产或其他利益的决策产生影响。同时，该委员会主张将法官、地方议员、警官以及其他执行公务的人（无论其是否被任命为公共机构的职员或被指派履行特定职能）视为贿赂犯罪中的准受托人（quasi-fiduciary）。[①] 也就是说，公共部门和私营部门的贿赂犯罪均可用代理人—委托人关系及信托关系的理论

---

① Law Commission, *Legislating The Criminal Code：Corruption*, Consultation Paper No. 145, 1997, para 7. 50, 7. 51.

来进行统一的解释。

信托关系中的受托人（fiduciary）是指与一个或多个自然人或团体形成法律上或伦理上的信任关系的人。通常而言，受托人应当谨慎地为委托人管理金钱或其他资产。在信托关系中，处于易于受损害地位的一方，正当地给予另一方以信心、善意、依赖及信任，以期在某些事务上获得对方的帮助、建议或保护。这种关系要求受托人在任何时候都应当只为委托人的利益基于良知而行动。信托义务（fiduciry duty）是法律上和道义上的最高级别的关照。受托人负有对委托人极度忠诚的义务，在受托人和委托人之间不得有任何义务冲突，并且受托人不得从其作为受托人的地位中谋利（除非委托人同意）。代理人—委托人关系及信托关系的理论深刻地揭示了拥有各种权力的人员所负有的义务和责任，抓住了各类贿赂犯罪"以权谋私"的本质，从而将公共部门和私营部门贿赂犯罪在侵害的法益或者犯罪客体上统一起来，具有十分重要的理论意义。

（二）公共部门与私营部门贿赂犯罪法益的差异

在认识到两大部门贿赂犯罪法益的上述共同点的同时，就法益保护的侧重点而言，也应当注意到公务贿赂和私营部门内贿赂的不同之处。这种差别在除了前述各国立法所反映出来的法益内容的差异之外，在《联合国反腐败公约》中也有明确的体现。在贿赂本国公职人员和贿赂外国公职人员或者国际公共组织官员的条文中，以"公职人员在执行公务时作为或不作为"为构成要件，而在私营部门内贿赂的条文中，与此相对应的却是"该人违背职责作为或者不作为"。从以上的对比可以看出，如果是贿赂公职人员，不论公职人员是否违背职责，只要其因职务行为索取或收受不正当好处，即可构成犯罪。而私营部门内的贿赂则将"违背职责"作为犯罪化的条件，公司职员受贿罪成立要件要比公务员的受贿罪严格得多，体现了从严治吏的方针和政策。

中国刑法中，公务贿赂和私营部门贿赂除了在主体和数额上有所区别之外，其他的构成要件几乎完全相同。就受贿而言，都要求"利用职务上的便利"和"为他人谋取利益"；就行贿而言，都要求"为谋取不正当利益"。从构成要件的这些规定来看，没有体现出公务贿赂和私营部门内贿赂所侵犯的法益不同。对于公务贿赂犯罪，越来越多的学者认为应当取消"为他人谋取利益"以及"为谋取不正当利益"的规定，只要以不正当好处为对价，作为公职人员作为或不作为的条件的，都可以构成犯罪。

对于私营部门内的贿赂，应当设置更高的门槛，不正当好处、违背职责、为了获取竞争优势三个要素应当是构成犯罪的必要条件。[①]

四　贿赂犯罪保护法益的科学界定

惩罚犯罪的目的就在于保护法益，犯罪的最本质特征也就是对于法益的侵害。"一切犯罪之构成要件系针对一个或数个法益构架而成。因此，在所有构成要件之中，总可以找出其与某种法益的关系。换言之，即刑法分则所规定之条款，均有特定法益为其保护客体。因之，法益可谓所有客观之构成要件要素与主观之构成要件要素所描述之中心概念。"[②] 对受贿罪的法益持有不同见解，必然会对其构成要件的设定与理解产生深远影响。

（一）贿赂犯罪的道德评价

对于贿赂犯罪本质的科学界定，不能只局限于对某一种贿赂犯罪的解释，而必须能够揭示各种类型的贿赂犯罪所共同具有的属性和特征。关于贿赂犯罪客体或法益的传统观点忽略了一个十分重要的层面，即道德层面的分析。

贿赂犯罪对社会的危害是多方面的。我们可以采取经济的、政治的或者法律的方法研究腐败问题，可以因为腐败带来的一系列经济后果、政治后果和社会后果而反对腐败，但是我们反对腐败的理由不应该仅仅以腐败的后果为依据。"追根究底，腐败本来是一个道德判断，而且是以道义论为依据的道德判断。我们在重视实证研究的同时也要赋予腐败研究以伦理关怀，否则，我们只能就现象论现象。"[③] 撇开腐败行为对政治和经济的显而易见的影响，腐败行为对社会最大的危害当属对社会风气的破坏和毒害，尤其是对作为整个社会精神基础的社会良心的破坏，即诚实和信用这两种最基本的做人的准则。而这种危害是隐性的、不易被觉察的。首先，腐败对社会道德起着严重的腐蚀作用。腐败使社会成员丧失是非感，将个人利益置于至高无上的地位，对一切妨碍个人利益实现的行为规范持全盘否定的态度，导致整个社会的行为失范、失序并丧失凝聚力。其次，腐败

---

① 卢建平、张旭辉：《商业贿赂的刑法规制——以私营部门为例》，《法学杂志》2007 年第 1 期。

② 林山田：《刑法特论》（上册），三民书局 1978 年版，第 6 页。

③ 韩丹：《道德辩护与道德困境——腐败问题的伦理学探究》，中央编译出版社 2012 年版，第 3 页。

鼓励人们的投机心理，严重扭曲人们的价值观念。腐败直接否定了诚实、善良、勤劳、公平的社会基本价值观念，摧毁人的上进心和创造力，严重腐蚀人的意志和精神。①

腐败是一种道德判断或者道德评价。在任意的意志行动中，我们都能发现对内部或者外部障碍的抗争或妥协，只有这种对内部障碍的抗争或妥协，以及意志的决定作用，对伦理道德来说才是有意义的。从意志的选择来讲，堕落是意志选择了欲望而呈现出的存在状态。② "没有伦理意识作为支撑，自然就缺乏与腐败作斗争的政治意识。而许多反腐败的法规在实践中之所以不能实施，就是因为缺乏违法意识，是因为那些基本的伦理标准不仅在老百姓中而且在精英中也荡然无存。一个国家进行改革之所以那么困难，是因为缺少伦理基础。没有伦理规范体系，反腐败斗争就毫无希望。"③ 只有认识到腐败的最大危害在于社会道德和社会风气的破坏，才能找到最根本的解决办法，即道德重建和道德自律。

（二）贿赂犯罪的管理学与行为经济学视角

在中国，贿赂犯罪长期以来被作为吏治的首要问题。从性质上说，吏治属于行政管理的范畴。与之类似，私营部门贿赂犯罪涉及企业管理的问题。因此，两大部门的贿赂犯罪首先可以统一地归结为管理层面的问题。在这个方面，西方的行为经济学和博弈论针对贿赂犯罪提出的若干理论模型和分析模式，对刑法学研究及刑事立法颇有启发。这些模型往往 "通过无情地剥离任何与起关键作用的核心要素无关的各种特性来简化所要研究的问题并彰显这些核心要素"④。归纳起来，此类模型主要包括 "委托人—代理人" （principal-agent）关系模型⑤、 "代理人—客户" （agent-

---

① 参见金太军等《行政腐败解读与治理》，广东人民出版社 2002 年版，第 110—117 页。

② 韩丹：《道德辩护与道德困境——腐败问题的伦理学探究》，中央编译出版社 2012 年版，第 18 页。

③ 同上书，第 2 页。

④ Eric B. Rasmusen, *Game Theory and the Law*, Northampton: Edward Elgar Publishing Ltd., 2008.

⑤ 参见 G. S. Becker and G. J. Stigler, "Law Enforcement, Malfeasance, and Compensation of Enforcers", *Journal of Legal Studies*, Vol. 3, No. 1, 1974; S. Rose-Ackerman, *Corruption: A Study in Political Economy*, New York: Academic Press, 1978; R. Klitgaard, *Controlling Corruption*, Berkeley and Los Angeles: University of California Press, 1988.

client）关系模型①、"客户—客户"（client-client）关系模型②、"非法交易"模型③以及"战略关联"模型④等。基于管理角度的"委托人—代理人"关系模型视贿赂犯罪为代理人对于委托人的背叛；基于市场角度的"代理人—客户"关系模型反映了作为政府代理人的受贿人与作为客户的行贿人寻求合作的过程与机制；同样基于市场角度的"客户—客户"（client-client）关系模型着重体现贿赂犯罪中作为客户身份的行贿人之间的竞争关系；"非法交易"模型揭示了行贿人与受贿人之间的互利互惠关系及其非法交易面临法律制裁的可能性；"战略关联"模型将贿赂犯罪描述为非法交易和社会交换的关联。

　　对于利益的分析，首先要抓住利益的主体。要搞清楚贿赂犯罪所侵害的法益是什么，必须首先搞清楚贿赂犯罪当中涉及哪些主体，尤其是受害人，然后再分析每个主体的地位和作用。从博弈论的角度看，贿赂犯罪涉及的主体，不仅仅是行贿人和受贿人双方，也不仅仅是委托人、代理人和行贿人，而是涉及至少四个主体，即委托人、代理人、行贿人以及社会大众。其中，委托人和社会大众都是受害人。但是，很多时候人们往往忽视了社会大众甚至委托人作为受害人的地位，而将贿赂犯罪视为没有受害人的犯罪。

　　贿赂犯罪的本质，从行贿人和受贿人双方的角度看，就是权钱交易，

---

①　See Jens C. Andvig and Karl O. Moene, "How Corruption May Corrupt", *Journal of Economic Behaviour and Organization*, Vol. 13, 1990; F. T. Lui, "A Dynamic Model of Corruption Deterrence", *Journal of Public Economics*, Vol. 31, No. 2, 1986; Olivier Cadot, "Corruption as a Gamble", *Journal of Public Economics*, Vol. 33, No. 2, 1987; J. Tirole, "A Theory of Collective Reputations（with Applications to the Persistence of Corruption and to Firm Quality）", *The Review of Economic Studies*, Vol. 63, No. 1, 1996; Danila Serra, *Bargaining for Bribes under Uncertainty*, Centre for the Study of African Economies Oxford University Paper 302, 2007.

②　See Da-Hsiang Donald Lien, "A Note on Competitive Bribery Games", *Economics Letters*, Vol. 22, 1986; Da-Hsiang Donald Lien, "Asymmetric Information in Competitive Bribery Games", *Economics Letters*, Vol. 23, 1987; Derek J. Clark and Christian Riis, "Allocation Efficiency in a Competitive Bribery Game", *J. of Economic Behavior & Org.*, Vol. 42, 2000.

③　Paolo Buccirossi and Giancarlo Spagnolo, "Leniency Policies and Illegal Transactions", *Journal of Public Economics*, Vol. 90, 2006.

④　See Christopher Kingston, "Parochial Corruption", *Journal of Economic Behavior & Organization*, Vol. 63, No. 1, 2007.

体现了权力和金钱之间的对价关系。就受贿方而言，从被动的意义上讲，受贿行为反映的是行为人个人利益与公共利益之间的利益冲突（conflict of interest），从主动的意义上讲，反映了行为人的权力寻租活动。就行贿方而言，贿赂犯罪就是行为人为追求非法利益而采取的屡试不爽的绝招，即金钱开道。从受害人的角度看，履职贿赂所侵犯的，是公务活动的廉洁性，背职贿赂所侵犯的，则是公务活动的不可违反性。

（三）"义务违反说"的倡导及其完整界定

西方国家的贿赂犯罪立法中，十分强调行为人违背义务或职责（violation of duty）这一要素。但是，对于"义务违反"的内容，各国立法缺乏明确的界定，理论界对其认识和理解也不够全面深入。一般而言，人们都将"违反义务"片面地理解为对特定的、具体的义务的违反，即不适当地履行或者不履行法定职责。

准确地说，公共部门贿赂犯罪所违背的义务包含两个层面。一个是具体、特定的层面；一个是抽象、概括的层面。首先，贿赂犯罪人侵害和违背了受贿人因其特定职位所负有的特定职责义务。"刑法在贿赂犯罪中所要极力预防的邪恶因素，是官员因腐败而背信弃义地不履行其职责义务，从而使公众所遭受的不利后果。因而，法律的目的就是阻止行为人为了谋取私利而对公职人员施加影响，使其背离被视为公共利益之基础的职务行为。"[1] 其次，在贿赂犯罪中，一般的诚实、信赖以及正直义务也被行为人所违背和侵犯。"一旦某人被选定为公职人员，他就对社会公众负有不得背叛信任的义务，而人们所能想象的最卑鄙的犯罪之一就是公职人员滥用其所受信任假公济私。索取贿赂或收受贿赂的行为直接动摇了作为公职人员之根本的诚实和正直两种基本品质。"[2] 从这个意义上说，贿赂犯罪的行为人是"被信赖"的犯罪人。正如有学者所指出，"无论腐败会造成何种其他后果，他都表明了行为人对忠实义务的违反。而这种义务是公共部门和私营部门基于工作效率所共同要求的。如果没有这种忠诚，内部交

---

① J. R. O'Sullivan, *Federal White Collar Crime*, *Cases and Materials*, 2nd ed., St. Paul: Thomson West, 2003, p. 611.

② J. L. Winckler, "Drafting an Effective Bribery Statute", *American Journal of Criminal Law*, Vol. 1, No. 2, 1972.

易成本将会激增，因为组织体中的每个成员都会极力追求其个人利益的最大化"①。

对两种义务的区分，在英国 2010 年《贿赂犯罪法》中得到了充分的体现。根据该法，贿赂犯罪的核心要件是"不适当地履行相关职能或从事相关活动"。"不适当履行"具体包括以下两种情形：一是在履行有关职能时有违人们对它的相关期待。二是没有履行相关职能，而这种情况本身就违背了人们对它的相关期待。此处"相关期待"被进一步界定为对公职人员"真诚地""公正地""符合其受托人地位地"履行相关职能的期待。此外，根据该法第 1 条和第 2 条的规定，在特定情况下，接受、要求、同意收取或接受贿赂行为本身即构成不适当履行相关职能。

重新界定后的"义务违反说"中包含的忠诚、信赖等内容正好与腐败的道德危害不谋而合。履行义务既是法律的要求，也是道德的要求。或者说，更主要的是后者。在"不可违背性"和"不可收买性"两种理论当中，后者更深刻地揭示了贿赂犯罪的本质，更鲜明地指出了贿赂犯罪的法益。新的"义务违反说"不仅全面而准确地揭示了贿赂犯罪所侵害的法益，而且能够将"不可收买性"的内容囊括进来。由此看来，西方国家将贿赂犯罪明确区分为履职贿赂和背职贿赂的做法更为合理，而中国刑法强调为他人谋取利益虽然缩小了对贿赂犯罪的打击范围，但它同时也提醒立法者，应当将是否为他人谋取利益区别对待。从博弈论的角度看，其实就是投机主义（opportunism）与互惠主义（favoritism）的区别。

第二节　客观要件比较

尽管各国关于贿赂犯罪客观方面的立法规定差异较大，但是经过认真比较与梳理，笔者发现贿赂犯罪中仍然存在一些为各国立法所共有的最为根本的核心要件，如给予或者收受贿赂，以及各国立法所共同关注的方面，如不履行法定职责与为他人谋取利益，利用职务上的便利与对价关系等。

---

① Jens C. Andvig, *Remarks on Private-to-Private Corruption*, Norwegian Institute of International Affairs Paper *635*, 2002.

一 给予/收受贿赂

(一) 行为方式、时间及受益人①

从受贿人的主动性程度上看，收受贿赂和索取贿赂是两种基本的贿赂方式。中国刑法明确地将公共部门的受贿罪区分为收受贿赂和索贿两种情形；《意大利刑法典》第 317 条也对索贿作了专门规定。从受贿人收取贿赂的方式上看，西方刑法通常都明确表述了本人直接收取和通过第三人间接收受贿赂的情形，但其目的仅在于使构成要件更加具体以便于犯罪的认定，并非将二者在定罪量刑上区别对待。关于间接受贿的含义，有必要在此加以明确。中国刑法学界将斡旋受贿又称作间接受贿，容易使人产生误解。严格地从语义上讲，间接受贿应当指间接地收受贿赂，而非间接地为他人谋取利益。更为重要的是，设立受贿罪的目的主要的是打击收受贿赂的行为而非为他人谋取利益的行为。从受贿人收取贿赂的时间看，贿赂犯罪分为现职贿赂和非现职贿赂。《日本刑法典》对此作了明确规定。该法第 197 条第 1 款规定了在职受贿罪，第 197 条第 2 款规定了就职前受贿罪，第 197-3 条第 3 款规定了离职后受贿罪。就其实质而言，就职前或离职后受贿利用的是本人的影响力而非职权，因此将其归入影响力交易罪似乎更为恰当。

从贿赂行为的阶段来看，中国刑法只是笼统地规定了给予或者收受贿赂，而多数西方国家则明确规定了实际给予/收受和许诺给予/收受两种情况，不但表述更加具体，而且范围更为广泛。英国 2010 年《贿赂犯罪法》规定对于行贿行为的描述是"提议、许诺或者给予"（offers, promises, or gives），对于受贿行为的描述是"请求、同意接收，或者接受"（requests, agrees to receive or accepts）。《美国法典》第 18 编第 201 条、《德国刑法典》第 331—334 条、《法国刑法典》第 432-11 条的规定与此类似。

从贿赂的受益人来看，多数国家的立法规定比较宽泛，并不局限于受贿者本人。如《意大利刑法典》第 318 条和第 319 条、《德国刑法典》第 331—334 条以及英国 2010 年《贿赂犯罪法》第 2 条均对作为受益人的第

---

① 为避免重复，本部分所涉及法条的具体内容，参见第二章第二节关于贿赂犯罪立法分类的介绍。

三人作了明确的表述，《日本刑法典》第197-2条还专门设立了单独的"为第三者受贿罪"。中国刑法典对此没有明确，但相关的司法解释却有所涉及。根据2007年7月8日最高人民法院、最高人民检察院《关于办理受贿刑事案件适用法律若干问题的意见》的规定，国家工作人员利用职务上的便利为请托人谋取利益，授意请托人将财物给予特定关系人的，以受贿论处。

（二）贿赂的范围及表现形式

关于贿赂的范围及表现形式，各国刑法规定不尽一致。多数西方国家的规定都比较宽泛，不仅包括财物，还包括其他财产性利益，甚至非财产性利益。英国1889年《公共机构反腐败法》第1条将贿赂的形式表述为"任何礼物、贷款、付费、酬谢或者各类好处（advantage）"。英国1906年《预防腐败法》第1条采用了类似的表述："任何礼物、作为利诱的对价或者酬谢。"英国2010年《贿赂犯罪法》简单明了地将贿赂归纳为"财务（financial）或者其他方面的好处"。在《法国刑法典》中，贿赂指的是"提议、许诺、捐赠、礼物或者好处"（第432-11条、第434-9条）。《德国刑法典》第331—334条则统一使用了一个十分灵活的词语"益处"（vorteil）。《意大利刑法典》将贿赂表述为"金钱或其他任何有价值的东西"（第318—322条）。《西班牙刑法典》将之界定为"礼物、提议或者许诺"（第419—430条）。《俄罗斯联邦刑法典》则明确指出，贿赂表现为金钱、有价证券、其他资产或财产性的利益（第204条、第290条）。最为宽泛的定义要数《美国法典》第18编第201条的规定，即"任何有价值的东西"（anything of value）。《日本刑法典》直接使用了贿赂一词而未作任何界定，贿赂的范围在司法实践中十分广泛，包括"满足人们需求、欲望的一切利益""艺妓的表演艺术""男女亲密交往"等"性贿赂"的内容。《联合国反腐败公约》第15条将贿赂界定为"不正当好处"。"不正当好处"的范围显然要大于"财物"，"好处"也就是某种利益，除了财物或财产性利益以外，还包括非财产性利益。

中国刑法典第385条及389条将贿赂的范围明确限定为"财物"，同时明确将给予和收取回扣、手续费等规定为贿赂犯罪。2007年7月8日最高人民法院、最高人民检察院《关于办理受贿刑事案件适用法律若干问题的意见》规定，以交易的形式收受财物，收受干股，以开办公司等合作投资名义获取出资或利润，以委托请托人投资证券、期货或者其他委托理财的名义获取收益，以及以赌博形式收受财物的，均属受贿罪。2008年 11 月 20 日最高人民法院、最高人民检察院《关于办理商业贿赂刑事案件适用法律若干问题的意见》第 7 条规定："商业贿赂中的财物，既包括金钱和实物，也包括可以用金钱计算数额的财产性利益，如提供房屋装修、含有金额的会员卡、代币卡（券）、旅游费用等。具体数额以实际支付的资费为准。"这些司法解释的规定无疑是对财产性利益作为贿赂的确认。2016 年 4 月 18 日起施行的最高人民法院、最高人民检察院《关于办理贪污贿赂刑事案件适用法律若干问题的解释》第 12 条进一步明确规定，"贿赂犯罪中的'财物'，包括货币、物品和财产性利益。财产性利益包括可以折算为货币的物质利益如房屋装修、债务免除等，以及需要支付货币的其他利益如会员服务、旅游等。后者的犯罪数额，以实际支付或者应当支付的数额计算"。

（三）贿赂数额与定罪条件

1979 年的中国刑法将贿赂数额作为定罪条件，1997 年修订后的刑法典、刑法修正案及相关司法解释则不断突出和强化了这一要件。根据1988 年全国人大常委会《关于惩治贪污罪贿赂罪的补充规定》，受贿罪的数额起刑点一般为两千元；不满两千元的，只有情节较重的才构成犯罪。1997 年修订后的刑法典将受贿罪的起刑点数额大幅度地提高至五千元，不满五千元的，只有情节较重的才构成犯罪。2015 年的《刑法修正案（九）》规定，受贿"数额较大"或者有"其他较重情节"作为入罪的标准。2016 年 4 月 18 日起施行的最高人民法院、最高人民检察院《关于办理贪污贿赂刑事案件适用法律若干问题的解释》将受贿"数额较大"的标准界定为三万元以上，受贿一万元以上同时具有其他较重情节时也认定为犯罪。

与中国刑法的上述规定不同，西方国家的贿赂犯罪刑事立法大多是只定性而不定量，贿赂数额对于贿赂犯罪的成立，影响甚微。例如，《美国法典》第 18 编第 201 条规定，只要犯贿赂罪无论数额大小均定罪处罚。

二　"为他人谋取利益"与不履行法定职责

（一）中国刑法："为他人谋取利益"

刑法典明确将"为他人谋取利益"规定为受贿罪的必备要件，但是对其性质及认定标准则语焉不详。对此，理论界存在旧客观说与新客观说的分歧。旧客观要件说认为，只有存在为他人谋取利益的客观行为才构成受贿罪。该说大大提高了受贿罪的门槛，放纵了一部分犯罪分子，不利于打击腐败。新客观要件说认为，国家工作人员收受了他人财物，虽没有利用职务便利为他人谋取利益，但其在收受他人财物时，根据他人提出的请托事项，承诺为他人谋取利益的，或者明知他人有具体的请托事项而收受他人财物的，应当认定为受贿。

司法解释明显采取新客观说。2003年11月13日最高人民法院《全国法院审理经济犯罪案件工作座谈会纪要》规定："为他人谋取利益包括承诺、实施和实现三个阶段的行为，行为人只要具有其中一个阶段的行为，即可视作为他人谋取利益要件已经具备；明知他人有具体请托事项而收受其财物的，视为承诺为他人谋取利益。"承诺本身也是一种行为而非主观意图。"明知他人有具体请托事项而收受其财物的，视为承诺为他人谋取利益"的规定，其实是对于"承诺"行为的推定。2016年4月18日起施行的最高人民法院、最高人民检察院《关于办理贪污贿赂刑事案件适用法律若干问题的解释》第13条进一步明确规定，具有下列情形之一的，应当认定为"为他人谋取利益"：（1）实际或者承诺为他人谋取利益的；（2）明知他人有具体请托事项的；（3）履职时未被请托，但事后基于该履职事由收受他人财物的。国家工作人员索取、收受具有上下级关系的下属或者具有行政管理关系的被管理人员的财物价值三万元以上，可能影响职权行使的，视为承诺为他人谋取利益。

从利益的性质上看，为他人谋取的利益可能是正当利益，也可能是不正当利益。根据刑法典的规定，斡旋受贿、行贿罪、对单位行贿罪以及单位行贿罪均以"为谋取不正当利益"为要件。1999年3月4日最高人民法院、最高人民检察院《关于在办理受贿犯罪大要案的同时要严肃查处严重行贿犯罪分子的通知》指出，"'谋取不正当利益'是指谋取违反法律、法规、国家政策和国务院各部门规章规定的利益，以及要求国家工作人员或者有关单位提供谋取违反法律、法规、国家政策和国务院各部门规章规定的帮助或者方便条件"。根据该司法解释，"不正当利益"包括两种类型：一是实体违法的利益，即获得的利益本身违反了禁止性规定。二是程序违法的利益，即利益本身是合法的，只是"国家工作人员或者有关单位"获取利益的手段、方法存在违法性。2013年最高人民法院、最高人民检察院《关于办理行贿刑事案件具体应用法律若干问题的解释》

再次确认了上述内容，规定行贿犯罪中的"谋取不正当利益"，是指行贿人谋取的利益违反法律、法规、规章、政策规定，或者要求国家工作人员违反法律、法规、规章、政策、行业规范的规定，为自己提供帮助或者方便条件。该解释还进一步指出，违背公平、公正原则，在经济、组织人事管理等活动中谋取竞争优势的，应当认定为"谋取不正当利益"。

为他人谋取利益的方式可以是直接的，也可以是间接的。中国刑法专门对间接受贿或者斡旋受贿作了规定，即国家工作人员利用本人职权或者地位形成的便利条件，通过其他国家工作人员职务上的行为，为请托人谋取不正当利益，索取请托人财物或者收受请托人财物的行为。在西方刑法中，此种情形一般属于影响力交易罪。从谋取利益的时间上看，贿赂犯罪分为事前贿赂和事后贿赂两种情形。一些国家的刑法典在履职受贿中进一步区分了事前受贿和事后受贿，并对后者规定了较轻的法定刑。如《意大利刑法典》第318条、《德国刑法典》第334条第2款、《日本刑法典》第197-3条。中国刑法对事后受贿没有明确的规定。为他人谋取利益的结果，在实践中可能存在四种情形：一是已经许诺为他人谋取利益，但尚未实际进行；二是已经着手为他人谋取利益，但尚未谋取到任何利益；三是已经着手为他人谋取利益，但仅仅是局部利益，行为人意图达到的利益尚未完全实现；四是为他人谋取利益，已经完全实现。①

（二）西方刑法：不履行/不适当履行法定职责

在贿赂犯罪中，西方国家的刑事立法重点关注的是行为人是否违背了其职责，因而明确区分了背职贿赂和履职贿赂。美国、德国、意大利、西班牙、俄罗斯、日本等国的刑法典将履职贿赂和背职贿赂均规定为犯罪。对于履职贿赂而言，仅具备给予/收受贿赂的行为即可满足该罪的客观要件；而对于背职贿赂而言，尚需另外一个要素，即不履行或不适当履行法定职责。除背职贿赂和履职贿赂之外，《日本刑法典》还规定了纯粹基于身份的单纯受贿。单纯受贿罪的设立突出地显示了贿赂犯罪的实质是对抽象层面的诚实义务的违反，而非局限于不适当地履行或者不履行法定职责两种具体的形式。换言之，在多数西方国家的刑事立法中，"不履行法定职责"并非贿赂犯罪的必备要件。

---

① 参见高铭暄、马克昌主编《刑法学》，北京大学出版社、高等教育出版社2000年版，第636页。

作为贿赂犯罪的构成要件时，不履行或不适当履行法定职责可以表现为作为也可以表现为不作为。许多国家的刑法都明确规定收受贿赂后的不作为也构成受贿罪。《德国刑法典》第 336 条明文规定："不作为与本法第 331 条至 335 条所称的履行法定职责或司法职责具有同等效力。"《法国刑法典》第 432-11 条规定，"任何拥有公共权威、执行公共事务或经选举而获得授权的人，任何时候直接或间接索取或不当接受给予、许诺、捐赠、礼品或其他任何好处，以实现下列目的的，构成受贿罪：（1）执行或放弃执行属于其职务、职责或所获授权的行为，或者可由其职务、职责或所获授权提供方便之行为；……"《俄罗斯刑法典》也对受贿罪中的作为和不作为作了十分明确的规定。该法第 290 条规定，公务人员本人或者通过中间人接受金钱、有价证券、其他财产或财产性质利益等形式的贿赂，为行贿人或者被代理人的利益而在其职权范围内实施某种行为或不作为，或者利用职务之便促成某种行为或不作为，以及利用职务之便进行庇护或纵容的，构成受贿罪。与此相应，该法第 291 条对普通行贿和为了实施非法的作为或不作为而行贿做了相应规定。《美国法典》第 18 编第 201条（b）项（c）项也明确将不作为（omit to do）与作为（to do）并列规定。中国刑法则未对不作为的情形予以明确规定。

（三）简要评价

中西方关于正当利益/不正当利益与履职贿赂/背职贿赂划分的两种立法分类，体现了中西方完全不同的两种观察角度与评价模式，二者并不存在必然的冲突与矛盾。正当利益与不正当利益的区分，是从行贿人的角度出发的，而是否履行职责，是从受贿人的角度出发的。实际上，西方刑法所要求的"不履行法定职责"与中国刑法所要求的"为他人谋取利益"，二者在内容上有很大的重合性与一致性。就背职贿赂而言，从行贿人的角度看，行贿人谋取的是不正当或者非法利益，从受贿人的角度看，受贿人实施的则是违法甚至犯罪行为。就履职贿赂而言，行贿人谋取的是正当利益，受贿人在履行职务方面实施的是合法行为，但其收受财物本身则是属于不正当行为或违法行为。也就是说，为他人谋取利益并不必然地构成背职贿赂。1999 年 9 月 16 日最高人民检察院《关于人民检察院直接受理立案侦查案件立案标准的规定（试行）》对此作了明确规定："……为他人谋取的利益是否正当，为他人谋取的利益是否实现，不影响受贿罪的认定。"

尽管如此，"不履行法定职责"与"为他人谋取利益"在外延和视角上存在一定的差异。首先，不履行法定职责是从受害人的利益及行为的危害性方面来观察的；而为他人谋取利益是从行为人的利益和交易互惠的角度来观察的。其次，虽然为他人谋取利益是一般是通过履行、不履行或者不适当履行法定职责来实现的，但是履行或不履行职责未必总是为了或总是能实现为他人谋取利益的目标。

因此，西方刑法所规定的不履行法定职责要件比中国刑法规定的为他人谋取利益要件具有更广的覆盖性和更强的概括性，因而更为合理。鉴于行贿人的最终目的是谋取利益，实践中多数贿赂案件中也确有受贿人为他人谋取利益的行为存在，将仅收受贿赂而没有为他人谋取利益的实际行为作为贿赂犯罪的基本构成，而将已有为他人谋取利益的实际行为或已经成功为他人谋取利益的情形作为贿赂犯罪的加重情节比较妥当。

三 "利用职务上的便利"与对价关系

中国刑法及其理论一般都将"利用职务上的便利"作为受贿罪的一个必备要件。之所以如此，是因为贿赂犯罪在中国一直被作为职务犯罪对待，这种规定是从严治吏法律传统的充分体现。但是仔细比较各种具体贿赂犯罪的法律条文，会发现其对"利用职务之便"的要求并不完全一致。在国家工作人员受贿罪和公司、企业人员受贿罪的条文中，对于"利用职务之便"有十分明确的规定，而在单位受贿罪的条文中却没有关于"利用职务上的便利"的表述。这似乎意味着"利用职务之便"并非所有贿赂犯罪的必备要件。

与中国刑法不同，多数西方国家的刑事立法中将给予/收受贿赂与履行/不履行法定职责之间的"对价关系"予以明确表述。《德国刑法典》第331—334条在对四种具体的贿赂犯罪的罪状描述中，都明确表明了这种"对价关系"。例如，第332条的表述方式为"……以已经实施或将要实施的、因而违反或将要违反其职务义务的职务行为作为回报，为自己或他人索取、为他人允诺或收受他人利益，……"其中"作为回报"（als Gegenleistung）就十分清楚地表明了职务行为与收受贿赂行为之间的对价关系。在1997年8月20日颁布《反腐败法》（*Gesetz zur Bekaempfung der Korruption*）之前，德国刑法将行贿和受贿与具体的公务行为联系在一起；此法生效之后，则只要求行贿和受贿行为与履行公务有关即构成犯罪。根据《美国法典》第 18 编第 201 条的规定，对于背职贿赂而言，作为收受贿赂的代价或交换（in return for），行贿方具有以贿赂影响公职人员职务行为的意图，受贿方具有实行职务时被影响的意图；对于履职贿赂而言，行贿人和受贿人是"为了实施、因为已经实施了或者将要实施的职务行为"（for or because of any official act performed or to be performed）而给予和收受贿赂。由于美国联邦贿赂法及联邦法院判例在判断是否存在对价关系时采取的是主观主义标准，有否"对价关系"的判断实际上转化成了有无犯罪意图的判断，两者几乎同义。①

由于"利用职务上的便利"强调贿赂行为与具体职务行为之间的直接联系，而"对价关系"则侧重于贿赂行为与职务之间的抽象关联，从构成要件设置的角度看，后者显然比前者更为宽松，因而扩大了贿赂罪的适用范围。

四　贿赂犯罪客观要件的合理设定

（一）受贿罪及行贿罪实行行为的合理界定

受贿罪的实行行为只是"收受他人财物"的行为，还是同时包含"为他人谋取利益"的行为？长期以来，中国刑法学界对于这一问题没有形成统一而明确的认识。对这一问题的探讨，应该分两个层面进行。从实然的层面看，受贿罪的实行行为应当严格依据各国立法来加以确定。就中国刑法的实际规定而言，受贿罪是复行为犯，它的实行行为由"收受他人财物"和"为他人谋取利益"两个行为组合而成。反对者认为，"复合行为犯"所侵犯的基本上都是双重客体，而受贿罪不存在侵害双重客体的情况，它侵犯的只是国家工作人员职务行为的不可收买性和人们对国家公权力的信赖；客体的单一性决定了受贿罪中只能有一个实行行为，即非法"收受他人财物"行为。这一理由显然是不成立，因为一个行为同时侵犯数个客体的情形是客观存在的。

但是从应然的层面看，贿赂犯罪构成要件的设定，不必与贿赂犯罪的行为结构和行为过程完全吻合。刑法的最终目的是预防犯罪，对于贿赂犯罪这类由双方参与和多阶段行为构成的特殊犯罪，刑事立法应当将介入时

---

① 王云海：《美国的贿赂罪——实体法与程序法》，中国政法大学出版社 2002 年版，第 45 页。

间予以提前，而无须等到整个过程全部完成。不可否认，贿赂犯罪双方的最终目的是为各自谋取不正当利益。从行贿方看，行贿的最终目的是谋取通过正当渠道无法获得或者无法轻易获得的利益，即利益本身不正当或者获取手段不正当；从受贿方看，受贿的最终目的是谋取私利，即以权谋私。但是，刑法的目的是法益保护，刑法设置贿赂犯罪的立法目的在于维护公职人员职务行为的不可收买性，而不于关注犯罪人的个人目的是否达到。尽管行为人的目的是通过权钱交易获取双方各自需要的东西，但是这些目的却不应该成为贿赂罪的构成要件，因为立法的目的在于通过禁止交易行为达到保护公务廉洁的目的。法律所要禁止的不仅是交易的结果，更主要的是交易的意图和行为。所以，贿赂犯罪应当是行为犯而非结果犯。

　　贿赂犯罪实行行为的界定，离不开对贿赂犯罪法益的理解。从根本上讲，它取决于立法者对于贿赂犯罪本质的认识。这一点在英国的贿赂犯罪改革活动中体现得十分明显。英国 2010 年《贿赂犯罪法》出台之前，理论界和实务界对于贿赂犯罪的界定存在着"委托人与代理人模型"（principal and agent model）、"市场模型"（market model）、"不当给付模型"（improper payment model）、"不当影响模型"（improper influence model），以及"不当行为模型"（improper conduct model）五种模型。① 英国法律委员会在其修改贿赂犯罪刑事立法的一系列咨询论文以及报告中倾向于"不当行为模型"，并将其核心要素归结为"义务违反"（breach of duty）。2010 年《贿赂犯罪法》最终采纳了"不当行为模型"并对其做了适当修正，将贿赂犯罪的核心要件界定为"不适当地行使有关职能或从事有关活动"（improper performance of a relevant function or activity）。该法第 3 条对"职能"和"活动"做了详细界定，涵盖了任何具有公共性质的职能、任何与商业（包含交易或职业在内）有关联的活动、任何发生于受雇佣期间的活动，以及任何由某个组织（无论法人或非法人）实施的或代表该组织实施的活动。该法第 4 条将"不适当行使"解释为"违背相关期待"（breach of a relevant expectation），第 5 条将"期待测试"（expectation test）的标准界定为英国正常人（reasonable person）的相关期待。行为的

---

① 参见 Law Commission, *Reforming Bribery*, Consultation Paper No. 185, 2007。关于对各种模型的评价，详见 Gaoneng Yu, "The 'Trading Model' of Bribery: Power, Interest and Trilateral Structure", *The Journal of Criminal Law*, Vol. 72, No. 5, 2008。

"不当性"既包括违背合理期待行使职权或行为，也包括未能履行职责或实施行为，且未能履行本身就违反合理期待。

应当将行贿罪和受贿罪的实行行为界定为给予和收受贿赂的行为，将"为他人谋取利益"的行为界定为加重构成。首先，根据"不可收买性说"，成立受贿罪的重点在于收受他人贿赂物的行为，因为该行为已经对公共权力的不可收买性构成侵害。在受贿罪中，行为是否侵犯了法益，关键在于国家工作人员所收受的财物是否与其职务行为之间具有对价关系，即所收受的财物是否为其职务行为的不正当报酬。[①] 也就是说，受贿罪的社会危害性产生于收受贿赂的行为，而不在于为他人谋取利益的行为。事实上，刑法对索贿的规定明确地体现了这一点。"为他人谋取利益"等伴随性行为只是受贿罪成立后犯罪行为的一种自然延伸。当受贿人实施为他人谋取非法利益行为构成犯罪时，显然并非侵犯职务行为的不可收买性，而是侵害职务活动的公正性，就不在受贿罪的处罚范围之内，并有可能构成其他犯罪。其次，受贿罪的立法目的是要在受贿行为开始之时给予打击，尽早预防犯罪行为造成的危害后果的扩大，而不是等到受贿后进一步滥用权力时才给予惩罚。从行贿罪的角度看，其所侵犯的直接客体是国家工作人员职务行为的廉洁性，只要行为人实施了行贿行为，无论其主观上为谋取什么样的利益，都是对公职的收买，都构成了对国家工作人员职务行为廉洁性的侵犯。至于行贿人谋取的利益正当与否，只是反映行贿人主观恶性的大小和社会危害性程度的不同，并不影响行贿罪的本质。

反之，将"为他人谋取利益"界定为受贿罪的客观必备要件则存在若干问题。首先，造成索取型与收受型受贿的不协调。索取型受贿与收受型受贿在实质上并无区别，在法益侵害上，都侵害了职务行为的不可收买性，但在法条表述上却有不同，易生歧义。在索取型受贿与收受型受贿间，无非是索取型是主动出击，收受型是被动收受，索取型受贿主观恶性更强烈；索取型受贿虽然不排斥"为他人谋取利益"，但往往与"利用职务之便刁难他人"联系在一起；收受型受贿虽然总与"利用职务之便为他人谋取利益"相关，但也不排除"利用职务之便刁难他人"。另外，索取型受贿因没有为他人谋取利益这一构成要件，在受贿前或受贿后实施的

---

① 胡东飞：《论受贿罪中"为他人谋取利益"构成犯罪的罪数问题——兼论刑法第399条第4款的性质及其适用范围》，《中国刑事法杂志》2006年第1期。

谋取非法利益构成犯罪的行为有可能与受贿罪数罪并罚，而收受型受贿中为他人谋取利益却因系客观构成要件而仅定受贿罪或渎职罪一罪从一重罪处罚，同为受贿罪却有完全不同的定罪模式，显然不当。其次，造成受贿罪与行贿罪的不协调。行贿罪明确要求"为谋取不正当利益，给予国家工作人员以财物"，即"为谋取不正当利益"是行贿罪的主观要件，如将与行贿罪相对的受贿罪中的"为他人谋取利益"界定为客观要件，会造成受贿罪与行贿罪构成要件的不协调。[①] 而将"为他人谋取利益"排除在贿赂犯罪的基本构成之外，其含义和性质就变得非常明确，即它只能是实际已经发生的事实。因此，应当将"为他人谋取利益"作为加重处罚的法定情节加以规定。

在给予和收受行为的表现形式上，无论是实际的给予和收受，还是许诺给予和收受，其行为在主观意图上并无显著差别，所以西方刑法大多明确将二者作为构成要件并列规定。但是，许诺给予和收受的行为与实际的给予和收受行为在客观上存在明显差异，在犯罪阶段上也不相同，不可混为一谈、等而视之。许诺给予和收受属于腐败交易的预备阶段，而实际的给予和收受属于交易的实施；许诺后尚有反悔的可能，如将许诺与实际行为同等对待，则是在刑法上剥夺了行为人反悔的机会。从发现犯罪和获取证据的角度看，将许诺给予和收受贿赂的行为规定为犯罪，其操作难度过大，显得有些不切实际。

在给予和收受贿赂的时间上，无论事前贿赂还是事后贿赂，无论在职贿赂还是就职前或离职后贿赂，都属于权钱交易；在履行职责的方式上，无论作为还是不作为，都是对法定职责的不履行或者不适当履行。上述情形在本质上并无区别，都应当被规定为贿赂犯罪，但是为了准确认定，有必要对诸种形式加以明确规定，理顺逻辑关系，避免产生分歧。

（二）关于不正当利益

在中国刑法中，谋取不正当利益是行贿罪的构成要件；同时，在受贿人确实为请托人谋取利益的情况下，对于受贿罪的认定上也存在利益是否正当的判定问题。那么，应当如何界定不正当利益？对此，学术界存在三种学说：第一种学说直接将不正当利益等同为非法利益，即一切违反法

[①]　黄国盛：《受贿后实施渎职行为的罪数分析——兼论刑法第 399 条第 4 款的理解与适用》，《中国刑事法杂志》2010 年第 1 期。

律、法规规定所得到的利益皆为不正当利益；第二种学说在非法利益的基础上添加了从道德角度看不应得到的利益；第三种学说认为不正当利益是指一切以不正当手段获得的利益，其中既包含非法利益，也包含以非法手段获取的处于不确定状态的利益。① 第一种学说是以法律为标准对利益本身的实体判断，具有极强的可操作性，但规定的范围过窄，不利于犯罪的打击。第二种学说将道德纳入其中，忽视了法律与道德的差异性，道德存在于整个社会生活的方方面面，范围过宽且难以量化，每个人的理解不尽相同，用道德标准来判断不切实际。第三种学说实际上是以手段评价目的，属于对程序正当与否的判断。

关于手段或程序不正当，有人进一步指出，正当性的判断不仅要考虑受贿人手段的合法性，更应该考虑请托人获取利益手段的合法性。② 以受贿人的行为方式来判断请托人利益的正当性并不合理。请托人行贿的目的是为了获取利益，而利益最终的归属也为请托人，与受贿人无关。请托人只是追求利益的实现，并不知悉第三人利用何种手段获取，至于是否合法请托人无从知晓，也并不在乎。只考虑受贿人的行为方式，未免过于片面，容易客观归罪。当请托人为获取完全具备条件的应得利益，并没有侵犯其他竞争者的合法权利，此时的利益为正当利益。③ 但是，既然是应得利益，说明是受到法律、法规保护的，是确定唯一的，又何来竞争者之说？请托人为了谋取利益而行贿，其行为本身即为"不正当手段"，以此获得的利益均为"不正当利益"，法条中强调"为请托人谋取不正当利益"纯属空谈，完全没有存在的价值。

1999 年 3 月 4 日最高人民法院、最高人民检察院《关于在办理受贿犯罪大要案的同时要严肃查处严重行贿犯罪分子的通知》明确指出，"'谋取不正当利益'是指谋取违反法律、法规、国家政策和国务院各部门规章规定的利益，以及要求国家工作人员或者有关单位提供谋取违反法律、法规、国家政策和国务院各部门规章规定的帮助或者方便条件"。该解释实际上采取了利益本身违法和获取利益的手段违法两个标准择一的原则。其面临的难题是对国家工作人员为请托人谋取利益时没有使用非法手

---

① 孙谦：《国家工作人员职务犯罪研究》，法律出版社 1998 年版，第 120 页。
② 于飞：《斡旋受贿问题研究》，《国家检察官学院学报》2004 年第 1 期。
③ 马克昌：《论斡旋受贿犯罪》，《浙江社会科学》2006 年第 3 期。

段，并且该利益本身也不违法的情形无法认定。现实生活中，作为公权力支配者的国家工作人员，对于是否给予行政相对人某项权利具有一定的自由裁量权，这种行为具有隐蔽性，未必是使用了非法手段，从表面上也很难认定裁量的结果是否非法。按照该司法解释，此种情形不应当被认定为不正当利益，但这一结论显然有失公平，不符合立法初衷。

这里涉及的实际上是不确定利益的问题。不确定利益处于非法利益与应得利益之间，是任何人通过合法手段都可以获得的利益，但该利益尚处于不确定的状态下，需要通过公平的竞争才可获取。不确定利益是一个中性词，本身并没有正当与不正当之分，必须与取得的手段相结合判断才有意义。如果国家工作人员提供不违反法律、法规的帮助或提供便利条件，为请托人谋取不确定利益，则应认定为谋取不正当利益。现实生活中，斡旋受贿中多数案件谋求的都是不确定的利益，正是因为利益的不确定性，国家工作人员才有一定的裁量权，事情才有斡旋的余地。此时，请托人利用不正当的手段，排除了其他竞争者，严重损害了其他竞争者的公平竞争权，应当认定为不正当利益。[①] 斡旋受贿不仅侵犯公职人员的廉洁性与国家机关的正常工作秩序，还扰乱了社会竞争秩序，其利益的正当与否是相对于其他竞争者而言的。

从本质上讲，行贿犯罪与受贿罪一样，都是对国家公职人员职务廉洁性的侵犯，而与行贿人谋取什么样的利益无关。在司法实践中，谋取不正当利益的规定缺乏可操作性，以致很多时候将不正当利益等同于非法利益，大大缩小了行贿罪的范围；同时许多领域也难以认定利益是否正当，特别是获取利益的程序是否正当的问题，因为随着社会的发展，很难用一个确定的标准将两者截然分开。[②]

（三）"利用职务上的便利"与对价关系

将"利用职务上的便利"作为受贿罪的一个必备要件存在诸多问题。首先，关于"职务之便"如何界定，就存在一定的难度。根据 2003 年 11 月 13 日最高人民法院《全国法院审理经济犯罪案件工作座谈会纪要》，

---

① 高海才：《如何确定斡旋受贿犯罪中"不正当利益"的范围》，《法制与社会》2012 年第 30 期。

② 连石村：《行贿罪的规制困局及其刑罚配置——以刑法修正案（九）相关规定为切入点》，《河南司法警官职业学院学报》2016 年第 3 期。

"利用职务上的便利"，包括两种情形，一是利用本人职务上主管、负责、承办某项公共事务的职权，二是利用职务上有隶属、制约关系的其他国家工作人员的职权。值得注意的是，"利用职务上的便利"与利用职权或地位形成的便利条件是有区别的，后者是指利用本人职权或地位产生的影响和一定的工作联系，如单位内不同部门的国家工作人员之间，上下级单位没有职务隶属、制约关系的国家工作人员之间，有工作联系的不同单位的国家工作人员之间等。其次，"利用职务上的便利"与索取/非法收受他人财物以及"为他人谋取利益"三者之间的关系不明确。立法者到底是要强调"利用职务上的便利"与索取/非法收受他人财物之间的关联，还是"利用职务上的便利"与"为他人谋取利益"之间的关联，抑或是前者与后二者之间的关联？最后，在具体案件中，行为人是否利用了职务之便，并不容易证明。有鉴于此，有人主张取消"利用职务上便利"和"为他人谋利益"的要件，代之以"因实施职务行为"。①

与"利用职务上的便利"相比，对价关系这一要件更为全面合理。首先，对价关系直接而且深刻地揭示了贿赂犯罪权钱交易的本质，切中要害。实际上，"利用职务之便"与对价关系在内容上互有重叠，但前者的视角是单向的，而后者的视角则是双向的。其次，对价关系具有更强的涵盖性。对价关系既可以是已经实现的，也可以是意图实现的，而"利用职务之便"只能是已经实施完成的，相比之下范围过于狭窄。最后，对价关系清晰地揭示了"利用职务上的便利"与索取/非法收受他人财物以及"为他人谋取利益"三者之间的关系，简洁明了，更具可操作性。

（四）贿赂范围的合理设定

对于贿赂的范围，刑法理论界形成了"财物说""财产性利益说"和"利益说"三种观点。目前，中国刑法学界较为通行的观点是"财产性利益说"，即贿赂应当是指具有价值的有体物、无体物和财产性利益。中国刑法之所以对贿赂的范围作出严格限制，或许出于以下两点考虑。其一是非财物贿赂的数额计算问题，其二是法律与道德的界限问题，主要涉及性贿赂问题。

刑法对贿赂的范围作出过多限制是很不合理的。首先，它不符合贿赂

① 储槐植：《完善贿赂罪立法——兼论"罪刑系列"的立法方法》，《中国法学》1992年第5期。

犯罪的本质。贿赂犯罪的本质是权力与利益的交换，而权力和利益在现实中均以多种形式存在。从哲学上看，利益表明的是主体与满足主体需要的客体的一种肯定的价值关系，它广泛存在于人的生活的各个方面。伦理学将人的利益划分为六大领域：人的肉体和生命；作为个人生命扩展的家庭；财富，包括自我保存的外部手段的总量与运用这些手段的任意行为；荣誉或理想的自我保存；意志的自由运用；精神生活，包括信念、观点、信仰、宗教、道德和生活习惯等。① 公职人员的需要是多方面的，能够满足公职人员需要的东西也是多方面的，一切可以收买国家公职人员的东西都可以成为贿赂物。② 将贿赂的范围限定为财物，显然过于狭窄。其次，它不能有效应对贿赂形态的多样化，大大落后于现实生活中贿赂的现状与发展趋势，与社会现实相脱节。非物质利益贿赂行为未纳入刑法调整范围，反映出我国刑法的迟钝和无为。法定贿赂形式的单一性与现实生活贿赂形式的多样性和复杂性发生了尖锐的矛盾，严重制约了对贿赂犯罪的认定与惩处。最后，数额难于计算的理由并不充分。许多财产犯罪和经济犯罪也涉及此类问题，但并未因此而做相应限制。例如盗窃罪、诈骗罪等。

　　关于贿赂范围的确定方面，最为突出的当数"性贿赂"是否应当入罪的问题。所谓性贿赂，顾名思义就是权色交易，主要是指利用女色贿赂男性国家工作人员，以使其利用职务之便，为自己或他人牟取不正当利益的行为。无论古今中外，性贿赂的现象一直都是存在的。毋庸置疑，权色交易式的性贿赂确实具有较为严重的社会危害性。性贿赂直接侵犯公职人员职务的廉洁性和纯洁性，导致公权力滥用，损害政府威信和公共利益，其诱惑力和危害性有时超过一般的财物贿赂，极大地败坏了社会风气；而且性贿赂比较隐蔽、难以查处。早在 1997 年刑法典修订前夕，就有人建议把"性贿赂"犯罪化，但至今刑法及其司法解释一直未将其纳入"贿赂"的范围。事实上，对"性贿赂"进行刑法规制古已有之。《左传·昭公十四年》中记载了邢侯因叔鱼收受雍子提供的美色贿赂而将二人定罪处死的案例。《唐律疏议》和《大清律》中有将官员娶当事人的妻妾女规定为犯罪并加重处罚的法条。《唐律疏议》规定："即枉法娶人妻妾及女

---

　　① 韩丹：《道德辩护与道德困境——腐败问题的伦理学探究》，中央编译出版社 2012 年版，第 43 页。

　　② 邓中文：《唐代反贪立法的规定与现代启示》，《云南行政学院学报》2009 年第 6 期。

者，以奸论加二等；行求者，各减二等。各离之。"所谓"枉法娶人妻妾及女"，是指"有事之人，或妻若妾，而求监临官司曲法判事，娶其妻妾及女者"。"有事"的范围很广，可以是经济利益、政治利益，还可以是为了减免违法犯罪。唐律规定对枉法娶人妻妾及女之官吏的处罚非常严厉："即监临主守，于所监守内犯奸、盗、略人，若受财而枉法者，亦除名。"

尽管如此，目前多数国家和地区并未将性贿赂入罪。性贿赂是否犯罪化，涉及道德与法律的博弈问题。首先，"男女关系问题更多是道德问题，难以用一个统一的法律标尺来界定这种行为的性质"。刑法的谦抑性决定了刑法不能过于广泛地介入社会生活，而只能慎重地、有限制地适用于必要的范围内。性贿赂涉及伦理、道德、情感、隐私、纪律、法律等多个方面的因素，其具体情形十分复杂。有的是自己直接去进行"性贿赂"，有的是被雇佣以"性交易"的形式行贿，有的是"包二奶"或"养情人"，有的是"性贿赂"后发展成为男女朋友甚至夫妻关系，等等。要搞清楚究竟哪些是性贿赂，哪些是男女关系问题往往非常困难。其次，"权色交易"难以用财物衡量，给定罪量刑带来一定难题。对此，有人主张将可转化为金钱或者财物来衡量的性贿赂纳入贿赂罪的范围。不过，这种形式的性贿赂与一般的钱财贿赂或者财产性利益贿赂并无本质上的区别，不存在法律适用或者司法认定上的问题。例如，行贿人通过支付或者许诺一定数额的金钱或者财物给特定女性或者男性，以此作为代价，使其与国家公职人员进行性交易，国家公职人员接受这一性贿赂进而利用职务便利，为行贿人谋取利益的，应以受贿罪论处。[①]

（五）摒弃以犯罪数额为主的定罪标准

不可否认，立法上规定具体犯罪数额可以使得司法人员有明确的定罪标准，严格贯彻罪刑法定原则，从而较好地体现立法意图，防止司法权的滥用，是刑法定性与定量相结合模式的表现。但是对于贿赂犯罪而言，以犯罪数额为主的定罪标准存在着致命的缺陷和极大的局限性。[②]首先，贿赂犯罪的犯罪客体是国家工作人员职务上的廉洁性，无论数额多寡都侵犯

---

① 赵秉志：《中国反腐败刑事法治的若干重大现实问题研究》，《法学评论》2014 年第 3 期。

② 卢勤忠：《我国受贿罪刑罚的立法完善》，《国家检察官学院学报》2008 年第 3 期。

了这一犯罪客体，以数额论罪是将贿赂犯罪简单化为财产犯罪，与其犯罪客体不符，不符合刑法的目的。贿赂犯罪中的数额规定给人造成一种错觉，即一定数额的贿赂是法律所允许的。腐败分子在这种立法安排之下就有了一个相对明确的心理预期，从而使得刑法对受贿行为的质的否定性评价大打折扣。[①] 有一种观点认为，国家的社会管理成本有限，应当将司法资源集中用于打击犯罪数额较大、社会危害性严重的腐败犯罪，对其他情节轻微、危害不大的腐败行为应当由党纪、行政手段进行处理。[②] 这种观点只考虑到刑法规范作为裁判规范的功能而忽视了其评价和引导功能，看似务实，实则目光短浅，后患无穷。贿赂犯罪的危害首先不在于数额而在于行为本身的性质，在其起刑点的设置上应当贯彻严而不厉的刑事政策，以便正确引导、防微杜渐。其次，对于某些特殊情形，以贿赂数额作为入罪条件缺乏可操作性。确定贿赂犯罪的数额标准，是以贿赂本身能够以金钱衡量为前提的。当行贿人提供的是迁移户口、晋升职务等非物质利益，或名人字画、瓷器古董、名贵花卉等难以估价之物时，犯罪数额的标准就显得束手无策。最后，以贿赂数额作为入罪条件，不利于维护刑法的公正性和稳定性。由于相同的数额在不同时期对社会的危害存在差别，而刑法中既定的数额规定难以反映这种差别，立法者不得不频繁调高定罪数额。并将之归因于社会财富和购买力的变化。[③] 然而，社会财富增加了，公众对权力的监督意识也增强了，政治伦理应当趋于严格而不是相反。[④] 上调贪污贿赂犯罪起刑点，恰恰有损我们的政治伦理。[⑤]

第三节　犯罪主体比较

由于贿赂犯罪系典型的职务犯罪，各国立法对于受贿方的主体身份均作了不同程度的限定，而鉴于行贿方通常为一般主体，各国立法对此未作特殊要求。同时，多数国家都依据犯罪主体对贿赂犯罪作了较为细致的分

---

① 廖耀群：《贪污罪与受贿罪法定刑问题研究》，硕士学位论文，湖南大学，2007 年。

② 傅跃建、刘婷：《贪污受贿犯罪入罪数额标准的设定——对最新贪污贿赂犯罪司法解释规定的质疑》，《法治研究》2016 年第 6 期。

③ 赵秉志：《贪污受贿犯罪定罪量刑标准问题研究》，《中国法学》2015 年第 1 期。

④ 曾凡燕、陈伟良：《贪污贿赂犯罪起刑数额研究》，《法学杂志》2010 年第 3 期。

⑤ 杨于泽：《反贪污受贿不能自毁政治伦理基础》，《中国青年报》2009 年 11 月 5 日。

类，都区分了公共部门贿赂与私营部门贿赂、公职人员贿赂与一般主体实施的影响力交易、自然人贿赂与法人贿赂、国内贿赂与海外贿赂等。从总体上看，贿赂犯罪的主体呈现出不断扩大的趋势。

一　国家工作人员与公职人员

关于公共部门受贿犯罪的主体，中国刑法使用了"国家工作人员"这一概念。根据刑法第93条的规定，"国家工作人员"是指国家机关中从事公务的人员；国有公司、企业、事业单位、人民团体中从事公务的人员和国家机关、国有公司、企业、事业单位委派到非国有公司、企业、事业单位、社会团体从事公务的人员，以及其他依照法律从事公务的人员，以国家工作人员论，即所谓的"准国家工作人员"。

与中国刑法的表述略有不同，西方刑法中普遍使用"公职人员"（public official）或公务员的概念。何为"公职人员"？《德国刑法典》第11条第1款第2项规定，"公职人员"（amtstraeger）①是指下列人员："公务员或法官；其他履行公共职能的人员；被任命为公共权威机构或其他代理机构人员或者不论以何种组织形式履行公共管理职责的人。"除"公职人员"之外，《德国刑法典》第331—334条针对贿赂犯罪还规定了类似于中国刑法中所称的"准国家工作人员"，即"对公共职务负有特别义务的人员"（für den öffentlichen Dienst besonders verpflichteter）。根据该法第11条第1款第4项规定，"对公共职务负有特别义务的人员"指"非公职人员但在机关或者在其他担当公共管理任务的单位，或者在为机关或者其他单位履行公务管理任务的团体或者其他联合体、经营单位或企业工作或者为其活动，并且为其职责的认真履行被根据法律正式赋予义务的人"。

根据《意大利刑法典》第317—320条的规定，受贿犯罪的主体为公务员和受委托从事公共服务的人员。该法第357条"公务员的概念"规定："在刑事法律的意义上，公务员系指在立法、司法或行政方面行使公共职能的人。在刑事法律的意义上，由公法规范和权力性文书调整的并且以形成和表现公共行政机关意志为特点的或者表现为行使批准权或证明权的行政职能是公共职能。"该法第358条"受委托从事公共服务的人员"

---

①　StGB, 49. Auflage 2011, Deutscher Taschenbuch Verlag.

规定："在刑事法律的意义上，受委托从事公共服务的人员系指以任何名义提供公共服务的人员。上述公共服务应当理解为采用公共职能的形式加以调整的，但缺乏公共职能所包含的权力的活动，行使简单的指挥任务和提供单纯的物质劳作不在此范围之内。"

《西班牙刑法典》中公共部门受贿犯罪的主体为"当局或公务员"。根据该法第 24 条的规定，"当局"是指"有权命令或者实施独有的司法权的单位、法院或社团组织及其成员。总之，众议院议员、参议院议员、自治区立法会议成员和欧洲议会议员均为当局。检察部门（ministerio fiscal）公务员亦被认为是当局"，而"公务员"是指"直接受法律管辖的，或由选举产生的，或由具有任命资格的当局任命参与行使公务的人"。

《俄罗斯联邦刑法典》第三十章规定的受贿罪的主体是公职人员，而根据该法第 285 条附注，"本章各条中的公职人员是指国家机关、地方自治机关、国家机构或地方自治机构中，以及在俄罗斯联邦武装力量、其他军队及军事组织中长期、临时或根据专门授权行使权力机关代表的职能，或行使组织指挥、行政经营职能的人员"。

根据《日本刑法典》第 197 条、第 197 条之二、第 197 条之三以及第 197 条之四的规定，受贿犯罪的主体是公务员；而根据该法第 7 条的规定，公务员是指"国家或者地方公共团体中的职员，以及其他依照法令从事公务的议员、委员和其他职员"。

《美国法典》第 18 编第 201 条（a）款第（1）项规定，"公职人员"是指"国会议员、代表、居民专员（无论取得该职位之前或之后），或者为了或代表美国政府或其任一部门、机构或分支（包括哥伦比亚特区在内）并在其领导或授权下行使官方职能的官员、雇员或其他人员，或者陪审员"。

由上述立法规定可见，各国刑法对于公职人员的界定方式不尽相同。归纳起来，主要有列举法、限定法和综合法三种。列举法——列举具有"公务员"概念特有属性的人员。有的直接列在受贿罪的条文中，有的用列举法专条解释。前者如《美国法典》第 18 编第 239 条："陪审员、承审员、仲裁员、评价课税员、财产估值员、查账员、助审员、收款员、检认委员或依美国授权处理任何问题、事件、案件、争议或程序的其他人员"；后者如 1860 年《印度刑法典》第 21 条所列举的十一种人。限定法即限定公务员概念外延的范围。其限定标准有二：一是以工作单位为标准，即规定在某些机关单位工作的人属公务员。例如，1969 年《罗马尼亚刑法典》规定："公务人员是指在国家权力机关或机构、国家企业或经济组织内工作的人。"二是以取得公务员身份的形式（手续、程序）作为划分公务员与非公务员的标准。如前述《西班牙刑法典》第 24 条的规定。有的国家还以是否领取薪俸为标准。综合法从内涵和外延两个方面解释公务员概念，即采用揭示其特有属性并限定外延的方法。如前述《俄罗斯联邦刑法典》第 285 条附注。该规定揭示了"公务员"实质是"行使权力机关代表的职能，或行使组织指挥、行政经营职能"。《日本刑法典》第 7 条的规定则强调"从事公务"。

采用列举法的多为英美法系国家，这与其历史上由判例扩大主体有密切联系。这种方法的最大缺憾，在于没有揭示出公务员概念所特有的本质属性。况且，公务员概念的外延较为广泛，刑法不可能一一列举。限定法虽然限定了一个基本范围，但仍未把握住公务员概念的本质特征。因为在上述机关、单位中工作的人，并不一定都是从事公务的人；反之，不具上述条件者也并非都不是从事公务的人。综合法较其他两种而言更为科学，代表了解决受贿罪主体问题的基本趋向，值得中国立法借鉴。[①]

中西方关于公共部门贿赂犯罪主体范围的差异，与各国政治、经济体制的差异不无关系。在资本主义国家，一般实行三权分立原则，所有制和经营形式为国有、国营，私有、私营。属于国有（国营）的企业非常有限，并且往往是与国家经济命脉有直接联系的大型企业，而由国家直接管理的"团体"则更是鲜为人知。因此，在资本主义国家的中、小企业和团体中，很少有能作为受贿罪主体的"公务员"，即便在大型企业中，也为数不多。所以，一般情况下，从立法、行政、司法三方面限定公务员概念外延的范围，确实是可行的。与之相反，社会主义国家的立法、行政和司法仅仅是分工而非分权，所有制和经营形式是以国家（国营）和集体为主，其中有相当数量的中小企业，工会、妇联、共青团虽然在宪法规定中不属于国家机关，但实际上是政府领导下的部门。国家领导、管理这些企业、团体的手段之一，就是直接把"国家工作人员"（国家干部）派往其中负责行政工作或业务工作。服务性行业中的情况，也类似于此。因

---

① 汪进：《国外受贿罪立法比较》，《经济社会体制比较》1987 年第 2 期。

此，在社会主义国家中，有国家工作人员的单位很多，范围相当广泛。这就是社会主义国家刑法关于公职人员的解释，普遍把企业、团体包括在其中的原因。①

《联合国反腐败公约》对"公职人员"的界定是"履行公共职能或者提供公共服务的任何人员"。具体地说，"公职人员"包括担任立法、行政管理或者司法职务的任何人员，以及为公共机构或者公营企业履行公共职能或者提供公共服务的任何其他人员。显然，公职人员的范围大于公务员。公职人员的核心是行使公共权力。"所谓公共权力，它是公众对权力行使人的一种授权，是指公民政治、经济、文化和社会管理等权利让渡后在政府、企事业单位、社团等组织所形成的对一定范围内公众的强制力。"② 根据社会契约论的理解，公共权力来自社会成员及社会组织为了避免因彼此的利益冲突而导致的无谓消耗，基于某种契约而进行的自身权力的部分让渡。

二　国家工作人员及公职人员的判定标准

关于国家工作人员的判定标准，中国理论界主要有"公务说"和"身份说"两种标准，刑事立法则明确体现了以"从事公务"为核心的精神。刑法第 93 条规定，"本法所称国家工作人员，是指国家机关中从事公务的人员。国有公司、企业、事业单位、人民团体中从事公务的人员和国家机关，国有公司、企业、事业单位委派到非国有公司、企业、事业单位、社会团体从事公务的人员，以及其他依照法律从事公务的人员，以国家工作人员论"。在具体对公务进行认定时，相关司法解释十分强调公务与劳务的区分。1989 年最高人民法院、最高人民检察院《关于执行〈关于惩治贪污贿赂犯罪的补充规定〉若干问题的解答》明确指出："那些直接从事生产、运输劳动的工人、农民、机关勤杂人员、个体劳动者、部队战士，经手公共财物的，如果他们所从事的仅仅是劳务，则不能成为贪污罪的主体。"2003 年 11 月 13 日最高人民法院《全国法院审理经济案件工作座谈会纪要》再一次对公务做了明确界定："从事公务，是指代表国家

① 汪进：《国外受贿罪立法比较》，《经济社会体制比较》1987 年第 2 期。

② 韩丹：《道德辩护与道德困境——腐败问题的伦理学探究》，中央编译出版社 2012 年版，第 48 页。

机关、国有公司、企业事业单位、人民团体等履行组织、领导、监督、管理等职责。公务主要表现为与职权相联系的公共事务以及监督、管理国有财产的职务活动。"最高人民法院刑事审判庭在指导性判例分析中进一步指出，"司法实践中，判断国有企业中的人员是否从事公务，主要看对国有财物是否具有一定的管理支配权……仅是经手或临时保管，不具有任何对财物的管理支配权……不应该被认定为对国有资产负有管理职责的公务活动，其不属于在国有企业中从事公务的人员"①。

前述德国、意大利、西班牙、俄罗斯、日本及美国等西方国家的立法以及《联合国反腐败公约》对公职人员的规定基本上也都体现了"公务说"的立场，其共同点都是对于"履行公共职能""履行公共管理职责"或"提供公共服务"等核心内容的强调。而在美国联邦法院的判例中，对公职人员的判定存在两种不同的标准。一种是注重行为人实际地位的性质（the attributes of the individual's position），将判断的重点放在由此地位而产生的"公共性委任"（public trust）及"职务性责任"（official responsibility）上；另一种注重个人身份，将判断重点放在个人与政府间存在的形式上的法律关系（formal legal relationship between the individual and the government）上。② 这与中国理论界存在的"公务说"和"身份说"两种标准颇为相似。

三　各国贿赂犯罪主体立法的共同特点及趋势

纵观各国贿赂犯罪刑事立法，可以发现其在犯罪主体方面具有某些共同特点和趋势。首先是公职人员范围的宽泛化。从刑事立法史的角度考察，并非所有国家从一开始或始终以公务员为主体。在英美习惯法中，受贿罪主要是针对有审判、裁判权的司法官吏规定的。这在布莱克斯东（Blackstone）1765 年所著《英国法释义》给贿赂犯罪所下的定义中可以得到反映："贿赂犯罪是由法官或其他人员在司法活动中所实施

---

① 最高人民法院刑事审判第二庭：《劳务人员不能成为贪污罪主体》，《人民法院报》2002年9月16日。

② 王云海：《美国的贿赂罪——实体法与程序法》，中国政法大学出版社 2002 年版，第19—20 页。

的一种犯罪。"① 这样狭小的主体范围，显然不能适应维护整个国家统治机器正常运行的需要。在后来的立法中，贿赂犯罪的主体从法官扩大到公务员，又从公务员扩大到其他工作人员。1810 年《法国刑法典》第 177 条规定的主体包括"行政官吏、司法官吏、行政机关的代理人员或其他工作人员"，1871 年《德国刑法典》直接把受贿罪的主体概括为"官员"。②

　　其次是公职人员的细分化。随着公共部门贿赂犯罪主体的扩大，公职人员作为贿赂犯罪主体进一步细化，出现了公职人员与准公职人员、普通公职人员与特殊公职人员的区分。中国刑法第 93 条的规定明确地体现了对国家工作人员与准国家工作人员的区分。从该法第 54 条规定的剥夺政治权利的内容中担任国家机关职务的权利与担任国有公司、企业、事业单位和人民团体领导职务的权利的规定，也可以看出这种区分。前述西方各国刑法关于公务员或公职人员的立法规定中，也不同程度地体现了这种区分。而作为贿赂犯罪的原始主体，法官则被一些国家的刑法给予了特别的关注。法国、意大利以及德国刑法典都把审判人员作为"特殊主体中的特殊主体"。根据《德国刑法典》第 331—333 条的规定，涉及法官以及仲裁人员的贿赂犯罪，其法定刑高于普通公职人员的同类犯罪；《法国刑法典》第 434-9 条则设立了独立的司法人员受贿罪及相应的行贿罪，其法定刑比普通公务员重很多；《意大利刑法典》第 319-3 条不但明显拉开了司法人员受贿法定刑与普通公务员受贿的差距，而且进一步区分了一般的司法受贿与因受贿而导致刑事错判的情况。③《西班牙刑法典》第 422 条则专门规定了涉及仲裁员和陪审员的贿赂犯罪。

　　最后是贿赂犯罪主体在总体范围上的扩大化。无论中国还是西方，贿赂犯罪的主体范围均呈现出扩大化的特点或趋势。具体表现为从公职人员扩展到选民、证人，从公共部门扩展到私营部门，④ 从普通贿赂扩展到影响力交易，从自然人贿赂扩展到法人或单位贿赂，以及从国内贿赂延伸到

---

① A. T. Martin, "The Development of International Bribery Law", *Natural Resources & Environment*, Vol. 14, No. 2, 1999.

② 汪进：《国外受贿罪立法比较》，《经济社会体制比较》1987 年第 2 期。

③ 具体内容参见第五章第二节第二部分。

④ 参见余高能《整合还是细分：贿赂犯罪两部门立法模式探究》，《河北法学》2013 年第 12 期。

海外贿赂。《美国法典》第 18 编第 201（b）及 201（c）条甚至将涉及证人的贿赂犯罪与公职人员的贿赂犯罪同等对待。

四　贿赂犯罪主体的合理设定

（一）交易本质、权力类型与贿赂犯罪主体的界定

腐败的核心内容是权力和利益的交换。权力"最普通的用法是作为影响、控制、统治和支配的近似同义语"[1]。如果把"权力"视为"影响"的同义语，那么"社会就是一个权力系统，包括宏观水平上的主要机构以及微观水平上的人际关系"[2]。传统的腐败概念存在一个严重的问题，即以政府为中心，导致作为腐败主体的公民的缺席。众所周知，政府并非合法权利的唯一来源，公民社会也同样是合法权利的来源。确切地讲，国家权力只是公共权力的一种，是公共权力的具体实施，是派生的和从属的权力。公民作为权利主体出场成为腐败话语视角转换的契机。[3]"对于个体来说，一项公共的事物就意味着一个有能力影响他的生活的集体。被赋予公共权力的个人，无论是政府官员还是组织机构、公司团体的公职人员，只要他们有能力影响集体决定和集体行动就可以成为腐败的主体。进一步说，不仅政府，但凡掌控着人们需求和渴望的任何资源的任何集体都可能成为腐败的主体。"[4]一些国家刑事立法对私营部门贿赂、影响力交易罪、选举贿赂、证人贿赂等特殊类型的贿赂犯罪的规定，即充分说明了这一点。与公职人员腐败相对，我们可以将上述贿赂尤其是选举贿赂和证人贿赂称为公民腐败。"当个别或部分选民收受候选人或者其政党的贿赂时，他们出卖了自己的权力（选举权在宪法上一般称为权利，但本质上政治权利同时也是一种权力）。也就是说他们滥用了自己的权力，并因此而丧失了公民的品德。"[5]

贿赂犯罪的实质是"权钱交易"，而"权"有公权与私权之分，前者

---

① ［美］丹尼斯·朗：《权力论》，陆震纶、郑明哲译，中国社会科学出版社 2001 年版，"第三版引言"第 3 页。

② 同上书，"第三版引言"第 5 页。

③ 韩丹：《道德辩护与道德困境——腐败问题的伦理学探究》，中央编译出版社 2012 年版，第 31 页。

④ 同上书，第 46 页。

⑤ 同上书，第 46—47 页。

存在于政治国家，后者存在于市民社会。随着社会的不断发展，又出现了介于政治国家和市民社会之间的第三领域，从而产生了一种新的权利形式："准公共权利"。这种权利，主要由各种行业组织来行使。从终极意义上看，无论"权"还是"钱"，实际上都是一种利益，都是利益的不同表现形式，贿赂犯罪的实质其实就是不同形式的利益之间的不正当交换。将贿赂犯罪的主体仅仅限定在公职人员的范围之内，显然是对贿赂本质的狭隘理解，与社会实际不符。

(二) 公职人员判定标准的合理化

"公务说"抓住了公职人员的本质，相对而言比较合理，但是对于什么是公务，则有必要作进一步的明确。从语义上看，公务就是公共的事务，即关于国家或集体的事务。在刑法上对公务进行界定时，应当注意以下几点：首先，应当明确指出，集体事务不属于贿赂犯罪所指的公务的范围。其次，应当区分国家公务和准国家公务。国家公务从其所涉及的单位的性质看，可以划分为国家机关的事务和国家各级党政机关、国有企业、事业单位、群众团体的事务。再次，应当区分国家公务中的管理性事务和劳务性事务。从国家公务活动本身的属性看，可以划分为管理性的事务和劳务性的事务。与公务相对应的是私务而非劳务，公务和劳务属于交叉关系而非互斥关系。和劳务相对应的，是具有管理性质的活动，而两者在公务中都有存在的可能。因此，对于贿赂犯罪等渎职犯罪而言，仅仅强调行为人从事国家公务这一点是不够的，应当进一步指明行为人从事的是管理性质的国家公务，以便将从事劳务性的国家公务活动的人员排除在贿赂犯罪主体之外。事实上，许多西方国家的刑法规定中也都强调公务中的"管理"或"权力"属性。

中国刑法关于国家工作人员的判定上需要解决两个问题。第一，受委托经营、管理国有资产的行为本身就是从事公务，当然属于国家工作人员的范围，但是刑法仅规定其可以成为贪污罪的主体而不能构成受贿罪的主体，显然不妥。刑法第 382 条规定，"受国家机关、国有公司、企业、事业单位、人民团体委托管理、经营国有资产的人员"可以成为贪污罪的主体。第二，公务与劳务的区分是认定国家工作人员的一个误区，应当完全放弃这种不合逻辑的思路。如前所述，与公务相对应的是私务而非劳务，和劳务相对应的，是具有管理性质的活动，而两者在公务中都有存在的可能。2003 年 11 月 13 日最高人民法院《全国法院审理经济犯罪案件工作座谈会纪要》认为"……那些不具备职权内容的劳务活动、技术服务工作，如售货员、售票员等所从事的工作，一般不认为是公务"，尽管其用意很明确，但一般性地将劳务排除在公务之外显然不符合逻辑。

与"公务说"相比，"身份说"便于操作但显得过于机械，不能将所谓的"准国家工作人员"的全部情形包括进来。按照"身份说"，国家工作人员仅指国家机关工作人员，即依法定程序任用的，在中央和地方各级国家行政机关中工作的，依法行使国家行政职权的狭义的公务员，以及在立法机关、司法机关、军事机关中履行公职的人员。但是实际上从事公务的人员还包括所谓的"准国家工作人员"，国有公司、企业、事业单位、人民团体中从事公务的人员和国家机关，国有公司、企业、事业单位委派到非国有公司、企业、事业单位、社会团体从事公务的人员，以及其他依照法律从事公务的人员。尽管国家机关工作人员是公职人员的主体与核心，但是行其事而无其名的所谓"准公职人员"却是普遍存在的。中国刑法中的"以国家工作人员论"和德国刑法规定的"对公共职务负有特别义务的人员"即是例证，而"公务说"的存在，以及列举法、限定法和综合法等界定公职人员的立法方式也充分表明了这一点。

（三）关于"准公职人员"与非公职人员的界限

司法实践中的困难主要在于如何将"准国家工作人员"的受贿犯罪与非国家工作人员受贿罪区别开来。2008 年 11 月 20 日最高人民法院、最高人民检察院《关于办理商业贿赂刑事案件适用法律若干问题的意见》规定，医疗机构、学校及其他教育机构、评标委员会、竞争性谈判采购中的谈判小组、询价采购中询价小组中的国家工作人员与非国家工作人员在药品、医疗器械、医用卫生材料等医药产品采购，教材、教具、校服或者其他物品的采购，招标、政府采购等事项的评标或者采购活动中的受贿行为，分别按照其身份以受贿罪和非国家工作人员受贿罪定罪处罚。其中对于医务人员和教师在上述活动中的受贿行为以非国家工作人员受贿罪定罪处罚的规定，充分体现了"身份说"而背离了"公务说"。然而，所有其他国家投资建设的事业单位和其他单位中国家工作人员和非国家工作人员的区分问题依然有待解决。

这里涉及的问题既与国家公务活动及其主体本身的复杂性有关，也与第三部门贿赂犯罪的缺失有关。英国 2010 年《贿赂犯罪法》采取整合模式的主要原因，也正是为了摆脱被这种恼人的烦琐区分的长期困扰。

第四节　主观要件比较

一　中国刑法：直接故意与犯罪目的

中国刑法无论在立法上还是在理论研究方面，对贿赂犯罪主观要件均缺乏清晰而准确的界定。学理上仅指出其为犯罪故意，且一般认为只能表现为直接故意，[①] 对于故意的内容，鲜有更进一步的具体分析。

根据刑法第 385 条规定，受贿罪要求"为他人谋取利益"。由于"为他人谋取利益"可以是纯粹的主观意图，也可以是实际行为，还可以是已经成功实现的事实，因而对于其法律性质，司法实践和理论研究上产生了客观说与主观说的争论。司法解释最终将其界定为客观要件，但是放宽至包含承诺行为在内。与之对应，根据刑法第 389 条的规定，行贿罪以"为谋取不正当利益"为要件。但它是对犯罪意图和犯罪目的的描述，属于主观要件，与受贿罪将"为他人谋取利益"作为客观要件加以规定明显不一致。

基于汉语的特点，"为……"的表述具有极强的涵盖性。它既可以表示行为目的，即"为了……目的"，又可以表示行为结果的归属，即"为某人做某事"。根据中国刑法的规定，"为他人谋取利益"实际上身兼二任，既包含主观方面的内容又包含客观方面的内容，既指称行贿罪的主观犯罪意图和目的，又指称受贿罪的客观的行为。

这种立法规定存在的问题是显而易见的。首先，它导致法律概念的混乱和法律条文的不一致。立法应当使用不同的概念和表达方式对作为主观要件的"为他人谋取利益"的意图和作为客观要件的"为他人谋取利益"的行为加以区分，以保持受贿罪与行贿罪在构成要件上的对应性。其次，将"为他人谋取利益"和"为谋取不正当利益"规定为必备要件，不适当地缩小了受贿罪和行贿罪的打击范围。其一，无法以受贿罪对无"为他人谋取利益"目的而收受财物的行为定罪。司法实践中，不少行为人在收受他人贿赂的前后，根本没有接受行贿人的影响并为其谋取利益的想

---

① 王作富主编：《刑法分则实务研究》（下），中国方正出版社 2001 年版，第 1775—1776 页。

法和行为，但其亵渎公职的性质却十分明显。其二，把"为谋取不正当利益"规定为行贿罪的必备要件，不适当地缩小了行贿罪的打击范围。通常行贿人是以谋取利益为目的的，但某些情况下行为人没有谋利意图，如支付所谓的"疏通费"（facilitation payment）。毫无疑问，此种情形应当构成行贿罪，因为行为人主观上明知有关人员收取利益是不正当的仍给予其利益，客观上其行为本身对履行特定职务人员所应遵循的行为准则产生了腐蚀效果。[①]

二　西方刑法：腐败意图

在论及贿赂犯罪的主观要件时，西方国家的刑事立法和刑法理论一般使用"腐败意图"（corruptintent）这一概念。就行贿方而言，腐败意图是对受贿方施加影响或给予酬谢的意图。根据普通法，行贿罪的犯罪心理是"意图影响公职人员的行为并诱使其作出有悖于公认的诚实正直规则的行为"[②]。英国 2010 年《贿赂犯罪法》规定了受贿罪的四种情形，其中一种便是行为人意图（intending）相关职能或活动（a relevant function or activity）被不适当地履行（performed improperly）而收受贿赂。另外三种分别是：收受贿赂行为本身即属于不适当履行职责；收受贿赂作为已经不适当履行的报酬（as a reward for）；作为收受贿赂的预期或后果（in anticipation of or in consequence of），相关职能或活动被不适当地履行。根据《美国法典》第 18 编第 201 条的规定，背职受贿罪的行贿人主观上表现为意图"影响任何公务行为"，或者"影响公职人员使其实施或帮助实施，或串通、允许实施任何诈骗犯罪，或为任何诈骗犯罪的实施创造机会"，或者"引诱公职人员实施任何违背其法律职责的作为或不作为"。对于受贿人而言，腐败意图表现为允许"在履行任何公务行为中被影响"，或者允许"被影响而实施或帮助实施，或串通、允许实施任何诈骗犯罪，或为任何诈骗犯罪的实施创造机会"，或者允许"被引诱而实施任何违背其法律职责的作为或不作为"。《德国刑法典》也采取了类似的表述方式。该法第 331 条第 1 款规定："公务员或从事特别公务的人员，为履行其职务行为而为自己或他人索要、允许他人向自己承诺提供利益或收

①　邓若迅：《英国贿赂罪改革研究》，《中国刑事法杂志》2012 年第 3 期。

②　William Russell, *Russell on Crime*, 12th ed., 1964, p. 627.

受他人利益的，处……"；第 332 条第 1 款规定："公务员或从事特别公务的人员，为自己或他人索要、允许他人向自己承诺提供利益或收受他人利益，作为已实施或即将实施其职权行为从而违反或将违反其法定义务的，处……"

除了对贿赂行为的主观意志因素的描述外，西方刑法还对其认识因素作了明确的规定。首先是关于"对不适当履行的明知或确信"的规定。根据英国 2010 年《贿赂犯罪法》，贿赂犯罪主观方面包括两种情形：一种是意图引诱（intends to induce）或酬谢（reward）对方不适当地履行相关职责或活动，另一种是对收受贿赂行为本身即构成不适当履行相关职责或活动的明知或确信（knows or believes）。对于背职贿赂而言，行贿人主观上表现为意图引诱或者意图酬谢；对于履职贿赂而言行贿人主观上表现为明知或确信。其次是关于对"对价关系"的明知的规定。西方国家的刑事立法中，大多将给予/收受贿赂与履行/不履行法定职责之间的"对价关系"予以明确表述。根据《美国法典》第 18 编第 201 条款的规定，对于背职贿赂而言，作为收受贿赂的代价或交换（in return for），行贿方具有以贿赂影响公职人员职务行为的意图，受贿方具有实行职务时被影响的意图；对于履职贿赂而言，行贿人和受贿人是"为了实施、因为已经实施了或者将要实施的职务行为"（for or because of any official act performed or to be performed）而给予和收受贿赂。由于美国联邦贿赂法及联邦法院判例在判断是否存在对价关系时采取的是主观主义标准，有否"对价关系"的判断实际上转化成了有否犯罪意图的判断，两者几乎同义。① 准确地讲，"对价关系"既可以体现在已经实施或实现的腐败交易中，也可以体现在行为人腐败交易的意图中。在这两种不同的情形之下，"对价关系"分别属于贿赂犯罪的客观要件和主观要件的范围。

综上所述，腐败意图包含认识因素和意志因素两个方面的内容。前者指"对不适当履行的明知或确信"和对于"对价关系"的明知；后者指意图"影响公务行为"（行贿）或允许"在履行公务行为中被影响"（受贿）。

---

① 王云海：《美国的贿赂罪——实体法与程序法》，中国政法大学出版社 2002 年版，第45 页。

三　腐败意图与犯罪目的的比较

显而易见，贿赂犯罪双方的最终意图是为各自谋取不正当利益。从行贿方看，行贿的最终目的是谋取通过正当渠道无法获得或者无法轻易获得的利益，即利益本身不正当或者获取手段不正当；从受贿方看，受贿的最终目的是谋取私利，即以权谋私。后者在《西班牙刑法典》中表露无遗。在该法419—422条规定的受贿罪中，均明确地规定了受贿人基于"为自己或他人牟利"而收受贿赂。不过，这种谋取不正当利益的最终意图在大多数国家的立法中并无明确的表述。或许这些立法者认为其无须明示，因为通常情况下从行为人给予或接受贿赂的行为本身即可推知其谋利的意图。

对于贿赂犯罪的主观要件，中西方刑法关注的重点存在明显差异。西方刑法中的"腐败意图"描述的是犯罪人给予或接受贿赂时的直接意图而非最终意图，而中国刑法对于行贿罪的主观方面强调的是作为最终目的的"为谋取利益"而非作为直接目的的"影响意图"。中国刑法第389条关于行贿罪的规定中对此表露无遗。该条没有提及"影响的意图"，但是明确要求行为人以谋取不正当利益为目的，突出了行贿人最终的犯罪目的。

贿赂犯罪的本质是权钱交易，因而其主观方面除了"影响意图"及"对不适当履行的明知"之外，最关键的还是对给予/收受贿赂与不适当履行/不履行法定职责之间的"对价关系"的明知。对"对价关系"的明知这一要件可以全面概括各种情形下贿赂犯罪主观方面的共同核心，尤其可以将受贿人自始至终均无为请托人谋取利益之意图的情形加以涵盖。这种情形并不影响腐败意图的成立，因为从行为人接受对方贿赂的行为本身即可推知其具有为自己谋取私利的意图。并且，接受贿赂的行为给行贿人传递的信息是，行为人同意受对方的影响并为其谋取利益。从这一点看，西方刑法规定直接意图而非最终意图显得更为合理。

或许可以将"为他人谋取利益"解释为国家工作人员对财物系其职务行为有可能产生为他人谋取利益之结果（或不予刁难甚至于未谋取利益但行贿人误认为受贿人为其谋取利益）的报酬的认识，只要存此认识，无论在主观上是否有为他人谋取利益之心，客观上有否实施为他人谋取利益的行为，均为受贿罪。不过，这显然与对"对价关系"的明知内容相同，只是名不副实，令人费解。

四　腐败意图及犯罪目的的证明

根据英国 1916 年《预防腐败法》规定，在某些情况下，除非有相反的证据，腐败意图被视为存在。这一规定在 2010 年《贿赂犯罪法》生效后自行失效。不过，《贿赂犯罪法》基本上延续了这种立法上的推定。该法第 2 条明确叙述了受贿罪的四种情形：一是行为人"索要、同意接受或收受经济或其他利益，意在因此由本人或他人不当履行相关职责或活动"；二是行为人"索要、同意接受或收受经济或其他利益，而该种表现本身即属于不当履行相关职责或活动"；三是行为人"索要、同意接受或收受经济或其他利益，作为对本人或他人不当履行相关职责或活动的回报"；四是"作为索要、同意接受或收受经济或其他利益之期待或结果，行为人本人或他人在其要求、同意或默许下不当履行了相关职责或活动"。该条第（7）款明确规定，对于后两种情形，行为人是否知晓其不当地履行职务，对于受贿罪的成立都无关紧要。这种规定在该法律草案审议过程中曾引发激烈争论。反对者认为它使后两种情形下的受贿罪成为绝对责任或严格责任的犯罪，既危及人权法，又违背刑法基本原则。霍德（Horder）教授认为，对于明知和意图的证明纯属多此一举，因为受贿人的职务本身就包含了善意、信任、公正等职业伦理要求。司法大臣认为，某人不当履行职务却对此一无所知的情形几乎是不可能的。总检察长认为，这一规定对于改变容忍受贿行为的文化起着至关重要的作用。正如蒙蒂·拉斐尔（Monty Raphael）律师所指出，"它可以对官员或被委以信任的人产生威慑作用，使其不敢伸手，使其在接受利益时三思而行，而这并没有什么坏处"①。英国议会联合委员会审议后对这一规定表示支持。

与此类似，新近修改的中国刑法在实践中也存在着一定程度上对于受贿罪犯罪故意的推定。2016 年 3 月 28 日最高人民法院、最高人民检察院《关于办理贪污贿赂刑事案件适用法律若干问题的解释》第 13 条第 1 款规定："具有下列情形之一的，应当认定为'为他人谋取利益'，构成犯罪的，应当依照刑法关于受贿犯罪的规定定罪处罚：（一）实际

---

① Joint Committee, *Joint Committee on the Draft Bribery Bill-First Report*, 2009, paras. 43–46, https: //www. publications. parliament. uk/pa/jt200809/jtselect/jtbribe/115/11502. htm.

或者承诺为他人谋取利益的；（二）明知他人有具体请托事项的；（三）履职时未被请托，但事后基于该履职事由收受他人财物的。”该条第 2 款规定："国家工作人员索取、收受具有上下级关系的下属或者具有行政管理关系的被管理人员的财物价值三万元以上，可能影响职权行使的，视为承诺为他人谋取利益。"不难发现，该条第 1 款第（二）、（三）项以及第 2 款的内容属于对"为他人谋取利益"这一主观要件的法律推定。类似的实例还有该司法解释第 16 条第 2 款规定："特定关系人索取、收受他人财物，国家工作人员知道后未退还或者上交的，应当认定国家工作人员具有受贿故意。"客观地讲，司法实践中很少存在能够证明腐败意图或犯罪目的的直接证据，公诉方通常借助各种相关证据对其予以间接证明。

五 贿赂犯罪主观要件的合理设定

（一）关于认识因素和意志因素

贿赂犯罪的主观罪过可以概括为腐败的意图。其具体内容，对于受贿犯罪而言，行为人在主观上只要明知请托人有求于自己而收受了其财物，就已经表明其腐败意图的存在，因而满足了受贿罪的主观要件。在此之外，无须要求行为人存在为请托人谋取利益的意图。就行贿犯罪而言，行贿人只要单方面存在通过贿赂影响或酬谢受贿人的意图，即已具备行贿罪的主观要件。具体而言，行贿罪的主观罪过包括行为人明知给予有关人员利益会导致其不当履行职务或构成对其不当履行职务的报酬，为谋取利益而故意行贿，以及明知有关人员收取利益本身就构成不当履行职务，仍故意行贿。

从认识因素看，贿赂犯罪表现为"对不适当履行的明知或确信"和对"对价关系"的明知。受贿人必须认识到对象物是有关其职务行为的不正当报酬或酬谢，与其职务行为存在对价关系。行为人如果仅仅认识到收受了他人的财物，并不能完全满足受贿罪的主观要件。因为贿赂犯罪的实质是权钱交易，只要受贿人明知索取或收受他人财物的行为与自己的职务行为具有关联性和交易性，就表明受贿人认识到受贿行为是对其职务行为不可交易性的违背，表明其对法益侵害有明确的认识。从意志因素看，受贿罪和行贿罪均表现为行为人对于法益侵害的希望或放任。有人认为受贿罪的意志因素表现为行为人索取或收受贿赂的决意,① 这显然是只见树木不见森林,没有结合行为人的认识因素对贿赂犯罪的主观方面进行综合评价。

（二）关于主观要件的法律推定

人的客观行为是显性的,而主观心理却是隐性的,对于后者往往只能通过前者来判定。就此而言,二者存在着"推定"关系。推定是在承认认识之相对性的同时,由法律在认识的暧昧之处给予的提示,它是法律领域处理认知局限的特殊方法,大多以基础事实与待证事实之间的概率可能性作为逻辑基础,即基础事实与待证事实之间通常存在经验层面的常态性联系。②

刑事法律推定是法律在特定情况下对社会利益的适度倾斜,是风险社会中刑法从"责任刑法"向"安全刑法"转变的一种体现,因而是不可避免的。事实上,中国刑法中存在大量的刑事推定。1998 年最高人民法院《关于审理挪用公款案件具体应用法律若干问题的解释》将携带公款潜逃的行为规定为转化型贪污罪,即是对行为人主观上具有"非法占有目的"的推定。劳东燕博士曾对中国刑事立法和司法中包含的 44 个法律推定进行了实证分析。③

需要指出,刑事法律推定不同于法官个人的推定。前者是规范性的,因而是可以被接受的;而司法活动中客观存在的法官凭借个人经验或自身逻辑做出的推定,则是不允许的。因为个人的逻辑或者生活经验受到各种因素制约而不具普遍性。由立法或规范性司法解释来解决刑事推定问题既能够最大程度保障被告人的权利又可以不放纵犯罪人。④ 但是,法律应当规定贿赂意图的推定具有可反驳性。即,当有相反证据充分证明行为人没有贿赂意图时,应当排除法律推定的适用。

---

① 廖增田:《受贿罪纵览与探究——从理论积淀到实务前沿》,中国方正出版社 2007 年版,第 472 页。

② 劳东燕:《认真对待刑事推定》,《法学研究》2007 年第 2 期。

③ 详见劳东燕《认真对待刑事推定》,《法学研究》2007 年第 2 期。

④ 李皓:《贿赂犯罪主观方面推定立法化问题探讨》,《廉政文化研究》2016 年第 4 期。

第四章 中外贿赂犯罪之犯罪形态比较

贿赂犯罪除了个罪的构成要件确定之外，在犯罪形态上也存在一些疑难问题。从整体上对其犯罪形态进行研究，不仅有利于系统考量，深入分析，而且可以反观和审视犯罪构成设置的合理性，因为既遂与未遂、共同犯罪以及罪数形态等问题直接决定于犯罪构成的设置。

第一节 中外贿赂犯罪既遂与未遂之比较

一 中外关于贿赂既遂与未遂标准及处罚原则的立法及其原理

关于贿赂犯罪的既遂与未遂形态，大致有三种立法模式：单一行为，无未遂形态；单一行为，有未遂形态；以及复合行为，有未遂形态。第一种模式为美国、法国、日本等国所采用，第二种模式系主流，存在于德国、西班牙、意大利等国的立法中，第三种模式体现在中国刑法中。

在美国，"从某种意义上讲，贿赂犯罪属于不完整罪，该罪在贿赂被提议或要求时即告完成，即使犯罪目标根本无法实现"[1]。人们普遍认为，"区分贿赂未遂与既遂缺乏实际意义，因为该罪的定义中已经包含了贿赂的企图"[2]。法国刑法理论界也认为，一个关于秘密支付的提议一经做出，贿赂犯罪即告完成，所以贿赂犯罪不存在未遂形态；即使行贿人在贿赂协议履行之前主动放弃履行，该行为对于贿赂犯罪的认定也不产生影响。[3]

---

[1] J. Kelly Strader, *Understanding White-Collar Crime*, 2nd ed., Newark: LexisNexis, 2006, p. 172.

[2] J. L. Winckler, "Drafting an Effective Bribery Statute", *American Journal of Criminal Law* Vol. 1, No. 2, 1972.

[3] 参见 GRECO, *Evaluation Report on France*, 2009, http://www.coe.int/greco。

　　日本刑法中各种受贿罪的客观行为都表现为收受贿赂、要求贿赂或者约定贿赂，因而只要行为人收受贿赂，或者要求、约定贿赂，就成立受贿罪既遂。对此，日本的刑法理论和审判实践均没有任何异议。具体来说，在收受贿赂的情况下，只要实际上接受了贿赂时就是既遂。就有形财物而言，行为人取得了对财物的占有时为既遂；就无形利益而言，行为人现实上享受了利益时为既遂。至于收受贿赂是在执行职务之前还是在执行职务之后，不影响受贿既遂的成立。在要求贿赂即请求对方提供贿赂的情况下，只要一向对方提出要求，不管对方是否同意提供贿赂，就是受贿既遂。在约定贿赂即受贿人与行贿人就授受贿赂进行约定的情况下，一旦约定成立，就是受贿既遂。即使后来一方或者双方表示出解除约定的意思，也不影响受贿既遂的成立。与此类似，中国台湾地区的刑法中，受贿罪涵盖了要求、期约和收受三种行为，行为人只要实施其中任何一种，即成立该罪。此外，《日本刑法典》① 第 44 条规定，"未遂犯只有在相关法条对其有可罚之特别规定时才是可罚的"，由于在贿赂犯罪的条款中没有关于未遂犯的明确规定，因而贿赂未遂在日本是不可罚的。

　　日本刑法理论与审判实践对受贿罪既遂的时间认定比较早，主要基于以下几个原因：首先，刑法分则规定的构成要件以既遂为模型，既然刑法分则只是规定了收受、要求或者约定贿赂，那么，只要行为人收受了贿赂或者要求、约定了贿赂，就成立受贿既遂，贿赂未遂在事实上没有存在的余地。其次，日本刑法不处罚受贿未遂，如果将受贿的既遂时期确定得较晚，会导致相当多的受贿行为不构成犯罪，明显不利于保护职务行为的不可收买性与公正性。最后，为了有效惩治贿赂罪，有必要尽早认定受贿既遂。②

　　上述模式的理论逻辑在于，"要求或期约行为虽然尚未达收受阶段，行为人犹未获得不法利益，但行为人的要求或期约行为已足以破坏公务行为的纯真，明示公务行为的可贿赂性，破坏人民对于公职人员的廉洁与公正及公务行为的不可贿赂性的信赖，并足以阻挠或篡改国家意志，故刑法

---

　　① 最近一次修订于 2007 年 6 月 12 日生效，参见日本政府官方英译本 *Penal Code of Japan*，http：//www. cas. go. jp/jp/seisaku/hourei/data/PC. pdf。

　　② 张明楷：《未遂犯论》，法律出版社 1997 年版，第 195—196 页。

乃加以犯罪化，而于收受行为之外，可以单独成立犯罪"①。

德国刑法理论认为，贿赂提议一经到达受贿方，无论其被接受与否，贿赂犯罪即告完成。《德国刑法典》② 第 23 条规定，重罪的未遂均属可罚，轻罪的未遂只在法律明确规定时才属可罚。所谓重罪，根据该法第 12 条的规定，指最低法定刑为一年或一年以上自由刑的犯罪。就贿赂犯罪而言，依据分则的规定，贿赂未遂只有在三种情况下是可罚的，即法官或仲裁员受贿（第 331 条第 2 款）、向法官或仲裁员行贿（第 334 条第 2 款）以及背职受贿（第 332 条第 1 款及 332 条第 2 款）。对于行贿以及履职受贿而言，未遂犯是不可罚的。

2010 年 6 月 23 日修改前的《西班牙刑法典》第 423 条在规定行贿罪时，明确地表达出了贿赂未遂的存在："任何人通过给予小便宜、礼物、提议或者许诺等方式贿赂或者企图贿赂公共权威或政府官员的，处与被贿赂者相同的监禁刑及财产刑。"③

《意大利刑法典》④ 则针对贿赂提议或许诺未被接受的情形规定了较轻的法定刑。该法典第 322 条第 1 款针对履职贿赂规定，"任何向公职人员或受雇于公共机构从事公共事务者提议或许诺金钱或其他任何有价物作为不当报偿，意图诱使后者履行法定职责的，如果该提议或许诺未被接受，行为人的刑罚将在本法第 318 条第 1 款所定刑罚的基础上减轻三分之一"。同条第 2 款针对背职贿赂规定，"如果做出提议或许诺的目的在于诱使公职人员或受雇于公共机构从事公共事务者不履行或延迟履行其法定职责，或者作为违背其职责的行为，如果该提议或许诺未被接受，行为人的刑罚将在本法第 319 条第 1 款所定刑罚的基础上减轻三分之一"。

与上述两种模式不同，中国刑法规定所有未遂犯原则上都是可罚的。中国刑法第 23 条规定，"对于未遂犯，可以比照既遂犯从轻或者减轻处罚"。就构成要件而言，索取型受贿罪只要求行为人有索取贿赂的行为即可，而不要求为他人谋取利益；收受型受贿罪既要求收受他人财物，又要

---

① 林山田：《刑法各论》（下册），北京大学出版社 2012 年版，第 18 页。

② 最近一次修订于 2009 年 6 月 29 日，参见英译本 M. Bohlander, *The German Criminal Code: A Modern English Translation*, Hart Publishing, Oxford, 2008。

③ 条文内容参见 GRECO, *Evaluation Report on Spain*, 2009。

④ 参见 GRECO, *Evaluation Report on Italy*, 2009, http://www.coe.int/greco, 以及黄凤译注《最新意大利刑法典》，法律出版社 2007 年版。

求为他人谋取利益。尽管根据司法解释的规定，行为人利用职权非法收受他人财物，只要承诺为他人谋取利益即构成受贿罪，为他人谋取利益的实施、实现行为并非受贿罪的必备要件，但是显而易见，为他人谋取利益仍然是受贿罪的构成要件。这意味着仅有收受财物的行为不能构成受贿罪的既遂。

二　中国刑法学界关于贿赂既遂与未遂区分标准的学说

受贿行为和行贿行为虽然通常具有相互关联性，但有时也具有相对的独立性。因此，在谈及既遂与未遂的问题时，有必要将受贿罪与行贿罪分开论述，介绍贿赂罪与此同理。

（一）受贿犯罪的既遂与未遂

关于受贿犯罪既遂与未遂的区别标准，中国刑法理论界主要存在"承诺说""收受说""谋利说"以及"收受与谋利择一说"四种观点。[①]"承诺说"认为，在收受贿赂的形式下应以受贿人承诺之时为既遂标志；在索取贿赂的形式下，以是否完成索贿行为作为犯罪既遂的标准。理由是：受贿罪侵犯的客体是国家机关的正常活动，承诺受贿或实施了索贿行为均已产生危害国家机关正常活动、破坏国家机关和国家机关工作人员名誉的结果。"收受说"主张以是否收受到贿赂作为受贿犯罪既遂与未遂相区别的标准。其主要理由在于：其一，受贿犯罪侵犯的客体不仅仅是国家机关的正常活动，更主要的是公私财产所有权，是否收受到贿赂表明公私财产所有权这一主要客体是否受到了实际损害；其二，犯罪既遂与未遂的区别是看犯罪分子是否达到了犯罪目的即是否发生了犯罪结果，受贿中犯罪人的主要目的是得到财物，得到财物表明其犯罪目的和犯罪结果已达到；未得到财物则表明其犯罪目的未得逞，犯罪结果未发生。"谋利说"认为，确定受贿犯罪的既遂与未遂应以受贿人是否为行贿人谋取了私利为标准。因为受贿人是否为行贿人谋取了私利，表明是否实际侵害了国家机关的正常活动；而且这一标准也能够不放纵那些先为行贿人谋私利而事后收受贿赂的罪犯。"收受与谋利择一说"认为，区别受贿犯罪的既遂与未遂在一般情况下应以是否收受到贿赂为标准，收受的为既遂，未收受的为

---

① 赵秉志：《刑法各论问题研究》，中国法制出版社 1996 年版，第 353—354 页。转引自王作富《刑法分则实务研究》（下），中国方正出版社 2001 年版，第 1788—1789 页。

未遂；但是，虽然未收到贿赂，行为人利用职务之便为行贿人谋利益的行为已给国家和人民的利益造成实际损失的，也应属于受贿犯罪的既遂。总体来说，前三种观点属于单一标准，第四种则属于混合标准。

（二）行贿犯罪的既遂与未遂

关于行贿犯罪的既遂与未遂界限，学者们主要有"单方给付说""给付完成说""谋利说"以及"给付与谋利择一说"四种观点。[①]"单方给付说"认为，应以行为人实施给付财物的行为作为既遂的标志。行为人只要是为了使特定对象为其谋取不正当利益而将一定的财物送给该特定对象就成立行贿既遂，而不论对方是否实际接受所送财物。"给付完成说"认为，应以行贿人实际给付财物并请求受贿人为其谋取不正当利益作为行贿罪既遂的标准，但不要求谋取不正当利益的目的一定达到。理由是：行贿具有诱惑性和腐蚀性的特点，行贿人以财物收买使国家工作人员丧失原则性、败坏了党风和社会风气，客观上破坏了国家机关的正常活动。"谋利说"认为，应以受贿人实际为行贿人谋取不正当利益作为行贿罪既遂标准。理由是：构成行贿罪的法定条件是给付受贿人财物和为谋取不正当利益，给付财物并非行为人的最终目的，其目的是通过受贿人为其谋取不正当利益而使国家机关的正当活动受到侵害。"给付与谋利择一说"认为，区分行贿罪的既遂与未遂应区别不同情况来处理。对为今后获取不正当利益而预先给付财物的，以是否给付财物为既遂、未遂的标准；对先已获取不正当利益然后给付财物的，以是否获取不正当利益为行贿罪既遂、未遂的区分标准。理由在于，行为人无论给付财物还是获取不正当利益都属于行贿犯罪的客观要求，都侵害行贿犯罪的客体，因而只要其中一个行为实施完毕，就应视为既遂。

（三）介绍贿赂犯罪的既遂与未遂

一般认为，介绍贿赂的既遂以行贿与受贿双方建立了贿赂的联系为标准，而不论行贿与受贿行为所追求的结果是否达到。根据最高人民检察院《关于人民检察院直接受理立案侦查案件立案标准的规定（试行）》的规定，"介绍贿赂"是指在行贿人与受贿人之间沟通关系、撮合条件，使贿

---

① 刘生荣、张相军、许道敏：《贪污贿赂罪》，中国人民公安大学出版社 1999 年版，第 213—214 页。转引自莫洪宪、叶小琴《论贿赂犯罪形态》，《甘肃政法学院学报》2005 年第 5 期。

赂行为得以实现的行为。也就是说，只要行贿者送出财物，受贿者接受财物，介绍贿赂犯罪即既遂。其实，两种标准的文字表述略有不同，其实质内容则大体一致。可以说，二者都认为介绍贿赂罪是行为犯，只要介绍贿赂的行为完成即可构成犯罪既遂；而介绍贿赂行为之完成，并非需要行贿人或受贿人所追求的结果得以实现，只要贿赂行为本身得以实现即可。

三 贿赂犯罪既遂与未遂标准的合理界定

毋庸置疑，贿赂犯罪既遂与未遂的界定应当以贿赂犯罪的构成要件为依据，以是否齐备其构成要件为标准加以判定。由于各国关于贿赂犯罪的立法规定不尽相同，其构成要件相应地呈现出一定的差异性，从而导致了贿赂犯罪既遂与未遂标准的不同。此处主要从应然的角度探讨贿赂犯罪既遂与未遂的合理界定。

（一）受贿犯罪的既遂与未遂

确定受贿犯罪既遂与未遂的判定标准，需要考虑四点。第一，必须紧紧围绕公务的"不可收买性"和廉洁义务等法益对贿赂犯罪的实行行为进行实质性解释；第二，必须符合有力惩罚和有效预防贿赂犯罪的立法目的；第三，所确定的判断标准必须具有普遍性，必须在受贿犯罪的每一次实施过程中都存在；第四，所确定的判断标准必须具有客观性、明确性和可操作性。基于上述考虑，应当以收受贿赂行为的完成作为受贿犯罪既遂的判定标准。

首先，该标准是从公务的"不可收买性"及廉洁义务等法益出发对贿赂犯罪实行行为的准确把握。从公务的"不可收买性"及廉洁义务等法益出发，给予或收受贿赂的行为属于贿赂犯罪的实行行为。[①] 受贿犯罪的本质是权钱交易，就如同一个非法的权钱交易"合同"。在贿赂犯罪的过程中，行贿人给予贿赂的提议或受贿人索取贿赂的要求，属于单方的要约行为，与另一方做出回应的承诺行为，均属非法交易"合同"的签约行为；而行贿人为了谋取不正当利益而提供贿赂的行为，属于"合同"的履行行为；受贿人本着利用职务上的便利为行贿人谋利的意思收受贿赂的行为，属于行使"合同权利"的行为，而为他人谋利的行为则是受贿人为实现行贿人犯罪目的而实施的行为，是对"合同义务"的履行。在整个受贿犯罪的过程中，虽然为他人谋利的行为最为充分完整地体现了其

---

① 详细论证参见第三章第二节第四部分。

对公务的"不可收买性"及公职人员廉洁义务的侵犯，但是收受贿赂的行为同样足以体现其对此种法益的侵害，因而可以被设定为受贿罪的实行行为。如更进一步看，甚至连提议、要求、约定或承诺等行为也能反映出这种法益侵害，正如台湾学者所指出："要求或期约行为虽然尚未达收受阶段，行为人犹未获得不法利益，但行为人的要求或期约行为已足以破坏公务行为的纯真，明示公务行为的可贿赂性，破坏人民对于公职人员的廉洁与公正及公务行为的不可贿赂性的信赖，并足以阻挠或篡改国家意志，故刑法乃加以犯罪化，而于收受行为之外，可以单独成立犯罪。"①

其次，该标准能够使刑法适时介入，更为有效地预防犯罪，符合贿赂犯罪的立法目的。虽然贿赂犯罪的本质是一个完整的权钱交易活动，但是其犯罪构成的设定却无须将交易活动的全过程包含进来，对于贿赂犯罪这种特殊类型的犯罪刑法应适当地提前介入，而不是消极地等待犯罪活动的全部完成，因为刑法的目的是预防犯罪，至少是降低犯罪的社会危害性。收取贿赂的行为已将以权谋私的非法交易意图明白无误地表达出来并属于交易行为的一部分，已经进入"合同"履行阶段。谋取利益的行为属于交易行为的另一阶段，对于受贿犯罪的既遂并无标志性和决定性的意义，仅可作为一种加重的量刑情节。因此，收受贿赂的行为是贿赂犯罪的核心和关键。一方面，前述国内学者提出的"谋利说"标准对于贿赂犯罪的介入过于滞后；另一方面，前述国内学者提出的"承诺说"标准对于贿赂犯罪的介入过于提前。而美国刑法"贿赂被提议或要求时即告完成"的立场，法国刑法关于"秘密支付的提议一经做出，贿赂犯罪即告完成，贿赂犯罪不存在未遂形态"的立场，以及日本刑法"只要行为人收受贿赂，或者要求、约定贿赂，就成立受贿罪既遂"的立场，则比"承诺说"更为激进。提议或承诺的行为属于一种订立腐败交易"合同"的预备行为，前述"足以阻挠或篡改国家意志"的说法，似有言过其实之嫌，毕竟要求或期约行为"尚未达收受阶段，行为人犹未获得不法利益"。鉴于此等行为尚未进入权钱交易的实施阶段，不足以对公务活动的"不可收买性"及公务人员的廉洁义务造成实质性的侵害，将其作为受贿罪的实行行为似有不妥。总之，以提议、要求、约定或承诺行为作为既遂标准过于严苛，以谋利行为作为标准则失之过宽。

---

① 林山田：《刑法各论》（下册），北京大学出版社2012年版，第18页。

再次，该标准具有普遍的适用性。收受贿赂的行为存在于每一次受贿犯罪的实施过程中。不仅如此，该标准既适用于收受型受贿罪，也适用于索取型受贿罪，既适用于事前受贿，也适用于事后受贿，能够抓住它们在法益侵害方面的共同本质，将其统一起来。谋利行为既可能发生在收受贿赂之前，也可能发生在收受贿赂之后，但无论事前受贿还是事后受贿，均离不开收受贿赂的行为；而如果行为人接受他人请求为他人谋取利益而不收受贿赂，则属于滥用职权罪而不成立受贿罪。

最后，该标准更具客观性、明确性和可操作性。收受贿赂的行为是否完成，是一个较为客观的判断，与提议、要求、约定以及承诺行为相比，收受行为更容易被查实和证明。而对于"承诺说"而言，并不是每一次受贿犯罪都具有独立的承诺行为。受贿作为一种犯罪行为，受贿人并不倾向作出承诺，收受贿赂的行为本身往往就是一种默认的承诺。即使受贿人明确地作出承诺，也不会表现为民法上订立合同时的书面承诺，这种承诺通常表现含义晦涩的语言，很难确认其独立性。而且，在受贿人承诺后行贿人因反悔而未提供贿赂的情况下，认定受贿犯罪既遂明显不合理，因为作为受贿犯罪标的的贿赂还没有出现。对于"谋利说"而言，行贿人所欲谋取的不正当利益的范围往往难以确定，在司法实践中可操作性极差，而混合型的标准实际上是双重标准，缺乏统一性，只会造成更大的混乱。

以收受贿赂行为的完成作为受贿犯罪既遂的判定标准，具体来说，只要受贿人实际上接受了贿赂时就是既遂。就有形财物而言，行为人取得了对财物的占有时为既遂；就无形利益而言，行为人现实上享受了利益时为既遂。至于收受贿赂是在执行职务之前还是在执行职务之后，不影响受贿既遂的成立。与既遂标准相对应，受贿犯罪的未遂应当指受贿人已经开始收受贿赂，但由于受贿人意志以外的原因，收受贿赂的行为没有完成。例如，行贿人已获得受贿人可以为其谋取不正当利益的承诺，但在准备给予受贿人财物的过程中反悔，或者受贿人索贿未果，遭到拒绝等情形。

（二）行贿犯罪及介绍贿赂犯罪的既遂与未遂

作为对行性犯罪，行贿犯罪既遂的标准应与受贿犯罪的相衔接，所以行贿犯罪的既遂应以行贿人给付财物行为的完成为标志，而这一行为的完成，就是受贿人接受财物。相应的，行贿犯罪的未遂，则是指行贿人已经开始实施给付财物的行为，但由于行贿人意志以外的原因受贿人没有接受财物，如行贿对象拒绝贿赂，介绍贿赂人违背行贿人的意志而没有将财物给予行贿对象。

介绍贿赂犯罪的既遂，是指经过介绍人沟通与撮合，贿赂行为得以实现，即行贿者送出财物，受贿者接受财物。介绍贿赂犯罪的未遂，应指介绍贿赂人已经开始着手实施介绍贿赂的行为，但由于介绍贿赂人意志以外的原因而未使行贿、受贿得以实现。

第二节　中外贿赂犯罪共同犯罪之比较

一　作为必要共犯的贿赂犯罪

必要共犯的概念最早由德国刑法学家许策（Schuetze）于 1869 年提出。德国社会刑法学派代表人物弗兰茨·冯·李斯特认为，根据构成要件，从概念上看需要多人共同协作的犯罪，为必要之共犯。这其实就是技术意义上的共同正犯，因为所有的必要的共犯都必须参加犯罪。汉斯·海因里希·耶赛克、托马斯·魏根特认为，如果实现某构成要件在概念上必须要有数人共同参与，就成立必要的共犯。意大利刑法学家杜里奥·帕多瓦尼认为，在刑法分则规定的犯罪中，有一些只可能由多个主体的行为构成，如果只有一个犯罪主体，犯罪就不能成立，这就是"必要共犯"，或者说"必要的多主体构成"。日本刑法学者野村稔认为，刑法分则中根据犯罪构成要件要求只有复数的人才能实行的某种犯罪就称为必要的共犯。台湾学者韩忠谟认为，犯罪在性质上具有非二人以上之共同关系即无由成立者，称为必要的共犯。张灏认为，凡构成犯罪的事实，必须二人共同实施者，谓之必要共犯。[1] 与任意共犯不同，必要共犯的"构成要件本身就明确地显示出由两个或更多个人所实施的行为"[2]。上述关于必要共犯的理论也被主流的中国刑法理论所接受。

尽管必要共犯是学理上的概念，在刑事立法中没有明确定义，但它是学者们从刑事立法例中概括出来的。事实上，对必要的共同犯罪的处罚原

---

① 李宇先：《论必要的共同犯罪》，《中外法学》2004 年第 4 期。

② 参见 Shigemitsu Dando, *The Criminal Law of Japan*：*The General Part*, translated by B. J. George, Littleton Colorado：Fred B. Rothman & Co. , 1997, p. 216, 以及马克昌主编《犯罪通论》，武汉大学出版社 1999 年版，第 502 页。

则，在刑事立法特别是刑法分则的条文中多有规定。必要的共同犯罪对于准确把握对向性共同犯罪、聚众犯罪、有组织性共同犯罪的实质及其处罚原则有着十分重要的作用。

根据大陆法系刑法理论，贿赂犯罪属于共同犯罪中的必要共犯。行贿和受贿的共犯关系，从各国立法对二者的归类上也可以得到体现。孤立地看，仅行贿行为本身并不构成渎职，而大多数国家的刑法将行贿罪与受贿罪一起归于渎职犯罪一类，显然是基于行贿与受贿之间的密切联系，是将行贿作为受贿的组成部分对待。将行贿与受贿之间的关系界定为共同犯罪关系，既符合共同犯罪制度的立法本意，又能够更为全面准确地揭示这类行为的共同本质及其社会危害性。

共同犯罪之所以被法律评价为具有更大的社会危害性，正是体现在行为人相互沟通和增强的犯罪恶意上。共同犯罪制度的确立就在于有针对性地处置这种相互沟通的邪恶意志，以及在此恶意支配下所形成的共同犯罪的组织形式。共同犯罪制度的立法精神，正是通过确立有别于单独犯罪的责任原则和责任方式，以针对性地处置被共同犯罪所强化的主观恶意来实现的。共同犯罪中犯罪行为的复杂性和犯罪形式的多样性，决定了对共同犯罪人所规定的刑事责任在适用上有所区别。这种区别通过共同犯罪形式划分的标准和共同犯罪人分类标准来体现。这些分类标准的关键所在就是犯罪形式和共犯人行为所表现的犯意联结和主观恶性的差别。有别于单独犯罪，刑法中的责任原则在共同犯罪制度中拥有更多内涵。首先，主观责任原则在共同犯罪中被更严格地要求。共同罪过中排除过失，并强调最起码的主观联系。其次，个人责任原则也有与单独犯罪不同的内涵。共犯人要对所参与的整个共同犯罪承担刑事责任，即"部分行为全部责任原则"。最后，罪刑相应原则在共同犯罪中表现为对主犯从重处罚和对从犯从轻处罚的区别对待。[①]

二　行贿犯罪与受贿犯罪的相互关联性与相对独立性

（一）行贿犯罪与受贿犯罪的相互关联性

作为贿赂犯罪最基本的两种形式，行贿罪和受贿罪在绝大多数国家的刑事立法中均有规定。有些国家将行贿和受贿放在同一条文里加以规定，

---

① 参见周雪梅《共同犯罪主从犯刑事责任研究》，硕士学位论文，西南财经大学，2005年。

如英国和美国，有些国家将行贿和受贿用不同的条文加以规定，但仍然放在同一章节中，如德国、意大利、西班牙、俄罗斯、日本、中国。与此不同的是，《法国刑法典》① 将二者分列于不同的章节。根据该法，受贿罪被规定在第二章"公务员危害政府罪"第三节"违反诚实义务"中；而行贿罪则规定在第三章"公民危害公共管理罪"第一节"公民实施的积极贿赂罪以及影响力交易罪"中。此种规定明显地反映出该法对受贿和行贿两种犯罪所侵犯法益的不同认识和评价。

外国刑法中以不同条文分别规定受贿与行贿不同罪名的，从罪名种类来看，有三种情形：其一，规定单一的受贿罪名和单一的行贿罪名；其二，规定多个受贿罪名和单一行贿罪名；其三，规定多个受贿罪名和多个行贿罪名。例如，《俄罗斯联邦刑法典》中的贿赂罪名属于"一对一"的对向关系，《奥地利联邦共和国刑法典》中的贿赂罪名属于"多对一"的对向关系，《新西兰刑法典》中的贿赂罪名属于"多对多"的对向关系。② 上述无论哪种情形，都体现了受贿与行贿的对向关系，即受贿罪与行贿罪的处罚规定之间的对应和衔接。其具体表现是，先在受贿罪名和行贿罪名的罪状表述上体现受贿主体与行贿对象之间、受贿行为与行贿行为之间的对应性，再在此种罪状表述基础上规定具有对应和衔接关系的法定刑。

中国刑法在多数情况下体现了行贿与受贿的对向关系。从罪名来看，行贿犯罪和受贿犯罪体现出"多对多"的对向关系。刑法第163条第3款、第184条第2款、第385条、第388条等规定了受贿罪，第388条之一规定了利用影响力受贿罪，与此相对的是第389条、第393条规定的行贿罪和第392条规定的介绍贿赂罪；第387条规定了单位受贿罪，与此相对应的是第391条规定的对单位行贿罪，第393条规定的单位行贿罪；第163条、第184条规定了非国家工作人员受贿罪，与此相对应的是第164条对公司、企业、其他单位人员行贿罪，同时还规定了对外国公职人员、国际公共组织官员行贿罪。从罪状来看，中国刑法第385条受贿罪与第389条行贿罪的罪状表述也基本上体现了二者的对向关系。第385条第1

① 最近一次修订于2005年7月7日，参见法国政府官方英译本 French Penal Code，1994，http：//195.83.177.9/upl/pdf/code_33.pdf。

② 夏勇、王晓辉：《贿赂犯罪的对向关系与刑罚处罚》，《人民检察》2013年第5期。

款规定:"国家工作人员利用职务上的便利,索取他人财物的,或者非法收受他人财物,为他人谋取利益的,是受贿罪。"第 389 条第 1 款规定:"为谋取不正当利益,给予国家工作人员以财物的,是行贿罪。"第 385 条第 2 款规定:"国家工作人员在经济往来中,违反国家规定,收受各种名义的回扣、手续费,归个人所有的,以受贿论处。"第 389 条第 2 款规定:"在经济往来中,违反国家规定,给予国家工作人员以财物,数额较大的,或者违反国家规定,给予国家工作人员以各种名义的回扣、手续费的,以行贿论处。"

行贿犯罪与受贿犯罪二者间的密切联系完全是由二者的行为特征以及利益关联所决定的。首先,行贿人与受贿人互为行为对象,没有行贿人及其行贿行为,受贿人及其受贿行为就无从谈起,反之亦然。其次,行贿人与受贿人的利益互相关联、互相依赖。

(二) 行贿犯罪与受贿犯罪的相对独立性

贿赂犯罪究竟是两个独立的犯罪还是一个单一的犯罪?贿赂罪在早期英国法里,其主体专指收受非法报酬的法官或其他司法人员,不罚行贿者;后来扩大到陪审官、证人以及其他公务官员,同时行贿者也受罚。[①]有美国学者指出:"如果出于影响职务行为的意图给予和收受了金钱,是成立由两人实施的一个犯罪还是两个不同的犯罪?在现有的法律规定中无法得到统一的答案。"[②]

大体而言,行贿罪与受贿罪存在三个方面的不对称。首先是犯罪化的不对称,即罪与非罪的不对称。贿赂犯罪涉及双方当事人,但双方当事人的主观意愿有时是对称的,即双方当事人都是情愿的;而在另一些时候,双方当事人的主观意愿却是不对称的,即一方当事人情愿行贿或受贿,而另一方当事人并不情愿做出对应的行为。在索贿的情况下,通常只有受贿人是可罚的。根据《意大利刑法典》第 317 条及第 321 条的规定,如果行为人受到来自公职人员的强迫或引诱而给予或许诺给予其贿赂时,该公职人员即构成比普通受贿罪更为严重的索贿罪,而行贿方则被视为受害人。类似的规定也存在于中国刑法中(刑法第 389 条)。在行贿人提供的

---

① 储槐植:《美国刑法》(第二版),北京大学出版社 1996 年版,第 268 页。

② R. M. Perkins and R. N. Boyce, *Criminal Law*, 3rd ed., Mineola: The Foundation Press, 1982, p. 537.

贿赂被拒绝的情况下，行贿人依然构成行贿罪，但是预期的受贿人却不构成犯罪。《意大利刑法典》第 322 条对此作了明确规定。此外中国刑法典通过 2009 年《刑法修正案（七）》第 388-1 条规定了利用影响力受贿罪，但是没有同时规定与此对应的行贿罪，直到 2015 年《刑法修正案（九）》增设了对有影响力者行贿罪。在唐律中，双方当事人都情愿的贿赂被称为"彼此俱罪之赃"；一方当事人情愿行贿或受贿，而另一方当事人并不情愿做出对应行为的，被称为"非彼此俱罪之赃"。对于彼此俱罪之赃，赃款赃物没官。对于非彼此俱罪之赃，不应没官，而应归还原主。①

其次是构成要件的不对称。中国刑法中，为他人谋取利益是收受贿罪的客观必备要件，却不是索贿和行贿的客观必备要件；意图谋取不正当利益是行贿罪的主观必备要件，但不是受贿罪的主观必备要件，因为受贿罪的法条只要求为他人谋取利益，而不要求该利益必须是不正当利益。根据美国联邦刑法典，即使受贿人没有受到行贿人的影响，行贿人依然构成行贿罪（《美国法典》第 18 编第 201 条 b 款）。《德国刑法典》第 333 条第 1 款亦有类似的规定。由于中国刑法规定行贿罪的犯罪圈过于狭小，检察机关对行贿人一般也很难立案侦查，而不立案就不能采取强制措施，这样从行贿人处就无法获得相关证据，当然也就更谈不上追究受贿人的刑事责任。可以说，中国刑法对行贿罪犯罪构成要件过于严格的限制，从表面上看只影响了对行贿罪的打击，实际上更影响了对受贿罪的惩治，是导致贿赂案件侦破率低、贿赂犯罪行为风险低的刑事实体法上最重要的原因。因此，对贿赂犯罪的有效打击要求必须扩大行贿罪的犯罪圈。

最后是法定刑的不对称。《刑法修正案（九）》之前，中国刑法第 383 条受贿罪的法定刑与第 390 条行贿罪的法定刑之间，没有表现出应有的对应性。第一，决定刑罚格次区别和递进关系的因素之间没有对应性。决定受贿罪刑罚格次和递进关系的因素是数额和情节，首先是数额，其次是情节，是在数额的基础上考虑情节，且情节是概括性的；行贿罪的法定刑只有情节却未涉及数额，且此处情节特指非法获利或者国家损失。第二，起点刑的格次不对应性。受贿罪的起点刑分两种情况设置：数额在五

---

① 程宝库：《唐朝反贿赂法律制度的成就与缺陷综析》，《广州大学学报》（社会科学版）2007 年第 12 期。

千元以上不满五万元的，处一年以上七年以下有期徒刑；数额不满五千元但情节较重的，处二年以下有期徒刑或者拘役。对比行贿罪的起点刑，并没有相应区分这两种情况，而是笼统地规定"犯行贿罪"处五年以下有期徒刑或者拘役。如此一来，二罪的起点刑各成体系、分别判断。依照这种规定，司法上对行贿罪的处罚就可以不考虑受贿罪的法定刑而独立判断，只要判处的结果在本罪的法定刑之内即可。显然，这种"各行其是"的处罚，很难保证受贿与行贿之间的对应性。第三，加重处罚的格次不对应性。受贿罪以数额的一定量作为法定刑升格的基础，再在同一数额中考虑情节而加重。具体而言，受贿罪起点刑以上的法定刑格次衔接由轻至重顺序为：数额五千元到五万元，情节严重的，七年以上十年以下有期徒刑；数额五万元到十万元（即等于情节严重），五年以上有期徒刑（上不封顶），没收财产；情节特别严重的，无期徒刑，没收财产；数额十万元以上（即等于情节严重），十年以上有期徒刑，无期徒刑，没收财产；情节特别严重的，死刑，没收财产。与之不同，行贿罪在起点刑基础上的加重格次有两个：一个是因行贿谋取不正当利益，情节严重的，或者使国家利益遭受重大损失的，处五年以上十年以下有期徒刑；另一个是情节特别严重的，处十年以上有期徒刑或者无期徒刑。在此，"情节严重"和"情节特别严重"不是以行贿数额为标准，而是以行贿人所得利益的性质或者国家利益损失的程度为标准，与受贿罪刑罚格次中的情节严重并不对应。《刑法修正案（九）》及相关司法解释出台后，此种状况并未有明显改观。

三　中西方共同犯罪制度的差异及其对行贿受贿犯罪法定刑设置的影响

对于共同犯罪，欧陆刑法一致性地区分了正犯与共犯两种犯罪人。正犯与共犯的界限十分明显。正犯实施的行为是符合构成要件的行为，而共犯所实施的行为则处于构成要件之外，其可罚性的前提直接来自刑法总则的规定。[1] 尽管如此，欧陆各国对各种共同犯罪人的成立条件和处罚原则

---

[1]　参见汉斯·海因里希·耶赛克、托马斯·魏根特《德国刑法教科书》，徐久生译，中国法制出版社 2001 年版，第 776 页。

的规定仍不尽相同。归结起来，大致可以划分为以下四种类型。①

　　第一种类型区分参与犯的样态分别规定不同的处罚条件和处罚原则。该种类型以德国、日本刑法为代表，其特点是将实行犯与参与犯作为具有不同处罚根据的两种犯罪样态，并将参与犯在事实意义上进一步加以区分，根据不同参与犯对犯罪事实的加功性质，分别规定其处罚原则。《德国刑法典》② 第 25 条规定："（1）自己实施犯罪，或通过他人实施犯罪的，依正犯论处。（2）数人共同实施犯罪的，均依正犯论处。"第 26 条规定："故意教唆他人实施故意违法行为的是教唆犯，对教唆犯的处罚与正犯相同。"第 27 条规定："（1）对他人故意实施的违法行为故意予以帮助的，是帮助犯。（2）对帮助犯的处罚参照正犯的处罚，并依第 49 条第 1 款减轻其刑罚。"《日本刑法典》③ 第 60 条规定："二人以上共同实行犯罪的，皆为正犯。"第 61 条规定："教唆他人实行犯罪的，处正犯之刑。"第 62 条规定："帮助正犯的，是从犯。"第 63 条规定："从犯之刑，比照正犯之刑减轻。"中国台湾地区的共同犯罪制度与德国、日本极为相似。台湾刑法第 28 条规定："二人以上共同实施犯罪之行为者，皆为正犯。"第 29 条规定："教唆他人使之实行犯罪行为者，为教唆犯。教唆犯之处罚，依其所教唆之罪处罚之。"第 30 条规定："帮助他人犯罪者，为从犯，虽他人不知帮助之情者，亦同。从犯之处罚，得按正犯之刑减轻之。"

　　第二种类型区分参与犯的样态规定处罚条件但实行同等处罚。《法国刑法典》④ 是此种类型的典型代表。该法第 121-4 条实际上规定了正犯，即 "实施犯罪行为者"。第 121-7 条规定了共犯："'知情而故意给予帮助或协助，为准备或完成重罪或轻罪提供方便者，为重罪或轻罪之共犯。以赠礼、许诺、威胁、命令、滥用权势或职权，挑动或教唆犯罪者，亦为共犯。"第 121-6 条规定："第 121-7 条意义上的共犯，按正犯论处。"

　　第三种类型统一规定参与犯处罚条件并实行等价处罚。该种类型以

---

① 参见王志远《区分制共犯制度模式研究》，《当代法学》2009 年第 5 期。

② 徐久生、庄敬华译：《德国刑法典》，方正出版社 2004 年版。

③ 张明楷译：《日本刑法典》，法律出版社 2006 年版。

④ 罗结珍译：《法国刑法典》，中国人民公安大学出版社 1995 年版。

《意大利刑法典》① 为代表。该法第 110 条规定："当数人共同实施同一犯罪时，对于他们当中的每一人，均处以法律为该罪规定的刑罚，以下各条另有规定的除外。"意大利刑法学界认为等价处罚原则是一种合理的选择，因为要"先验地"决定各类共同犯罪行为的意义，以及他们在具体犯罪实施过程中对罪过的影响，在任何情况下都是一件非常困难的事情。②

第四种类型统一规定参与犯处罚条件并按照参与性质和作用分别确定各自刑罚的处罚原则。此种类型的代表是《俄罗斯刑法典》③。该法第 32 条规定："两人以上故意共同参与实施犯罪，是共同犯罪"；第 33 条对实行犯、组织犯、教唆犯和帮助犯作了明确界定；第 34 条对共同犯罪人的责任作了详细的规定："（1）共同犯罪人的责任由每一共同犯罪人实际参与犯罪的性质和程度决定。（2）共同实行犯依照本法典分则条款对他们共同实施的犯罪承担责任，不得援引本法典第 33 条的规定。（3）组织犯、教唆犯和帮助犯的刑事责任依照本法典对所实施犯罪规定刑罚的条款并援引本法典第 33 条予以确定，但他们同时又是共同实行犯的情况除外。……"

英国刑法一般将共同犯罪人区分为主犯和从犯，但其含义与中国刑法不同。其关于主犯从犯的划分标准，随着立法的变化而有所发展。普通法将共同犯罪人分为一级主犯、二级主犯、事前从犯与事后从犯。其中一级主犯与中国刑法中的实行犯类似，指自己实行或者假手第三人实行犯罪行为的人；二级主犯指在犯罪现场帮助和教唆一级主犯的犯罪人，其与事前从犯最大的区别在于行为人是否"在犯罪现场"。英国《1967 年刑事法》（*Criminal Law Act* 1967）将共同犯罪人分为主犯（principal）和从犯（accessory）两类。所谓主犯，相当于普通法上的一级主犯，是指犯罪行为的直接实施者，是其行为系导致犯罪结果发生之最直接原因的行为人。显然，英国刑法中主犯的概念与中国刑法有所不同，而与大陆法系含义接近。根据《1861 年从犯和教唆犯法》（*Accessories and Abettors Act* 1861）、《1980 年治安法院法》（*Magistrates'Courts Act* 1980）等法的相关规定，构

---

① 黄风译注：《最新意大利刑法典》，法律出版社 2007 年版。

② 王志远：《区分制共犯制度模式研究》，《当代法学》2009 年第 5 期。

③ 黄道秀等译：《俄罗斯联邦刑法典》，北京大学出版社 2008 年版。

成从犯的参与行为被限制为帮助（aid）、教唆（abet）、劝诱（counsel）及促成（procure）四种类型。与法国和意大利相同，《1861年从犯和教唆犯法》采取了的主犯和从犯等价处罚的原则。根据该法第8条的规定，任何人帮助、教唆、引诱他人犯罪或者促使他人犯罪，都应当被指控并以主犯的责任加以处罚。

在美国，自20世纪60年代开始，以《模范刑法典》为里程碑，打破了传统的共犯承担责任的从属方式，采取了共犯独立原则，把共同犯罪人分为实行犯（perpetrator，普通法上的一级主犯）和同谋犯（accomplices，普通法上的二级主犯与事前从犯），而不再用主犯（principal）和从犯（accessory）这类字样。① 1976年《美国法典》废除了主犯与从犯的区分，规定"凡实行犯罪或帮助、唆使、引诱、促使、要求他人犯罪的，都按主犯处罚"。不难发现，主犯与从犯的意义主要在于定罪而非量刑，正如英国学者乔纳森·赫林所指出，区分主犯与从犯是首要的工作，因为两者的犯罪客观要素（actus reus）和犯罪主观要素（mens rea）要求经常是不一样的。② 此外，值得注意的是，在英美刑法中对于未导致实质犯罪（substantive offence）的参与犯按照未完成罪（inchoateoffence）来处理，而导致了实质犯罪的参与犯直接按照狭义的共犯制度（accessory）来处理，③ 后者通常置于"犯罪参与（participation）"的标题下探讨。

中国刑法同时采用分工和作用双重标准，将共同犯罪人划分为主犯、从犯、胁从犯和教唆犯四种类型。其中主犯、从犯和胁从犯依据行为人在共同犯罪中所起的作用划分，而教唆犯则依据行为的性质和分工划分。在处罚原则上，中国刑法规定从犯比照主犯从轻处罚，对于教唆犯则规定按照其在共同犯罪中所起的作用处罚。此种规定在一定程度上受到历史传统的影响。如《唐律疏议》总第137条规定："诸有事以财行求，得枉法者，坐赃论；不枉法者，减二等。即同事共与者，首则并赃论，从者各依已分法。"根据该条规定，数人同犯一事，敛财凑份共同行贿的，首谋之

① 袁建伟、杨开江：《论主犯的认定与评价》，《黑龙江省政法管理干部学院学报》2013年第1期。

② ［英］乔纳森·赫林：《刑法》（影印本），法律出版社2003年版，第410页。

③ 王志远：《英美刑法共犯制度研究》，《甘肃政法学院学报》2010年第5期。

犯按行贿总额承担刑事责任，从者各依己分法，共同行贿而造成枉法后果的坐赃论，共同行贿但没有造成枉法后果的，减坐赃二等处罚。

针对主犯和从犯，中西方刑事立法呈现出同等处罚和从犯减轻处罚两种立法模式；与此相似，对于行贿犯罪和受贿犯罪，中西方刑事立法存在对等处罚和非对等处罚两种法定刑模式。那么，共犯制度和贿赂犯罪法定刑设置之间是否存在某种联系？答案是肯定的。根据西方刑法理论，主犯是指其行为系导致犯罪结果发生之最直接原因的行为人。在贿赂犯罪中，受贿人作为权力的掌控者，显然占据着主导地位，只有他的行为可以决定相关法益是否会被侵害。如果将受贿罪和行贿罪视为共同犯罪，则受贿人当属主犯而行贿人当属从犯。如此一来，主犯从犯的定罪条件和处罚原则，当然地决定着受贿罪和行贿罪的定罪条件和处罚原则。西方刑法规定对于主犯从犯同等处罚，同时也规定对于受贿罪和行贿罪同等处罚；中国刑法规定对从犯从轻处罚，同时也规定行贿罪的法定刑总体上轻于受贿罪。西方的共同犯罪制度主要目的在于解决定罪问题，而中国的共同犯罪制度的主要任务是解决量刑问题。西方刑法一贯强调公正合理、依法办事，而中国刑法历来注重分化瓦解、区别对待。

四　各种具体类型的贿赂犯罪共同犯罪的准确界定与认定

除了上述行贿与受贿行为之间存在的法理上的共同犯罪关系之外，每一种具体类型的贿赂犯罪基于犯罪主体的复数性也可能存在严格意义上的共同犯罪，以下着重对此加以探讨。

（一）受贿罪共犯与利用影响力受贿罪的界限

不具有国家工作人员身份的人，可能构成受贿罪共犯，也可能构成利用影响力受贿罪，如何把握二者的界限，是一个值得关注的问题。2007年7月8日最高人民法院、最高人民检察院《关于办理受贿刑事案件适用法律若干问题的意见》（以下简称《意见》）肯定了非国家工作人员可以构成受贿罪共犯，同时提出了"特定关系人"的概念，将其界定为"与国家工作人员有近亲属、情妇（夫）以及其他共同利益关系的人"。之后，《刑法修正案（七）》增设利用影响力受贿罪，在国家工作人员和以国家工作人员论的基础上进一步扩大了受贿犯罪的主体范围，使非国家工作人员可以单独构成犯罪。利用影响力受贿罪的主体包括以下三种：在职国家工作人员的近亲属或者其他与该国家工作人员关系密切的人；离职的国家工作人员；离职国家工作人员的近亲属以及其他与离职国家工作人员关系密切的人。该罪在客观上表现为"关系密切的人"通过国家工作人员职务上的行为，或者利用国家工作人员职权或者地位形成的便利条件，通过其他国家工作人员职务上的行为，为请托人谋取不正当利益，索取或者收受请托人财物。

利用影响力受贿罪主体中"关系密切的人"与受贿共犯主体中"特定关系人"具有极大的相似性。从范围上看，二者基本一致。首先，《意见》明确将特定关系人规定为与国家工作人员有近亲属、情妇（夫）以及其他共同利益关系的人，《刑法修正案（七）》则将近亲属与其他关系密切的人并列规定为利用影响力受贿罪主体。根据语法逻辑，其他关系密切的人在句中具有总结概括的意义，是指与近亲属关系相当其他关系密切的人。根据生活常理，近亲属也不应该被排除在关系密切的人概念之外的。因此，特定关系人和关系密切的人中均包括近亲属。其次，《意见》将情妇（夫）认定为特定关系人的一个类型。《刑法修正案（七）》没有明确指出其他关系密切的人包括情妇（夫），但其对国家工作人员的影响力极大，关系密切程度不言而喻，关系密切的人应当包括情妇（夫）。

然而，利用影响力受贿罪主体中"关系密切的人"与受贿共犯主体中"特定关系人"之间的区别也不容忽视。[①] 首先，利用关系与利益关系的差别。"关系密切的人"强调其利用国家工作人员或离职的国家工作人员的影响力，而"特定关系人"更强调与国家工作人员具有共同利益关系。有些"关系密切的人"可能与具有影响力的国家工作人员或者离职的国家工作人员存在共同利益，但有些并不存在这种共同利益，比如同学之间关系十分密切，但不一定存在共同利益；"特定关系人"可能是关系密切的人，也可能是关系不密切但存在共同利益关系的人。其次，单向性与双向性的差别。利用影响力受贿罪中关系密切的人的行为具有单向性，而受贿罪共犯中特定关系人强调与国家工作人员之间必须存在通谋，他们之间的关系是双向的、互动的。对于利用影响力受贿罪而言，无论是否与国家工作人员存在通谋，行为人只要对国家工作人员施加了影响力，使国家工作人员完成请托事由即构成犯罪。相对而言，关系密切的人在犯罪的

---

① 参见石莹莹《贿赂犯罪主体的再探究——以利用影响力受贿罪为视角》，《安徽警官职业学院学报》2012 年第 3 期。

过程中更具有独立性，而特定关系人具有一定依附性，即需要依附国家工作人员，共同构成受贿犯罪。

"特定关系人"在受贿犯罪过程中的作用比较复杂，司法实践中主要表现为以下三种情形。① 第一种情形，国家工作人员单独构成受贿犯罪，"特定关系人"不构成受贿犯罪。国家工作人员收取财物后转送特定关系人或授意请托人将财物给予特定关系人的情况下，若特定关系人仅仅明知行贿人给予财物的来源和性质而予以接受但没有其他参与行为，则不构成受贿罪的共犯。此时，该特定关系人的行为只是一种单纯的事后享受犯罪所得。国家工作人员明知财物的性质而明示、暗示或认可由"关系人"接受财物，属于对受贿财物的处分，不影响其"非法收受他人财物"或"索取他人财物"行为的认定。第二种情形，国家工作人员与"特定关系人"共同构成受贿犯罪。"特定关系人"主观上与国家工作人员有共同受贿的故意，客观上与国家工作人员互相配合，通过教唆、帮助等方式共同完成受贿犯罪的行为。第三种情形，国家工作人员不构成犯罪，"特定关系人"单独构成利用影响力受贿罪。主要是在国家工作人员不知情的情况下，特定关系人索取、收受贿赂，并利用国家工作人员职务上的地位为他人谋取不正当利益。

司法实践中存在着人托人的贿赂串案或连环贿赂案。例如甲托乙，乙托丙，事后甲贿赂乙，乙贿赂丙。如果乙与丙心照不宣，丙收了乙送的财物，也知道乙收了甲的财物，那么乙与丙主观上存在共同受贿的意图，客观上具有共同的受贿行为，成立共同受贿罪，共同对受贿总额承担责任。如果丙收取乙送的财物但不知乙收了甲送的财物，且不能证明乙与丙之间有犯意联络，则乙与丙缺乏共同受贿的故意，丙只对其本人收取的财物负责，二者不构成贿赂共犯，乙和丙应当分别认定。丙无疑构成受贿罪，行贿人是乙；而对于乙的认定，取决于其身份。若乙为国家工作人员，属于斡旋受贿，反之构成利用影响力受贿罪。

受贿罪和利用影响力受贿罪的主要区别在于利用的因素不同。前者利用的是本人的职权，而后者利用的是除职权之外的基于各种因素而产生的影响力。以此为准，就职前和离职后受贿都应当属于利用影响力受贿罪。

---

① 参见石莹莹《贿赂犯罪主体的再探究——以利用影响力受贿罪为视角》，《安徽警官职业学院学报》2012 年第 3 期。

（二）　贿赂罪共犯与介绍贿赂罪的界限

仅从一般意义上看，所有的介绍贿赂行为都包含行贿罪、受贿罪中的帮助、撮合等促成行为，属于行贿、受贿的帮助行为。在行贿与受贿之间，介绍人总是有倾向性地帮助某一方，或者帮助行贿方，或者帮助受贿一方，进而或者成立行贿罪的共犯，或者成立受贿罪的共犯。但是，根据中国刑法的规定，介绍贿赂是一种独立的犯罪。

对于如何区分介绍贿赂罪与行贿受贿罪的共犯，有学者提出"单独利益主体说"①。该说认为，介绍贿赂人是单独的利益主体，而共犯则不具有单独利益。从主观意图看，行贿方一般情况下谋取的是与己方有直接利害关系的利益，其向国家工作人员行贿的目的就是获得该利益，受贿方主观上是为了利用自己职务换取贿赂财物，而介绍贿赂人与行贿人所谋取的利益通常并没有直接利益关系，不具有与行贿人共同谋取不正当利益的目的，该不正当利益的实现与否对行为人并不重要。与受贿人的目的不同，介绍贿赂人没有获取贿赂款物的主观故意，而是为了获取中介费用、出于人情原因等与贿赂款物不同的利益。从获取的实际利益看，行贿人获取的是通过受贿人职务行为实现的物质或非物质利益，该利益与职务行为有密切关系，是实际利益；受贿人获取的是行贿人给予作为其职务行为对价的贿赂款物；介绍贿赂人获取的是不同于行、受贿双方所得的利益，对于有偿介绍而言，介绍贿赂人实际获取的利益是行贿人或受贿人支付的中介费用；对于无偿介绍来说，介绍贿赂人获取的是人情利益。因此，应当以行为人是否获得既定利益为标准来认定介绍行为的法律性质：帮助受贿并参与分赃的，成立受贿罪的共犯；帮助行贿并为了谋取自己不正当利益的，成立行贿罪的共犯；帮助受贿但没有分赃，帮助行贿却不是为了自己谋取不正当利益的，成立介绍贿赂罪。如果行为人既是行贿或受贿犯罪的帮助者、教唆者，又予以介绍贿赂的，则应按照数罪并罚原理处罚。

实际上，苏联刑法实务界和理论界对于介绍贿赂罪和贿赂共犯的区分早就有细致的规定和深入的探讨。② 1962 年 7 月 31 日苏联最高法院全体会议在《关于贿赂案件的审判实践》决议中指出："中介人系指应

---

①　参见卢勤忠《商业贿赂犯罪研究》，上海世纪出版集团 2009 年版，第 144—147 页。

②　参见［苏联］E. B. 沃尔仁金《贿赂中介之定罪问题》，单周华译，《国外法学》1981年第 3 期。

行贿人或受贿人之请求或委托行事、协助达成或实施行贿受贿协议的人。"据此，被认定为贿赂中介人的是指这类人，他们根据行贿人或受贿人的主动意图，或者协助贿赂双方建立联系，达成行贿受贿协议（所谓"脑力中介"）；或者直接转递贿赂物（"体力中介"）。理论界据此定出了区分贿赂中介与行贿受贿共犯两个标准。首先，中介人不同于行贿受贿的从犯和教唆犯，他必须与贿赂行为的两个主体均有联系；其次，中介人不同于行贿受贿的教唆犯和组织者，其行为非因自己的主动意图，而是根据行贿人或受贿人的请求或委托。如果行为人帮助的仅仅是行贿人，或仅仅是受贿人，那么他就是有关犯罪的普通共犯和从犯。1977 年 9 月 23 日苏联最高法院全体会议《关于贿赂案件的审判实践》决议对介绍贿赂作了更为狭窄的界定并替代了 1962 年 7 月 31 日的同名决议。新决议规定，"中介人系指根据行贿人或受贿人的委托行事并直接转递贿赂物之个人"。根据该决议，介绍贿赂罪不包括不同类型的脑力中介如串通行贿人和受贿人、转达协议条件等，因其被当作贿赂共同犯罪。法院在区别贿赂中介与贿赂共同犯罪时，应当注意以下两点：一是行为的性质，二是犯罪主体根据谁的主动意图行事。中介人非依自己的主动意图而是按行贿人或受贿人的委托行事，并将行贿人的行贿物直接转交给受贿人。中介人只是他未参与的贿赂协议的体力执行人。如果他以任何形式帮助达成协议，则无论他是根据哪一方的主动意图参与了贿赂活动，均构成了贿赂共犯。苏联刑法学界对上述司法解释的正确性提出了质疑。首先，与贿赂两个主体同时发生联系这一区别行贿受贿中介犯与其同谋犯的首要标准在该决议中不复存在。其次，如果只把直接转递贿赂物的人看作中介人，就无法包含危害最重的一种贿赂中介罪，即公职人员利用自己的职权实施的中介罪。

（三）国家工作人员和公司、企业人员共同受贿的认定

根据中国刑法第 163 条和第 385 条的规定，非国有公司、企业的工作人员利用职务上的便利，索取他人财物或者非法收受他人财物，为他人谋取利益，数额较大的，构成非国家工作人员受贿罪；而国家工作人员，包括国有公司、企业中从事公务的人员和国有公司、企业委派到非国有公司、企业中从事公务的人员索取财物或非法收受他人财物的，则构成受贿罪。也就是说，上述两类人员由于身份不同，实施同一行为时分别构成不同的犯罪。

对于这两类主体共同实施受贿行为时如何定性，国内存在"主犯决定说""从一重处断说""分别定罪说""部分犯罪共同说"以及"社会危害性说"五种观点。[①]"主犯决定说"主张依据主犯所触犯的罪名定罪。2000 年 6 月 27 日最高人民法院《关于审理贪污、职务侵占案件如何认定共同犯罪的几个问题的解释》第 3 条明确规定："公司、企业或者其他单位中，不具有国家工作人员身份的人与国家工作人员勾结，分别利用各自的职务便利，共同将本单位财物非法占为己有的，按照主犯的犯罪性质定罪。"该司法解释虽然针对的是贪污案和职务侵占案，但从法理上讲同样适用于作为职务犯罪的贿赂犯罪。"从一重处断说"认为，共同犯罪的社会危害性决定了从一重处断原则的合理性，而且操作简便。"分别定罪说"从身份犯的角度出发，主张严格依照刑法分则规定的相关罪名定罪。2008 年最高人民法院、最高人民检察院《关于办理商业贿赂刑事案件适用法律若干问题的意见》明确采用了此种原则："非国家工作人员与国家工作人员通谋，共同收受他人财物，构成共同犯罪的，根据双方利用职务便利的具体情形分别定罪追究刑事责任：（1）利用国家工作人员的职务便利为他人谋取利益的，以受贿罪追究刑事责任。（2）利用非国家工作人员的职务便利为他人谋取利益的，以非国家工作人员受贿罪追究刑事责任。（3）分别利用各自的职务便利为他人谋取利益的，按照主犯的犯罪性质追究刑事责任，不能分清主从犯的，可以受贿罪追究刑事责任。""部分犯罪共同说"主张综合考虑实行犯的犯罪性质、各行为人的行为所触犯的罪名以及共同犯罪人的核心角色来确定共同犯罪的性质。"社会危害性说"主张按照行为的社会危害性来确定。

"主犯决定说"将定罪和量刑本末倒置，存在明显逻辑错误，因为区分主犯与从犯的目的是解决量刑的轻重，而定罪是其前提。"从一重处断说"不顾犯罪的主客观事实，功利有余而公正不足。部分共同犯罪说和社会危害性说采取折中的立场，看似面面俱到，实则标准并不明确，缺乏可操作性。因此，应当以"分别定罪说"为基础，以对价关系为核心来决定如何定罪。采取"分别定罪说"，并不是一概以主体身份论罪，而是主要考虑行为人客观行为的性质。无论受贿罪还是非国家工作人员受贿

[①]　赵秉志、许成磊：《贿赂罪共同犯罪问题研究》，《国家检察官学院学报》2002 年第 1 期。

罪，其本质相同，都是权钱交易，如何定罪，关键在于确定财物是作为何种"权力"或职务行为的对价进行交易。国家工作人员和非国有公司、企业人员共同受贿，若只利用了一方职务上的便利，则以所利用的职务行为的性质定罪，双方成立受贿罪或非国家工作人员受贿罪的共同犯罪；如果双方分别利用各自职务上的便利受贿，则各自依其身份分别以受贿罪和非国家工作人员受贿罪定罪处罚。①

第三节　中外贿赂犯罪罪数形态之比较

一　各种贿赂犯罪交织时的罪数形态

贿赂犯罪是一类犯罪的统称。当同一案件中各种具体贿赂犯罪互相交织时，属于一罪还是数罪？具体而言，主要包括以下两种情形。

第一种情形是行为人以数种不同的身份受贿的罪数认定。即国家机关、国有公司、企业、事业单位、人民团体中从事公务的人员收受了贿赂，同时又作为直接负责的主管人员或其他责任人员，参与了本单位收受同一行贿人为谋取同一利益而给付的财物的决意，是否数罪并罚的问题。此时，应该对行为人以受贿罪和单位受贿罪实施数罪并罚，因为虽然行贿人的目的相同，但行为人作为个人和单位人员的受贿行为在客观方面是两个独立的行为，也具有两个罪的故意，两个行为均各自符合了受贿罪及单位受贿罪的构成要件。②

与受贿犯罪相对应，行贿犯罪也涉及罪数形态问题。如果为了谋取同一利益，行贿人既向国家机关、国有公司、企业、事业单位、人民团体行贿，又向国家机关、国有公司、企业、事业单位、人民团体中从事公务的人员行贿，其处理原则与受贿行为类似：虽然行为人两个行为目的一致，但在不同的犯罪故意支配下实施了两个独立的行贿行为，应该以行贿罪和对单位行贿罪实施数罪并罚。

第二种情形是行为人身份改变前后连续受贿，即行为人跨越国有企业改制前后连续受贿的罪数认定。这一问题是由于司法解释改变了行为人的

---

① 莫洪宪、叶小琴：《论贿赂犯罪形态》，《甘肃政法学院学报》2005 年第 5 期。
② 同上。

主体身份，从而引起了犯罪性质的变化。根据 2001 年 5 月 26 日最高人民法院《关于在国有资本控股、参股的股份有限公司中从事管理工作的人员利用职务便利非法占有本公司财务如何定性问题的批复》，行为人连续实施非法收受他人财物的行为，在企业改制前，行为人的身份为国家工作人员，对其收受贿赂的行为，应依照受贿罪定罪处罚；但在企业改制后其身份又变为公司、企业人员，对其收受贿赂的行为，应依照公司、企业人员受贿定罪处罚。

值得注意的是，1998 年 12 月 2 日最高人民检察院《关于对跨越修订刑法施行日期的继续犯罪、连续犯罪以及其他同种数罪应如何具体适用刑法问题的批复》（以下简称《批复》）的处理原则是按照修订刑法以一罪处罚。那么，跨越国有企业改制前后连续受贿的行为，能否参照该司法解释的处理原则呢？这两种情况虽有相似之处，但有本质区别。1998 年的《批复》针对的是同种数罪，解决的因为法律修改所引起的法律适用问题；而 2001 年的《批复》发布后所产生的问题，则在于其已经改变了犯罪构成要件的认定标准，前后两类行为，在法律上实质上已经属于异种数罪。因此，行为人跨越 2001 年 5 月 26 日实施的受贿行为，应分别定罪，按照受贿罪和公司、企业人员受贿罪实行数罪并罚。与此相应，跨越国有企业改制前后的连续行贿行为、单位行贿行为，也应该分别以行贿罪，对公司、企业人员行贿罪和单位行贿罪，对公司、企业人员行贿罪实施数罪并罚。

此外，2001 年的《批复》实际上已经将国有资本参股、控股的公司、企业排除在国有公司、企业范围之外。因此，与此相对应的跨越企业改制前后连续实施的对单位行贿行为、单位受贿行为也应该秉承同样的处理原则：连续对单位行贿的行为，只能以对单位行贿罪一罪进行处罚，追究行贿人 2001 年 5 月 26 日之前实施的对单位行贿行为的刑事责任；单位连续的受贿行为，也只能以单位受贿罪一罪进行处罚，追究受贿单位 2001 年 5 月 26 日之前实施的受贿行为的刑事责任。

二　贿赂犯罪与其他渎职犯罪交织时的罪数形态

在司法实践中，国家工作人员受贿的同时往往伴随着滥用职权等其他渎职犯罪，受贿罪和其他渎职犯罪在刑法适用上的关系极为密切，厘清二者的关系，对于贯彻罪刑法定原则和罪刑均衡原则，改变中国刑法在罪数认定方面的混乱局面，具有十分重要的理论和实践意义。鉴于各国刑法关于贿赂犯罪和渎职犯罪的罪名设置不尽相同，在此首先有必要对其加以梳理。

（一）各国关于贿赂犯罪、渎职犯罪及二者关系的立法比较

在中国刑法中，狭义的渎职罪中与受贿罪相关的主要是滥用职权罪。滥用职权罪，是指国家机关工作人员超越职权，违法决定、处理其无权决定、处理的事项，或者违反法定程序处理公务，致使公共财产、国家和人民利益遭受重大损失的行为。滥用职权罪的保护法益包括两个方面的内容，一是国民对公务的公正性信赖这一国家法益，二是滥用职权行为的对方的个人法益。① 从法益保护的角度看，并非所有渎职罪均以徇私为必备要件。这一点在《唐律疏议》中体现得十分清楚。《职制》篇所规定的"有所请求"就涉及以枉法为目的但不以"徇私"或"受财"为要件的渎职罪："诸有所请求者，笞五十。主司许者，与同罪。已施行者，各杖一百。即监临、势要，为人嘱请者，杖一百。所枉重者，罪与主司同。"② 在此罪之后，《职制》篇紧接着规定了"受财为请求""有事以财行求""监临主司受财枉法"等一系列行贿和受贿犯罪。不难看出，《唐律疏议》中渎职罪与贿赂罪的主要区别在于是否"受财"，即收受财物。

根据是否以徇私为要件，中国刑法规定的渎职罪可以划分为徇私舞弊型渎职罪和非徇私舞弊型渎职罪。刑法第 397 条第 2 款针对滥用职权罪和玩忽职守罪设置了一个加重情节，即徇私舞弊。此外，刑法还规定了若干其他徇私舞弊型渎职犯罪，如徇私枉法罪，徇私舞弊减刑、假释、暂予监外执行罪，徇私舞弊不移交刑事案件罪，徇私舞弊不征、少征税款罪，徇私舞弊发售发票、抵扣税款、出口退税罪，商检徇私舞弊罪，动植物检疫徇私舞弊罪，招收公务员、学生徇私舞弊罪等。非徇私舞弊型渎职犯罪不以"徇私"为要件，例如环境监管失职罪、私放罪犯罪等。渎职罪中与贿赂犯罪纠缠不清的主要是徇私舞弊型渎职犯罪。

与中国刑法相似，《俄罗斯联邦刑法典》设有滥用职权罪，并将"徇私"作为该罪的构成要件。该法第 285 条规定："公职人员违背公务利益

---

① 张明楷：《外国刑法纲要》，清华大学出版社 1999 年版，第 773 页。

② 曹漫之主编：《唐律疏议译注》，吉林人民出版社 1989 年版。

而行使其职权，如果这种行为是出自贪利动机或其他个人利害关系，并严重侵犯公民或组织的权利和合法利益，或者社会或国家受法律保护的利益的，处……"该法第286条规定了逾越职权罪，第290条和第291条规定了受贿罪与行贿罪，第293条规定了玩忽职守罪。此外，该法在第三十一章"违反公正审判的犯罪"中，还专门规定了一些司法人员滥用职权的犯罪，如对明知无罪的人追究刑事责任（第299条），非法拘捕、拘禁和羁押（第301条），逼供（第302条），做出明显不公正的刑事判决、民事判决或其他审判文书（第305条）等。但是，上述罪名并无"徇私"的要求。

与中国和俄罗斯不同，许多西方国家并没有设置专门的徇私舞弊型滥用职权罪。《德国刑法典》中的渎职犯罪主要规定在第三十章"职务中的犯罪行为"。该章除在一开始规定贿赂犯罪之外，还规定了乱用法律罪、职务中的身体侵害、逼供、追究无责任者、对无责任者的执行、职务中的虚假记载、超收费用、超收税款、国外职务中的背信、职务秘密和特别的秘密保守义务的侵害、对法院审理活动的禁止性传达、税务秘密的侵害、（律师）背叛当事人、引诱属员实施犯罪行为等罪名，但是没有关于徇私舞弊型的滥用职权罪。《法国刑法典》中的渎职犯罪主要集中在第二章"由履行公职的人实施的危害公共行政管理罪"。该章分为"针对行政部门滥用权势罪""针对个人滥用权势罪""违反廉洁义务罪"三节，其中的具体罪名均没有以"徇私"作为构成要件。《日本刑法典》第二十五章"渎职罪"中主要规定了滥用职权罪和贿赂罪。其中滥用职权罪并未涉及"徇私"因素。该法第193条规定了公务员滥用职权罪："公务员滥用职权，使他人履行没有义务履行的事项，或者妨害他人行使权利的，处二年以下惩役或者监禁"；第194条针对司法人员等犯"特别公务员滥用职权罪"设置了更重的法定刑。

值得一提的是，《意大利刑法典》专门就徇私舞弊作了规定，但是对于"徇私"的范围有所限制。该法第二章"侵犯公共管理罪"第一节"公务员侵犯公共管理的犯罪"对渎职罪做了集中规定。该节首先规定了贪污罪和贿赂犯罪，然后规定了其他一些具体的渎职犯罪。特别地，该法第323条规定："除行为构成更为严重的犯罪外，公务员或受委托从事公共服务的人员，在行使职务或服务时，违反法律或条例的规定，在涉及本人或近亲属利益时或者在法律规定的其他情况下，不实行回避的，有意为自己或其他人获取不正当的财产利益的，或者对他人造成非法损害的，处6个月至3年有期徒刑。如果上述利益或损害明显重大，刑罚予以增加。"仅从字面含义看，这里有两点值得注意：首先，该条明确指出在该罪与其他罪名出现法条竞合时适用重法优于轻法的原则；其次，该条之罪成立的前提是行为人负有回避义务。也就是说，该罪所包含的"徇私"因素的范围受到回避义务的限制。

作为非法交易，受贿人要取得贿赂，往往需要以对行贿人有利的方式行使职权。从性质上说，可以分为不违背职责为他人谋利和违背职责为他人谋利。那么，受贿罪中违背职责为他人谋利的行为是否以不构成另一犯罪为限？从各国的立法规定看，多数国家都对违背职务的程度有所限制。总的来说，大致有以下三种限制方法：① 第一，限定行为的性质，但对结果不作规定。例如苏联刑法，其最高法院解释明确指出"不包括构成另一犯罪的行为"。大多数社会主义国家都采用这种方法。第二，对结果作具体规定，由结果限定行为的性质和范围，或对行为和结果都作具体规定。前者如《意大利刑法典》第319条，后者如1810年《法国刑法典》的第181条和182条，这两条对受贿（行为）和故意错判（结果）规定的犯罪，包括了第183条"审判官或行政官，为偏袒或仇视当事人一方之决定"所规定的犯罪。第三，立法未规定结果，也未明确限制违背职务的程度，而由司法者或刑法理论来解释其中违背职务的行为是否包括另一犯罪行为。德国刑法及台湾地区刑法采用此种方式。《西班牙刑法典》曾将此种情形规定为受贿罪的加重情节。该法典曾根据对受贿人期待行为的性质，将公共部门的受贿犯罪划分为5种类型，并规定了不同的法定刑。依其严重程度，这5种类型分别是：构成犯罪的作为或不作为（第419条）、构成不正当行为的作为或不作为（第420条）、基于公职人员固有职责而成立的不作为（第421条）、基于公职人员固有职责而成立的作为（第425条）以及接受基于公职人员的职务或为使其履行法定行为而提供的贿赂（第426条）。2010年修订后的《西班牙刑法典》则在第419条关于背职受贿罪的规定中明确表示："其受贿行为或承诺行为触犯刑法其他规定的，按照数罪并罚处罚"。

中国刑法及相关司法解释关于受贿且渎职行为定性问题的规定几经反

---

① 汪进：《国外受贿罪立法比较》，《经济社会体制比较》1987年第2期。

复、比较混乱。1979 年中国刑法第 185 条规定："国家工作人员利用职务上的便利，收受贿赂的，处五年以下有期徒刑或者拘役。赃款、赃物没收，公款、公物追还。犯前款罪，致使国家或者公民利益遭受严重损失的，处五年以上有期徒刑。"据此，凡因受贿而造成严重后果的，均适用第 185 条第 2 款。与 1979 年刑法典不同，1988 年元月全国人大常委会《关于惩治贪污贿赂罪的补充规定》首次对此类情形确立了数罪并罚的原则。该规定第 5 条第 2 款明确规定："因受贿而进行违法活动构成其他罪的，依照数罪并罚的规定处罚。"1996 年 5 月最高人民法院《关于办理徇私舞弊犯罪案件适用法律若干问题的解释》第 6 条了类似规定："犯徇私舞弊罪并有受贿、刑讯逼供等行为构成犯罪的，应当依法按数罪并罚原则追究刑事责任。"1997 年刑法又退回了 1979 年刑法确立的原则。该法第 399 条第 4 款规定："司法工作人员收受贿赂，有前三款行为的，同时又构成本法第三百八十五条规定之罪的，依照处罚较重的规定定罪处罚。"1998 年 4 月 29 日最高人民法院《关于审理挪用公款案件具体应用法律若干问题的解释》再次确立了数罪并罚的原则。该解释第 7 条规定："因挪用公款索取、收受贿赂构成犯罪的，依照数罪并罚的规定处罚。"2001 年《最高人民法院刑事审判第一庭庭长会议关于被告人受贿后徇私舞弊为服刑罪犯减刑、假释的行为应定一罪还是数罪的研究意见》也认为，受贿后徇私舞弊为服刑犯减刑、假释的行为，同时符合受贿罪和徇私舞弊、减刑假释罪的犯罪构成，应当认定为受贿罪和徇私舞弊减刑、假释罪，实行两罪并罚。2013 年最高人民法院、最高人民检察院《关于办理行贿刑事案件具体应用法律若干问题的解释》也规定，行贿人谋取不正当利益的行为构成犯罪的，应当与行贿犯罪实行数罪并罚。2016 年 4 月 18 日起施行的最高人民法院、最高人民检察院《关于办理贪污贿赂刑事案件适用法律若干问题的解释》第 17 条规定："国家工作人员利用职务上的便利，收受他人财物，为他人谋取利益，同时构成受贿罪和刑法分则第三章第三节、第九章规定的渎职犯罪的，除刑法另有规定外，以受贿罪和渎职犯罪数罪并罚。"

（二）因受贿而渎职行为定罪问题的理论分歧

对于行为人利用职务便利收受贿赂并为他人谋取利益涉嫌其他渎职犯罪的定性，中国刑法理论界目前主要存在法条竞合一罪说、想象竞合一罪说、法益包容一罪论、牵连犯一罪说以及实质数罪说五种观点。①

　　法条竞合一罪论认为，受贿罪是对受贿及其相关行为全面的评价，这种评价已经包含可能涉及渎职罪的相关行为。收受财物构成受贿罪要以"为他人谋取利益"为要件，如果"为他人谋取利益"的行为构成犯罪，本身就属于受贿罪的内容。具体而言，受贿犯罪主体范围包含渎职犯罪，为他人谋取利益要件包含渎职行为要件，受贿犯罪与渎职犯罪形成全部法包容部分法的法条竞合关系。受贿作枉法裁判既符合受贿罪的构成要件又符合徇私枉法罪的构成要件。司法工作人员徇私枉法，完全可以评价为国家工作人员（司法工作人员的上位概念），利用职务（行使司法权）之便，非法收受他人财物（徇私），为他人谋取利益（枉法裁判），属于特别法与普通法独立竞合的情形，只是徇私枉法罪限定为他人谋取利益的方式为枉法裁判。刑法第399条第4款"依照处罚较重的规定定罪处罚"的规定属于注意性规定。反对者认为，受贿并渎职的行为不符合法条竞合的条件。首先，受贿犯罪与渎职犯罪的部分构成要件互为包容，不能将受贿且渎职行为认定为法条竞合犯。受贿犯罪为他人谋取利益要件能够包容渎职犯罪的行为要件；同时，渎职犯罪中的徇私要件包括私利、私情等多种形式，完全可以包容受贿犯罪收受他人财物要件。其次，法条竞合要求行为人只实施了一个犯罪行为而在形式上符合两罪的犯罪构成，而对收受他人财物的行为和渎职行为应当评价为数行为；而且如果独立评价收受贿赂的行为，受贿犯罪关联行为就在实际意义上构成了两个犯罪而不是形式意义上的数罪了。

　　想象竞合一罪论认为，为他人谋取利益要件同时符合受贿罪和渎职犯罪的客观要件，在观念上产生竞合，应当根据想象竞合原理从一重罪论处。刑法第399条第4款规定的"司法工作人员贪赃枉法行为构成受贿罪"的情形中的具体枉法行为就属于受贿罪中的为他人谋取利益的构成要件要素，属于一行为侵害数法益的情况，完全符合想象竞合犯的特征。反对者认为，受贿且渎职的行为不符合想象竞合犯的条件。首先，想象竞合犯体现为认定一罪有余而两罪不足，所触犯的数个罪名具有同时性。受贿并渎职的行为，可以构成两个独立罪名，不涉及两罪不足的问题。而且

---

　　① 参见谢杰《受贿且渎职行为的罪数形态与处断标准》，《贵州警官职业学院学报》2010年第6期。

这两种行为往往不会同时发生，收受财物后经常会间隔很长时间再实施渎职行为，这与想象竞合犯并不相符。其次，想象竞合存在的前提是行为人实施了单一的犯罪行为，同时触犯了数个罪名。收受财物行为和滥用职权行为是两个性质截然不同的行为，且两行为由不同的法条分别规定了不同罪名。

法益包容一罪论认为，受贿犯罪与渎职犯罪同属职务犯罪，本质上均属于对信托权益的侵犯，评价的是同一种法益，出现犯罪行为竞合时，应当按照重罪定性。1979 年的中国刑法将受贿罪设置为滥用职权的渎职犯罪，表明受贿罪与渎职罪两罪在立法沿革上具有相同或者至少是极为相近的法益定位。反对者认为，受贿犯罪与渎职犯罪的法益是具有不同内涵的社会利益，不能统一归纳为信托权。从英美刑法对于受贿犯罪、渎职犯罪等职务犯罪保护法益的相关论述以及立法上采纳的意见来看，信托权益保护确实是职务犯罪的核心法益。但是，根据中国刑法的规定，渎职犯罪绝大多数以发生"重大损失"为要件，在信托权益受到现实侵害的情况下才能追究刑事责任；而受贿犯罪中的"为他人谋取利益"要件决定了即使行为人为请托人谋取合法利益；其受财行为仍然对信托权益构成威胁，应当追究刑事责任。所以，尽管两罪的保护法益在一定程度上均可解释为信托权益，但具有不同的实质违法性内容。

牵连犯一罪论认为，受贿并渎职的行为存在原因与结果、手段与目的间的因果联系，符合牵连犯的要求，应以行为人所牵连触犯的数个罪名中的重罪定罪处罚，刑法第 399 条第 4 款的规定从立法上确认了受贿且渎职行为属于牵连犯并应当从一重罪论处的认定规则。反对者认为，受贿行为与渎职行为的结合主要表现为在利用职务上的便利索取或者收受贿赂后滥用职权、玩忽职守，在逻辑上确实可以认为渎职属于手段受贿属于目的，形成牵连关系。但是，成立刑法上牵连犯的前提是存在事实上的数罪，而且应当是能够单独成立犯罪的独立数罪，基于数罪之间在犯罪构成上的支配与被支配、服务与被服务的牵连关系，从而形成牵连犯这一特殊的罪数形态。受贿且渎职行为在事实上仅符合一个犯罪构成（受贿犯罪或者渎职犯罪），在行为上没有数罪的事实特征，只是在罪名上牵涉了受贿罪与渎职罪之间的重合。

实质数罪论认为，受贿罪与其他渎职犯罪的犯罪构成不同，属于相互独立的犯罪，应当数罪并罚。1998 年最高人民法院《关于审理挪用公款案件具体应用法律若干问题的解释》第 7 条规定，因挪用公款索取、收受贿赂构成犯罪的，依照数罪并罚的规定处罚。从犯罪实质特征的角度分析，挪用公款行为本质上属于渎职罪的犯罪行为体系与罪质范围。受贿且挪用公款行为数罪并罚的定性规则实际上确认了受贿且渎职行为属于实质数罪。2001 年《最高人民法院刑事审判第一庭庭长会议关于被告人受贿后徇私舞弊为服刑罪犯减刑、假释的行为应定一罪还是数罪的研究意见》也明确采纳该种观点，认为受贿后徇私舞弊为服刑犯减刑、假释的行为，同时符合受贿罪和徇私舞弊、减刑假释罪的犯罪构成，应当认定为受贿罪和徇私舞弊减刑、假释罪，实行两罪并罚。受贿罪与徇私舞弊减刑、假释罪的犯罪构成明显不同，两罪既非法条竞合，也非牵连关系。受贿罪中后续性的滥用职权"为他人谋取利益"的行为构成犯罪时，按照数罪并罚的原则论处。[①] 刑法第 399 条第 4 款从一重罪处断的规定是特别规定，对其他受贿又渎职的行为不能适用，应予数罪并罚。[②]

三　因受贿而渎职行为罪数形态的准确界定

要弄清楚贿赂犯罪与其他渎职犯罪交织时的罪数形态，必须明确以下两个问题：第一，受贿罪与渎职罪各自所要保护的法益；第二，受贿罪与渎职罪两种构成要件之间的关系。

受贿罪本来就是一种职务犯罪，属于渎职罪的范畴。渎职罪是国家机关内部成员的腐败行为与侵害国家作用的行为，它大致可分为滥用职权罪和贿赂罪。[③] 但是受贿罪与其他渎职犯罪如滥用职权罪是同类犯罪而非同种犯罪。首先，受贿罪虽然也涉及对职权的滥用，但它更为强调的是收受贿赂的行为，即以权谋私；而滥用职权罪强调的是对权力的滥用及其造成的严重后果，至于滥用权力的起因并非本罪的重点而且并不局限于谋取私利。可以说受贿是滥用权力行为的一种。其次，滥用职权罪属于结果犯而受贿罪属于行为犯。根据刑法第 397 条的规定，滥用职权罪的构成要件中要求具有"致使公共财产、国家和人民利益遭受重大损失"这一特定结

---

① 于志刚：《受贿后滥用职权的罪数》，《国家检察官学院学报》2009 年第 5 期。

② 黄国盛：《受贿后实施渎职行为的罪数分析——兼论刑法第 399 条第 4 款的理解与适用》，《中国刑事法杂志》2010 年第 1 期。

③ 张明楷：《外国刑法纲要》，清华大学出版社 1999 年版，第 773 页。

果，而受贿罪无此要求。最后，滥用职权罪存在着直接的被害人，而贿赂犯罪不存在直接的被害人，前者仅用国家法益不能说明，后者可以仅用国家法益来说明。① 对比受贿罪和渎职罪的本质及其保护法益，可以发现受贿罪的罪质特征表现为权钱关系之间的腐败交易，而渎职罪的罪质特征表现为由于放弃权力的正当行使而导致社会利益遭受重大损失，所以应当从权力受金钱腐蚀程度的角度剖析受贿犯罪，集中打击基于权力腐败谋取巨额私利行为，而对于渎职罪应当集中惩治基于权力滥用导致巨额损失行为。

（一）滥用职权罪的实行行为及后果能否作为受贿罪的"情节"对待

对于受贿罪中的"情节"与滥用职权罪的行为及后果之关系，中国刑法理论和司法实践中存在相当的争议，较有代表性的观点有三种。第一种观点认为，滥用职权的"行为"本身是受贿罪的"情节"。该观点主张直接把受贿后再滥用职权的行为作为受贿罪的量刑"情节"来认定，只要有滥用职权的行为，就根据滥用职权行为的轻重来认定"情节"的严重与否。此种做法就是直接把滥用职权的行为作为受贿罪处罚时的一部分来考量，而对滥用职权行为本身不再给予单独的考量。第二种观点认为，滥用职权行为的"后果"即"造成重大损失"的结果本身是受贿罪的量刑情节。滥用职权罪属于结果犯，要构成犯罪须具备造成重大损失的事实，此事实可以作为受贿罪的量刑情节中的"情节特别严重"。也就是说，受贿后再滥用职权的行为如果造成国家或者社会利益损失的，可以作为受贿罪的"情节"考量。第三种观点认为，滥用职权的"行为"和"结果"本身均不得作为受贿罪的"情节"对待。一个犯罪中的"情节"，绝对不能是某种已经被刑法另行设置为"犯罪行为"的行为，否则就是对该犯罪行为的"降格"评价。② 因此，受贿罪中的为他人谋利行为只能是一般的谋利行为而不应该包括滥用职权罪的实行行为。同时，一罪的构成要件性"犯罪结果"，也不宜被再次评价为另一罪的"量刑情节"。首先，会造成重复评价。如果对于受贿后再滥用职权"为他人谋取利益"构成犯罪的行为，按照刑法第399条第4款"依照处罚较重的规定定罪处罚"评价为一罪即按照受贿罪定罪量刑，必然会造成把"国家或者社会

---

① 张明楷：《外国刑法纲要》，清华大学出版社1999年版，第773页。

② 于志刚：《受贿后滥用职权的罪数》，《国家检察官学院学报》2009年第5期。

利益遭受重大损失"等后果再次评价为受贿罪中的"情节",从而导致量刑时的从严。其次,越过"滥用职权"的"行为"而在受贿罪中直接使用其"结果",存在严重的逻辑问题。受贿罪中收受贿赂后的滥用职权行为本身可以单独构成犯罪,其构成犯罪的条件之一是滥用职权所造成的"国家或者社会利益遭受重大损失"等后果;但是,由于定性为受贿罪,使得滥用职权的"行为"本身不再被评价,转而直接评价"滥用职权"行为所造成的损失即"后果"。①

上述前两种观点不无道理,而第三种观点失之偏颇。某一犯罪的"情节"涵盖另一犯罪的实行行为及后果的情况大量存在,而这正是所谓的法条竞合。根据现行的刑法规定,受贿罪与一般性的滥用职权罪以及各种具体的徇私舞弊型的滥用职权罪存在法条竞合关系,应当视具体情况依据特别法优于普通法或重法优于轻法的原则来处理。刑法第 397 条规定:"国家机关工作人员滥用职权或者玩忽职守,致使公共财产、国家和人民利益遭受重大损失的,处三年以下有期徒刑或者拘役;情节特别严重的,处三年以上七年以下有期徒刑。本法另有规定的,依照规定。国家机关工作人员徇私舞弊,犯前款罪的,处五年以下有期徒刑或者拘役;情节特别严重的,处五年以上十年以下有期徒刑。本法另有规定的,依照规定。"其中的"本法另有规定",即包括分则已经单独规定的特定渎职犯罪和受贿罪在内。《刑法修正案(九)》也明确将"使国家和人民利益遭受特别重大损失"与"数额特别巨大"一同作为受贿罪适用无期徒刑或死刑的条件。与之配套的最新司法解释也将"致使公共财产、国家和人民利益遭受损失"作为判断"其他较重情节""其他严重情节"以及"其他特别严重情节"的标准之一。

(二)受贿罪"收受他人财物"要件能否作为滥用职权罪的"徇私"要件对待

从实然的角度讲,滥用职权罪中的"徇私"要件涵盖了受贿罪"收受他人财物"的要件。1999 年最高人民检察院《关于人民检察院直接受理立案侦查案件立案标准的规定(试行)》将"徇私"表述为"为徇私情、私利",而"收受他人财物"显然属于徇私利。存在争议的是"徇私"要件的性质,即它属于客观要件还是主观要件的问题。主张徇私是

---

① 于志刚:《受贿后滥用职权的罪数》,《国家检察官学院学报》2009 年第 5 期。

徇私型渎职罪的客观构成要件要素的理由主要是让其在认定罪与非罪时发挥作用，避免将司法工作人员因业务水平不高造成错判的情形认定徇私枉法罪；把徇私作为犯罪动机对待，会导致其认定罪与非罪时起不到应有的作用，失去刑法分则明确规定"徇私"的意义，因为动机不属于必备要件，不影响定罪。① 这种观点显然是站不住脚的。首先，该罪的本质在于对司法机关的正常活动和司法公正的侵害，只要故意枉法其社会危害性程度就足以达到犯罪的程度。该罪的法条中已有两处规定了明知，两处规定了故意，明确将过失排除在外。对比民事、行政枉法裁判罪，法律虽无徇私的规定，但显然不可以对因法律水平不高造成错判的法官定罪。徇私枉法罪应当改称为刑事枉法裁判罪更为准确。其次，犯罪动机属于选择性构成要件。当某一犯罪的罪状中明确规定了犯罪动机时，它便属于该罪的必备要件，就如同犯罪时间、犯罪地点等要件一样。要求犯罪动机，表明该罪属于故意行为，进而已经将其与工作失误的过失行为区别开来。徇私舞弊型渎职犯罪是带有徇私动机的渎职行为，不仅具有滥用职权的故意而且具备徇私的动机，是比滥用职权型渎职犯罪主观恶性更大的犯罪。

（三）因受贿而渎职行为的罪质及其定罪处罚原则

判断罪数问题归根到底建立在判断犯罪构成数量的基础之上。在厘清了受贿罪和渎职罪各自的构成要件及其法理关系之后，对于受贿且渎职行为的罪质判定可以说是水到渠成。

收受他人财物和为他人谋取利益行为表面上呈现为两种行为，甚至其中任何一种行为都可能单独构成犯罪。例如，索取财物的受财行为可以独立构成受贿罪，为他人谋取非法利益可以独立构成枉法裁判罪、私放在押人员罪等渎职罪。但是刑法分则规定的受贿罪构成要件已明确包括受财行为、职务便利行为及为他人谋取利益的行为，肢解受贿罪的部分行为并置于其他犯罪的构成要件进行刑法判断，显然存在重复评价的问题。同样，从渎职构成要件的视角分析，收受财物的徇私利、滥用职权、造成重大损失同样也是渎职犯罪构成要件的当然内容。其中徇私一词包含徇私情、私利，也会涉及收受财物的行为。徇私舞弊型渎职犯罪中的徇私要件包括谋求非法收受他人财物的私利，各类渎职犯罪中的实行行为也包括利用职务上的便利为他人谋取非法利益。徇私与渎职是徇私舞弊类渎职犯罪不可缺

---

① 贾济东：《渎职罪构成研究》，知识产权出版社 2007 年版，第 233 页。

少的两个组成部分。对于渎职犯罪而言，收受他人财物并实施渎职行为为其谋利仍然是一个犯罪构成应当具有的全部内容。可见，受贿后徇私舞弊的行为，同时符合受贿罪与徇私枉法罪的构成要件。

为他人谋取非法利益的渎职行为虽然可以由渎职罪的构成要件所单独评价，但是该行为又与收受财物行为相结合被立法者纳入受贿罪的犯罪构成之中，由受贿罪的犯罪构成作出了整体评价。收受财物而滥用权力的特殊形式的"徇私舞弊"行为已经被定型化为专门的罪名即受贿罪。在受贿罪与徇私型渎职罪的关系中，两者在构成要件上存在包容关系。从主体上看，受贿罪的主体国家工作人员包含徇私型渎职罪的主体国家机关工作人员；从客观方面看，受贿罪的为他人谋取利益，包含渎职行为，即为他人谋取非法利益。但是徇私在内涵上包含徇私情、私利，而受贿罪法条中受贿的内涵只限于私利，且表现为财产性利益。① 因此，这种情况实际上是一个构成要件性单数行为，同时满足两个不同的犯罪构成，触犯了两个罪名，属于法条竞合。法条竞合是实质上的一罪，其适用原则包括"特别法优于普通法""复杂法优于简单法"以及"重法优于轻法"等。徇私型渎职罪与受贿罪之间既属于特别法与普通法的关系，因受贿罪既是特别法又是重法，故应适用受贿罪的法条定罪处罚。

法条竞合的实行行为并不局限于单一行为，复数行为亦无不可。"法条竞合，在本质上，为数个刑罚法规相互之间之竞合适用问题，其重点完全决定某犯罪事实是否仅依一个刑罚法规为一次之评价，至于其行为数究系一个或数个，并非法条竞合之重点所在，亦与可否成立法条竞合无关。"② 对于特定的犯罪行为而言，其行为整体虽然对应于单数犯罪构成，但往往可以内化为两个以上的部分行为。这在德国刑法理论上被称为"构成要件性行为单数"（tatbestandliche handlungseinheit）或者"组合型犯罪构成要件"（zusammengesetzte delikstatbestande），即法定构成要件把复数性的自然意志行为联结成法律社会影响性上的一个评价单位，只成立一个刑法意义上的行为。国内有人将其称为"复行为犯"。根据这一理论，司法者不能先把整体行为人为分割为部分行为，再通过分则罪名确定复数犯罪构成，而应当将犯罪行为作为整体考量其对应的犯罪构成。受贿

---

① 任彦君：《因受贿而渎职的罪数认定》，《法学评论》2010 年第 6 期。

② 甘添贵：《罪数理论之研究》，元照出版公司 2006 年版，第 99—100 页。

罪和徇私舞弊型渎职犯罪是典型的复行为犯，完全具备组合型犯罪构成要件的特征，属于构成要件性行为单数。受贿且渎职行为体系中的部分行为直接地、内在地相互连接，以至于作为个体的利用职务便利行为、为他人谋利的渎职行为、收受财物行为不能被单独处理。如果将其人为地切割开来分别认定为受贿罪或者渎职罪，本质上是对这种社会行为流程的不自然的分裂，同时又存在重复评价的疑问。那种认为只有一行为一法益的情况才适用禁止重复评价原则，行为复数或者法益复数都应当允许作数罪的宣告和处罚的观点显然是错误的。

当然，对受贿后滥用职权以一罪论并不意味着将其与普通受贿罪不加区分。因为在定罪相同的情况下，依然可以在一罪之内区分不同的犯罪情形，如对受贿后以"合法手段""非法手段"以及"犯罪手段"等"为他人谋取利益"进行分层级的独立评价并设置相应的轻重有别的基本法定刑和加重法定刑。这一点在《意大利刑法典》中得到了充分的体现。该法不但明显拉开了普通公务员（第 318 条履职受贿和第 319 条背职受贿）与司法人员受贿的法定刑，而且进一步区分了一般的司法受贿与因受贿而导致刑事错判的情况。该法第 319-3 条"在司法行为中受贿"规定，如果实施第 318 条和第 319 条列举的行为是为了帮助或者损害民事诉讼、刑事诉讼或者行政诉讼中的一方当事人，处 3—8 年有期徒刑。如果上述行为导致对某人不公正地判处 5 年以下有期徒刑，处以 4—12 年有期徒刑；如果导致对某人判处 5 年以上有期徒刑或者无期徒刑，处 6—20 年有期徒刑。

同时，在刑法分则已经对特定的滥用职权行为设置了专门的罪名，而其构成要件与受贿罪不存在竞合的情况下，应该认定为实质数罪并予以并罚。例如，帮助犯罪分子逃避处罚罪不包括徇私或受贿，只要有查禁犯罪活动职责的国家机关工作人员，向犯罪分子通风报信、提供便利，帮助犯罪分子逃避处罚的，就构成犯罪。这是一个独立的犯罪，与受贿行为没有包容和交叉关系，属于刑法上的两种行为，在行为人因受贿而帮助犯罪分子逃避处罚的情况下，构成实质的数罪，应分别以受贿罪、帮助犯罪分子逃避处罚罪实行数罪并罚。

综上所述，渎职罪与受贿罪并发或者交织包括徇私舞弊型渎职犯罪与受贿犯罪的交织和非徇私舞弊型渎职犯罪与受贿犯罪的交织两种情形，前者系法条竞合应从一重处，而后者系实质数罪应数罪并罚。

　　对于贿赂犯罪罪数形态产生争议的一个根源性问题，是对受贿罪和徇私舞弊型滥用职权罪各自的实行行为的确定存在分歧。受贿罪罪数形态的判定，关键取决于对"为他人谋取利益"这一要素的性质及其内容的确定。这里有两种解决思路：一种是将"为他人谋取利益"作为受贿罪的构成要件（包括基本构成和加重构成），对受贿后以合法手段、非法手段以及犯罪手段"为他人谋取利益"的，分别进行独立的层级评价并相应地设置轻重有别的法定刑。这样一来，因受贿而渎职的行为完全能够被受贿罪一罪充分并且恰当地评价，因而不得将其作为其他渎职罪再次评价，此时存在法条竞合。另一种思路是将"为他人谋取利益"完全排除在受贿罪的构成要件之外，或者限定"为他人谋取利益"的行为不包括分则已经设置独立罪名的犯罪行为。此时因受贿而渎职的行为明显构成两罪，自当数罪并罚。

第五章 中外贿赂犯罪之法定刑比较

第一节 贿赂犯罪法定刑种类比较

一 各国贿赂犯罪法定刑种类比较

从各国贿赂犯罪法定刑的刑种来看，大多以自由刑和罚金刑为主，辅之以资格刑。《德国刑法典》① 分则规定直接适用于贿赂犯罪的刑罚为自由刑和罚金刑，但不包括终身监禁。根据该法规定，公职人员背职受贿罪的基本法定刑为 6 个月以上 5 年以下自由刑或罚金（第 332 条），与之对应的行贿罪的基本法定刑为 3 个月以上 5 年以下自由刑（第 334 条），公职人员履职受贿罪以及与之对应的行贿罪的法定刑均为 3 年以下自由刑或罚金（第 331 条、第 334 条）；而私营部门行贿受贿双方的基本法定刑也均为 3 年以下自由刑或罚金（第 299 条）。

《德国刑法典》中的附加刑只有禁止驾驶一种，而剥夺公权的内容被规定为"附随后果"。该法第 45 条第（1）项规定："因犯重罪被判处 1 年以上自由刑的，丧失为期 5 年的担任公职和从公开选举中取得权利的资格。"在德国刑法中，作为附随后果，法院无权裁量而必须宣告。此外，《德国刑法典》关于"职业禁止"的保安处分，也包含类似资格刑的内容。该法第 70 条规定："因滥用职业或行业实施的违法行为，或严重违反有关义务实施的违法行为而被判处刑罚，或因证实无责任能力或不能排除无责任能力而未被判处刑罚的，对行为人和其行为进行综合评价后，认

---

① 最近一次修订于 2009 年 6 月 29 日，参见英译本 M. Bohlander, *The German Criminal Code, A Modern English Translation*, Oxford：Hart Publishing, 2008, 以及徐久生、庄敬华译《德国刑法典》，方正出版社 2004 年版。

为其继续从事某一职业或职业部门的业务，行业或行业部门的业务，仍有发生严重违法行为危险的，法院可禁止该人 1 年以上 5 年以下的期限内从事职业、职业部门的业务，行业或行业部门的业务。如认为职业禁止的法定最高期限仍不足以防止行为所造成的危险的，可永远禁止其执业。"

《法国刑法典》① 分则直接规定适用于贿赂犯罪的刑罚主要是监禁刑和罚金刑。该法第 432-11 条及第 433-1 条规定，公共部门的行贿罪和受贿罪的法定刑均为 10 年监禁并科 150000 欧元罚金；第 445-1 条和第 445-2 条规定，私营部门行贿罪和受贿罪的法定刑均为 5 年监禁并科 75000 欧元罚金；第 433-2 条规定，影响力交易罪中的行贿和受贿方均处 5 年监禁并科 75000 欧元罚金。法国刑法中资格刑的规定较为复杂，有属于自然人可处之轻罪刑罚的，也有属于附加刑的。根据第 131-3 条规定，第 131-6 条所规定的剥夺权利或限制权利之刑罚属于自然人可处之轻罪刑罚的一种。第 131-6 条所列之剥夺或限制权利的刑罚中，第 10 项涉及禁止从事某种职业性或社会性活动。第 131-9 条规定，作为轻罪刑罚的"监禁刑不得与第 131-6 条所规定的剥夺权利或限制权利之刑罚并科宣告……"同时，该法第 131-2 条规定，作为重罪之刑罚的"徒刑或拘押刑不排除罚金刑以及第 131-10 条所指一种或几种附加刑"。而第 131-10 条规定，"在法律有规定时，重罪或轻罪得处一种或几种附加刑；处自然人附加刑即意味着禁止权利、丧失权利或资格……"与意大利刑法中的资格刑不同，法国刑法规定资格刑必须以判决宣告确定。《法国刑法典》第 132-21 条规定，"不论何种相反规定，不得因刑事判决自然引起禁止第 131-26 条所指之公权、民事权及亲权的全部或一部"。

意大利、俄罗斯以及西班牙等国刑法在规定贿赂犯罪的分则条文中，除自由刑之外还规定了资格刑。《意大利刑法典》② 针对贿赂犯罪设置了有期徒刑和褫夺公职两种刑罚，褫夺公职属于附加刑，附加刑的适用是特定有罪判决自然的法定后果，除法律另有规定的情况外，不需要法官对附加刑的适用作专门的说明。根据该法第 317-2 条规定，犯索贿罪的应附加褫夺公职终身，但因存在减轻情节而适用 3 年以下有期徒刑的，意味着

---

① 修订于 2005 年 7 月 4 日，参见法国政府官方英译本 *French Penal Code*，http：//195.83.177.9/upl/pdf/code_ 33.pdf。

② 黄风译注：《最新意大利刑法典》，法律出版社 2007 年版。

暂时褫夺公职。根据该法第 28 条的规定，褫夺公职的内容包括：选举权和被选举权，以及一切其他政治权利；一切公共职务；监护人或保佐人职务；学术级别或职位、称号、勋章或其他公共荣誉标志；由国家或其他公共机构负担的薪金、抚恤金和补贴；一切与以上各项列举的职务、服务、级别、称号、身份、地位和勋章有关的荣誉性权利；担任或取得以上各项列举的任何权利、职务、服务、身份、级别、称号、地位、勋章和荣誉标志的权能。暂时褫夺公职的期限为 1—5 年。根据《俄罗斯联邦刑法典》[①]第 204 条和第 290 条的规定，受贿罪和行贿罪的刑罚种类包括罚金、剥夺自由以及剥夺一定期限内担任一定职务或从事某种工作的权利。向公务人员行贿的，除上述刑种之外，还包括强制劳动和拘禁。2010 年修订后的《西班牙刑法典》[②] 在自由刑和罚金刑之外，为各种受贿犯罪普遍设置了剥夺从事职业或担任公职权利的资格刑。该法第 419 条规定，犯背职受贿罪的，"处三至六年徒刑，并处十二个月至二十四个月罚金，特别剥夺其从事职业或担任公职的权利七年至十二年"。第 420 条规定，犯履职受贿罪的，"处二至四年徒刑，十二个月至二十四个月罚金，并剥夺其从事职业或担任公职的权利三年至七年"。

　　日本刑法中贿赂犯罪的法定刑包括有期徒刑和罚金两种。根据 2007 年修订的《日本刑法典》[③] 第 197 条、第 197 条之二、第 197 条之三以及第 197 条之四的规定，公务员犯单纯受贿、事前受贿、事后受贿、为第三人受贿以及斡旋受贿罪的，处 5 年以下有期徒刑；公务员犯受托受贿（即履职受贿）的，处 7 年以下有期徒刑；公务员犯加重受贿（即背职受贿）的，处 1 年以上有期徒刑。该法第 198 条规定，犯行贿罪处 3 年以下有期徒刑，或 2500000 日元以下罚金。

　　英国刑法针对贿赂犯罪设置的法定刑只有两种，即监禁刑和罚金刑。根据英国 2010 年《贿赂法》第 11 条的规定，自然人犯行贿罪、受贿罪以及贿赂外国公职人员罪，经简易程序定罪的，其法定刑均为 12 个月以

---

　　① 修订于 2004 年 12 月 28 日，参见英译本 *The Criminal Code of the Russian Federation*，http：//www. legislationline. org/documents/section/criminal-codes 以及黄道秀等译《俄罗斯联邦刑法典》，北京大学出版社 2008 年版。

　　② 潘灯译：《西班牙刑法典》，中国检察出版社 2015 年版。

　　③ 修订后于 2007 年 6 月 12 日生效，参见日本政府官方英译本 *Penal Code of Japan*，http：//www. cas. go. jp/jp/seisaku/hourei/data/PC. pdf。

下监禁，或者法定范围内的罚金，或者二者并用，经公诉程序定罪的，其法定刑均为 10 年以下监禁，或者罚金，或者二者并用；非自然人犯行贿罪、受贿罪以及贿赂外国公职人员罪，经简易程序定罪的，其法定刑均为法定范围内的罚金；经公诉程序定罪的，其法定刑均为罚金；犯商业组织懈于预防贿赂罪经公诉程序定罪的，其法定刑为罚金。

美国联邦刑法对贿赂犯罪规定的刑罚主要有监禁刑、罚金刑、剥夺公职和没收犯罪所得及其收益。《美国法典》第 18 编第 201 条规定，对于重型贿赂罪（背职贿赂罪），无论是行贿人还是受贿人都判处 15 年以下的监禁刑；而对于轻型贿赂罪（履职贿赂罪），无论是行贿人还是受贿人，都判处 2 年以下的监禁刑；无论背职贿赂罪还是履职贿赂罪，对犯罪人均可判处相当于有价物 3 倍以下的罚金。罚金刑既可以作为独立刑，也可以作为附加刑适用。该条还规定，对于犯有该条所规定的贿赂罪的公务员，可以剥夺其在美国保有的与名誉、信任、利益有关的公职的资格。由于背职贿赂罪与履职贿赂罪中公务行为受到影响的程度不同，这种褫夺公权的刑罚只适用于前者。《反海外腐败法》规定，对于违反贿赂条款的自然人主体可以判处 10 万美元罚金或不超过 5 年的监禁，或者两者并处；对于违反贿赂条款的非自然人主体可以判处 200 万美元罚金；对违反贿赂条款的自然人主体与非自然人主体可判处不超过 1 万美元的民事罚款（civil penalty）。《敲诈勒索与腐败组织法》（*The Racketeering Influencedand Corrupt Organization Act*）规定，对背职贿赂罪与履职贿赂罪的累犯，应没收犯罪所得利益，而且对于与贿赂行为有关而设立、经营、管理、参与的企业中的犯人所拥有的所有利益、请求权、财产权、债权等都必须予以没收。

对贿赂犯罪设置生命刑的主要是中国、泰国及越南等亚洲国家。1979 年中国刑法规定的受贿罪最高法定刑为 15 年有期徒刑。由于经济犯罪的增长，1982 年全国人大常委会《关于严惩严重破坏经济的罪犯的决定》将刑法 185 条受贿罪修改为"情节特别严重的，处无期徒刑或者死刑"。1997 年修订后的刑法规定受贿罪的最高法定刑为死刑，并处没收财产。《越南刑法典》[①] 第 279 条第 4 项规定，因受贿而有下列情形之一的，处 20 年有期徒刑、终身监禁或者死刑：（1）贿赂财产价值在 3 亿盾以上的；

---

① 米良译：《越南刑法典》，中国人民公安大学出版社 2005 年版。

（2）造成特别严重后果的。《泰国刑法典》① 第 148 条规定："公务员为了自己或者第三人，违背职务强迫或者诱使他人交付或者提供财物或者其他利益的，处 5 年至 20 年有期徒刑或者无期徒刑，并处 2000 至 4 万铢罚金，或者处死刑。"第 149 条规定："公务员、国会或者省议会议员为自己或者他人，而非法要求、收受或者同意收受财物或者其他利益，承诺执行或者不执行职务的，不论执行或者不执行职务是否非法，都处 5 年至 20 年有期徒刑或者无期徒刑，并处 2000 至 4 万铢罚金，或者处死刑。"美国的死刑只针对社会危害性较高的暴力性犯罪，贿赂犯罪中的死刑早已废除。

在中国内地刑法中，贿赂犯罪的法定刑以自由刑和生命刑为主，财产刑较为薄弱，资格刑很长一段时期纯属空白。长期以来，刑法典对贿赂犯罪没有规定罚金刑，直到 2015 年 8 月 29 日通过的《刑法修正案（九）》为贿赂犯罪普遍增设了罚金刑，但是仍然漏掉了非国家工作人员受贿罪。没收财产刑也只适用于犯罪比较严重的情形。根据《刑法修正案（九）》，受贿数额巨大或者有其他严重情节的，处三年以上十年以下有期徒刑，并处罚金或者没收财产；受贿数额特别巨大或者有其他特别严重情节的，处十年以上有期徒刑或者无期徒刑，并处罚金或者没收财产；数额特别巨大，并使国家和人民利益遭受特别重大损失的，处无期徒刑或者死刑，并处没收财产。在此之前，刑法规定受贿数额五万元以上的，可以并处没收财产；犯行贿罪，情节特别严重的，可并处没收财产。

由于驱逐出境和剥夺军衔只适用于犯罪的外国人和军人，中国刑法中具有普遍性的资格刑只有剥夺政治权利一种，但是刑法典分则涉及贿赂犯罪的条文中未明确规定剥夺政治权利，所以没有任何可以适用于贿赂犯罪的资格刑。直到《刑法修正案（九）》新设从业禁止，才填补了贿赂犯罪资格刑的空白。新增的刑法第 37 条之一规定："因利用职业便利实施犯罪，或者实施违背职业要求的特定义务的犯罪被判处刑罚的，人民法院可以根据犯罪情况和预防再犯罪的需要，禁止其自刑罚执行完毕之日或者假释之日起从事相关职业，期限为三年至五年。"

---

① 吴光侠译：《泰国刑法典》，中国人民公安大学出版社 2004 年版。

近年来，中国刑法对贿赂犯罪死刑立法方面呈现出逐步限制的趋势。根据刑法第 383 条和第 385 条的规定，受贿数额在十万元以上的，处十年以上有期徒刑或者无期徒刑，可以并处没收财产；情节特别严重的，处死刑，并处没收财产。《刑法修正案（九）》将此修改为："受贿数额特别巨大或者有其他特别严重情节的，处十年以上有期徒刑或者无期徒刑，并处罚金或者没收财产；数额特别巨大，并使国家和人民利益遭受特别重大损失的，处无期徒刑或者死刑，并处没收财产。"与此同时，为了增强刑法对贪污贿赂犯罪的威慑力，《刑法修正案（九）》创造性地确立了终身监禁制度："犯第一款罪，有第三项规定情形被判处死刑缓期执行的，人民法院根据犯罪情节等情况可以同时决定在其死刑缓期执行二年期满依法减为无期徒刑后，终身监禁，不得减刑、假释。"

二　贿赂犯罪刑罚种类的合理配置

刑法应当针对贿赂犯罪的特点合理设置刑种。总体而言，应当健全和完善贿赂犯罪的财产刑和资格刑，维持自由刑的中心地位，细化自由刑的幅度，严格限制并逐步取消贿赂犯罪的生命刑。

（一）　健全和完善贿赂犯罪的财产刑

在市场经济体制日益完善的今天，社会大众的价值观念已发生了深刻的变化。除人身利益之外，物质利益和经济利益也日益受到更大的重视，财产刑日益显示出其他刑罚方法不可替代的作用。尽管贿赂犯罪不属于纯粹的经济犯罪，但是其贪利性的特点却是不容忽视的，财产刑适用于贿赂犯罪可谓恰如其分：对于受贿罪而言，财产刑使受贿人最终一无所获；对于行贿人而言，财产刑可以削弱其经济实力，剥夺其犯罪能力，更为有效地预防其再犯。

在健全刑种的同时，应当合理搭配，处理好罚金刑与没收财产刑的关系。对受贿罪适用罚金刑并不表示犯罪分子缴纳罚金以后，其剩余财产就是合法财产。罚金刑与没收财产刑虽然都是财产刑，但其功效不尽相同。前者直接针对犯罪人货币形态的财产；后者指向包含不动产等非货币性财产利益在内的犯罪人的各种财产。没收财产刑是经济处罚上的极刑，具有部分不人道的因素，受刑人服刑完毕后可能因为无任何财产再次走上犯罪道路，这正是许多国家不设置没收财产刑的部分原因。而罚金刑可以克服没收财产刑的这种不足。因此，应当对具有基本情节的贿赂犯罪实行罚金刑必并制，对具有严重情节的贿赂犯罪实行罚金刑与没收财产刑选科制。

（二）健全和完善贿赂犯罪的资格刑

资格刑又称名誉刑、能力刑或权利刑。在我国，资格刑设置有着悠久的历史，如奴隶制刑法中的"不齿"，秦朝的"废""夺爵"，汉朝的"禁锢"，唐朝的"除免"，及至清朝末期与民国时期的"褫夺公权"。在西方，资格刑可以追溯到罗马时期。罗马法中规定了因犯罪行为会引起人格变更、名誉毁损，导致公民权利被限制和剥夺。

从当代世界刑事立法来看，应当健全和完善贿赂犯罪的资格刑。首先，资格刑的特殊预防功能是其他刑罚种类所无法比拟的。相比其他刑罚，资格刑几乎零成本，同时又具有极强的针对性，效果直接而且显著。其次，资格刑对于贿赂犯罪而言意义尤为重大。一方面，贿赂犯罪属于职务犯罪，受贿人都是借助手中的职权谋取私利，资格刑剥夺犯罪人的特定资格，消除其再次犯罪的条件，剥夺其再犯能力，对贿赂犯罪的预防更具有针对性。如果犯罪人利用自己的职业或某种身份进行犯罪活动，而服刑完毕后这种身份并没有丧失，仍可重操旧业，那么无论犯罪人还是社会，都难免产生法律苍白无力的感觉。另一方面，从人事管理和用人效果的角度看，受贿人利用公权力谋取私利，不能忠诚于公共职责，也不适宜再次担任国家职务。从司法实践中看，因贿赂犯罪被判处缓刑的公务员往往得以保留其公职身份，但是在漫长的职业生涯中，该公务员往往难以抵制诱惑，再次踏入受贿罪的泥沼。

对于贿赂犯罪而言，应当扩大资格刑的剥夺范围。首先应当增设禁止犯罪人从事特定职业、禁止担任特定职务等内容。由于公民从事社会活动具备的资格多种多样，资格刑要适应打击犯罪的需要，必须具有多样性，而非仅限于剥夺政治权利。其次，应当增加剥夺受贿人荣誉的内容。享有政治荣誉称号的国家公职人员一旦实施贿赂犯罪，不仅会对国家公共管理职能以及国家公共职务的廉洁性造成侵害，而且也辱没了国家对他在政治方面的高度肯定。增设剥夺荣誉，有利于从政治评价的视角发挥刑罚的威慑效力，实现一般预防的目的。

（三）维持自由刑的中心地位，细化贿赂犯罪的自由刑

与中国过度依赖自由刑、忽视罚金刑相反，西方发达国家则过于倚重罚金刑而淡化了自由刑的中心地位。罚金刑和自由刑是现代社会中两种最

重要的刑罚。关于二者哪个更为有效的问题，目前并无定论。支持罚金刑的人认为，"与自由刑相比，罚金刑不但更为有效，而且能够使社会富裕而非贫穷"①。罚金刑尤其适合白领犯罪，因为此类犯罪往往由富人实施而且极少涉及暴力。然而问题在于，刑罚除了报应和威慑之外，另有其他社会含义，如道德影响等。刑罚具有一种传递社会谴责的表达功能（expressive function）。"那种剥离这一表达功能，将刑罚的所有功能简化为有效威慑犯罪人或者有效施加应有痛苦的刑事政策，注定是一种误导。"②自由刑的替代措施，包括罚金刑在内，显然无法表达出同自由刑一样强烈的、毫不含糊的社会谴责。"基于自由在人类文明中所处的神圣地位，监禁刑明白无误地表达了对于犯罪人在道义上的愤慨。相比之下，其他传统的刑罚措施向社会传递出一种更为雄心勃勃的信号。根据社会公众的理解，罚金刑似乎表明犯罪人可以购买触犯法律的特权；而我们显然无法谴责某人购买那些我们自己愿意出售的东西。"③ 有鉴于此，更为妥当的刑事立法应当将罚金刑仅仅作为主刑去处罚轻微贿赂犯罪，而将其作为补充性刑罚去处理较为严重的贿赂犯罪。

（四）严格限制并逐步取消贿赂犯罪的生命刑

应严格限制并逐步取消受贿罪等贪利型犯罪的死刑。首先，对受贿罪适用死刑并不能真正预防该种犯罪的发生。刑法理论和历史经验表明，重刑的威慑效果十分有限，对受贿罪配置死刑超过了这种限度。受贿犯罪以公共权力的滥用为手段，以谋取个人非法利益为目的。社会发展的客观规律表明，公共权力是随着国家的出现而产生的。只要存在公共权力，就存在滥用权力的可能，就存在受贿犯罪。贿赂犯罪多发于经济、政治权力集中的部门，受贿人都是具有职权的国家工作人员，犯罪时比较隐蔽，作案后逃脱刑罚制裁的侥幸心理较之一般的刑事犯罪更强。从刑罚产生一般威慑效果的心理机制来看，其强大的侥幸心理可能远远超过其对犯罪后可能遭受的刑罚之苦的估计。当犯罪分子的这种侥幸心理起主导作用时，死刑

---

① Dan M. Kahan, "What Do Alternative Sanctions Mean?" *The University of Chicago Law Review*, Vol. 63, 1996.

② Ibid. .

③ Dan M. Kahan, "Between Economics and Sociology: The New Path of Deterrence", *Michigan Law Review*, Vol. 95, No. 8, 1997.

的威慑效应往往难以发挥作用。① 对于受贿罪防治，应主要侧重于通过制度的构建和完善来防止官员滥用权力；在现代法治社会，从严治吏不能再局限于以严刑峻法威慑官员，而应当转向以严格的监管制度约束官员。

其次，对受贿罪设置死刑与有关国际公约的要求不符。联合国于1966年12月16日通过的《公民权利和政治权利国际公约》第6条第2款中规定："在未废除死刑的国家，判处死刑只能是作为对最严重的罪行的惩罚。"联合国经济与社会理事会于1984年5月25日通过的《保证面临死刑者权利的保护的保障措施》中则进一步明确规定"最严重的罪行"的范围"不应超出具有致死的或其他极其严重之结果的故意犯罪"。受贿犯罪不可能直接致人死亡，也不可能严重威胁国家和社会安全，其"情节极其严重"的含义与该公约"最严重的罪行"的含义相似，不应超出该公约规定的死刑适用范围。再次，对受贿罪设置死刑与世界上多数国家的做法不符，势必影响在追捕外逃腐败犯罪分子方面与其他国家和地区间的刑事司法合作。进入20世纪以来，世界性的刑法改革轰轰烈烈地进行，废除死刑已成为世界性的潮流。即使在保留死刑的国家中，一般也不对受贿罪适用死刑，甚至也较少采用无期徒刑。在保留死刑的美国，也没有对受贿罪规定死刑。对受贿罪适用死刑的国家为极少数，且大多属于经济不发达的国家。

最后，取消受贿罪的死刑并不必然会影响社会稳定。事实上，新中国成立初期曾有过对受贿罪不设置死刑的立法例。1979年刑法对贪污罪保留了死刑，而对受贿罪规定的法定刑一般是5年以下有期徒刑或者拘役，只有犯受贿罪同时致使国家或者公民利益遭受严重损失的，才处5年以上有期徒刑。2011年《刑法修正案（八）》削减了走私文物罪、走私贵重金属罪、盗窃罪等13个经济性非暴力犯罪的死刑，对社会安定也并没有很大的妨碍。现行刑法条文里虽有很多适用死刑的罪名，但实际操作中对非暴力的犯罪行为很少以死刑定罪。

目前，应严格限制贿赂犯罪适用死刑的实体条件。例如，可以规定仅对受贿罪中罪行极其严重，具有造成国家、集体财产特别重大损失等多个

---

① J. P. Blair，"A Test of the Unusual False Confession Perspective：Using Cases of Proven False Confessions"，*Criminal Law Bulletin*，Vol. 41，2005. 转引自廖耀群《贪污罪与受贿罪法定刑问题研究》，硕士学位论文，湖南大学，2007年。

从重处罚情节的情况下适用死刑。对于受贿罪不设置死刑，并不意味着行为人不能被处死刑。如果在实施贿赂犯罪的过程中触犯了其他罪名，则完全有可能依据相应的规定适用死刑。

第二节　贿赂犯罪法定刑尺度比较

一　贿赂犯罪个罪法定刑尺度的决定因素比较

（一）中国刑法

1952 年《中华人民共和国惩治贪污条例》首创以犯罪数额作为评价贿赂犯罪行为社会危害性程度进而适用不同刑种和刑度的标准。1979 年刑法对贿赂犯罪没有设定数额但区分了两种情节，规定一般贿赂行为判处 5 年以下有期徒刑，而贿赂行为致使国家和公民利益遭受严重损失的，判处 5 年以上有期徒刑。1982 年 3 月 8 日全国人民代表大会常务委员会《关于严惩严重破坏经济犯罪的决定》对 1979 年刑法作了修改。在法定刑评价模式上并未将贿赂犯罪数额作为量刑评价的依据。但是，1985 年 7 月 8 日最高人民法院、最高人民检察院《关于当前办理经济犯罪案件中具体应用法律的若干问题的解答》规定，对个人受贿追究刑事责任的金额可以参照贪污罪的金额，并可根据具体情况来掌握。1988 年 1 月 21 日全国人民代表大会常务委员会《惩治贪污罪贿赂罪的补充规定》明确规定，犯受贿罪根据受贿所得的数额及情节，依据贪污罪的规定处罚，并将贪污罪的数额标准划分为 4 个档次。同时，对于受贿罪设定了一个特别情节，即贿赂行为使国家利益或者集体利益遭受重大损失。在这个情节下，受贿数额不满 1 万元，处 10 年以上有期徒刑；受贿数额 1 万元以上，处无期徒刑和死刑，并处没收财产。1997 年 3 月 14 日修订后的中华人民共和国刑法第 386 条规定："对犯受贿罪的，根据受贿所得数额及情节，依照本法第 383 条的规定处罚。"根据该规定，我国刑法以受贿数额作为定罪量刑的主要标准，而将犯罪的情节轻重主要作为量刑情节，并且只在受贿数额未达到起刑线的情况下才起到定罪的作用。当时的九种贿赂犯罪中，直接以犯罪数额和犯罪情节定罪量刑的有受贿罪、利用影响力受贿罪、非国家工作人员受贿罪、对非国家工作人员行贿罪，以犯罪情节严重与否定罪量刑的是余下的 5 个罪名。

2013 年最高人民法院、最高人民检察院《关于办理行贿刑事案件具体应用法律若干问题的解释》则对犯罪数额和犯罪情节均做了详细的规定。定罪数额方面，该解释规定："为谋取不正当利益，向国家工作人员行贿，数额在一万元以上的，应当依照刑法第三百九十条的规定追究刑事责任。"犯罪情节方面，根据该解释，"情节严重"是指："（一）行贿数额在二十万元以上不满一百万元的；（二）行贿数额在十万元以上不满二十万元，并具有下列情形之一的：1. 向三人以上行贿的；2. 将违法所得用于行贿的；3. 为实施违法犯罪活动，向负有食品、药品、安全生产、环境保护等监督管理职责的国家工作人员行贿，严重危害民生、侵犯公众生命财产安全的；4. 向行政执法机关、司法机关的国家工作人员行贿，影响行政执法和司法公正的；（三）其他情节严重的情形。""情节特别严重"是指："（一）行贿数额在一百万元以上的；（二）行贿数额在五十万元以上不满一百万元，并具有下列情形之一的：1. 向三人以上行贿的；2. 将违法所得用于行贿的；3. 为实施违法犯罪活动，向负有食品、药品、安全生产、环境保护等监督管理职责的国家工作人员行贿，严重危害民生、侵犯公众生命财产安全的；4. 向行政执法机关、司法机关的国家工作人员行贿，影响行政执法和司法公正的；（三）造成直接经济损失数额在五百万元以上的；（四）其他情节特别严重的情形。因行贿谋取不正当利益，造成直接经济损失数额在一百万元以上的，应当认定为刑法第三百九十条第一款规定的'使国家利益遭受重大损失'。"

《刑法修正案（九）》将贪污罪和受贿罪的定罪量刑标准改为概括性犯罪数额并加入了犯罪情节与后果的考量。2016 年 3 月 25 日最高人民法院、最高人民检察院《关于办理贪污贿赂刑事案件适用法律若干问题的解释》则对犯罪数额和犯罪情节作了具体的界定。根据该解释，受贿罪的"其他较重情节"包括多次索贿的，或者为他人谋取不正当利益，致使公共财产、国家和人民利益遭受损失的，或者为他人谋取职务提拔、调整的；"其他严重情节"，是指贪污救灾、抢险、防汛、优抚、扶贫、移民、救济、防疫、社会捐助等特定款物的；或者曾因贪污、受贿、挪用公款受过党纪、行政处分的；或者曾因故意犯罪受过刑事追究的；或者赃款赃物用于非法活动的；或者拒不交代赃款赃物去向或者拒不配合追缴工作，致使无法追缴的；或者造成恶劣影响或其他严重后果等情形。行贿罪的"情节严重"包括向三人以上行贿的；将违法所得用于行贿的；通过行贿谋取职务提拔、调整的；向负有食品、药品、安全生产、环境保护等监督管理职责的国家工作人员行贿，实施非法活动的；向司法工作人员行贿，影响司法公正的；以及造成较大经济损失数额等情形。

（二）外国刑法

许多国家的刑法都没有规定贿赂犯罪的数额起点和数额档次，而是把法定刑轻重的配置建立在行为人对职务义务的违反及其程度上，规定了不以贿赂数额为主要标准的多种加重法定刑的情形。

《德国刑法典》第 335 条"情节特别严重的贿赂"第 2 款规定："具备下列情形之一的，一般认为情节特别严重：（1）行为所涉及之利益巨大的；（2）行为人继续索要并接受利益，将来足以违反其职责的；（3）行为人以此为职业或作为继续实施此等犯罪而成立的犯罪集团成员犯此罪的。"《意大利刑法典》第 319-2 条（加重情节）规定："如果实施第 319 条规定的行为涉及授予公职、发给薪金或补贴或者签订与公务员所属的行政机关有关的合同，刑罚予以增加。"《俄罗斯联邦刑法典》第 290 条第 4 款规定："实施本条第 1 款、第 2 款、第 3 款规定的行为下列情形之一的：（1）有预谋的团伙或有组织的团伙实施的；（2）多次实施的；（3）有索贿情节的；（4）数额巨大的，处 7 年以上 12 年以下的剥夺自由，并处或不并处没收财产。"《芬兰刑法典》第四十章"公职犯罪"第 2 条"加重的受贿"（2002 年/604 号）规定："如果在受贿中（1）公共官员约定贿赂作为其实施行为的条件，或因该礼物或利益，意图采用违反职责的方式实施给予礼物的一方或其他人相当大的利益，或导致他人相当大的损失和损害的行为，或（2）礼物或利益价值巨大，且综合评定该受贿行为也是严重的，则该公共官员以加重的受贿罪论处，处以 4 个月以上 4 年以下的监禁，并被撤职。"《巴西联邦共和国刑法典》[①] 第 317 条第 2 款规定：（一）如果公务人员为了利益或者诺言关系而耽误或不执行任何职务，或者执行职务而违反职务责任的，刑罚加重三分之一。（二）如果公务人员由于对别人的请求或别人的影响让步，执行职务时违反职务责任或不执行或者耽误职务的，处 3 个月至 1 年拘役，或者四百至 2000 克鲁赛罗罚金。

奥地利刑法与菲律宾刑法同时规定了加重和减轻情节。《奥地利联邦

---

① 萧榕主编：《世界著名法典选编（刑法卷）》，中国民主法制出版社 1998 年版，第 133 页。

共和国刑法典》① 第 304 条第 3 款规定将贿赂的数额作为法定刑加重的因素之一："财产利益的价值超过 2000 欧元的，在第 1 款情况下，行为人处 5 年以下自由刑，在第 2 款情况下，行为人处 3 年以下自由刑。"该法第 304 条第 4 款规定："只是索要、收受或让他人许诺给予少量财产利益的，不依本条第 2 款处罚，但职业性地实施该行为的，不在此限。"第 305 条第 2 款规定："按照义务实施或不实施法律行为，只是索要、收受或让他人许诺给予少量财产利益，且不是职业性地实施该行为的，行为人不依本条第 1 款处罚。"《菲律宾刑法典》② 第 210 条规定："公职人员在履行相关公职时，亲自或者通过他人中介接受他人财物、许诺、礼物或者礼品，允许他人实施犯罪行为的，处以中间幅度和最高幅度的监禁和不少于所收礼物价值额之罚金，如有前科，除对其罪行处以刑罚以外，还处以不少于所收礼物价值额 3 倍的罚金。如果公职人员已经接受他人财物，但其允许实施的行为不构成犯罪的，处以前款规定之刑罚；如果该行为还未完成的，处以中间幅度的监狱矫正和不超过所收礼物价值额 2 倍的罚金。如因接收了礼物或被承诺给予礼物而抑制工作人员实施其工作本职的，对公职人员处以最高幅度监狱矫正和不少于接收礼物之价额 3 倍的罚金。除前几款规定的处罚外，对犯罪分子还应处以临时剥夺特别权利的处罚。"

此外，德国、法国和意大利等国刑法还都体现了公务员受贿与司法、仲裁人员受贿因身份不同而导致的法定刑差异。《俄罗斯刑法典》第 290 条还单独规定了俄罗斯联邦国家或俄罗斯联邦主体国家公务人员以及地方自治机关的首脑人物的受贿行为，并为其设置了较一般公务人员更为严厉的法定刑。

由于西方国家大多将犯罪划分为重罪、轻罪或违警罪，英美法系还将犯罪划分为公诉罪与简审罪，因而取决于各国的具体规定，犯罪数额的大小实际上也可能会成为影响个案刑罚轻重的一个因素，不过这显然不是法定刑的问题。

二　各种具体贿赂犯罪的法定刑尺度比较

（一）公共部门贿赂与私营部门贿赂

《法国刑法典》对公共部门贿赂犯罪设置了比私营部门贿赂犯罪更重

---

① 徐久生译：《奥地利联邦共和国刑法典》，中国方正出版社 2004 年版，第 115—116 页。

② 杨家庆译：《菲律宾刑法典》，北京大学出版社 2007 年版，第 48—49 页。

的法定刑。该法第 432-11 条及第 433-1 条规定，公共部门的行贿罪和受贿罪的法定刑均为 10 年监禁并科 150000 欧元罚金；第 445-1 条和第 445-2 条规定，私营部门行贿罪和受贿罪的法定刑均为 5 年监禁并科 75000 欧元罚金，即公共部门贿赂犯罪法定刑的一半；第 433-2 条规定，影响力交易罪中的行贿和受贿方均处 5 年监禁并科 75000 欧元罚金，即公共部门贿赂犯罪法定刑的一半。

俄罗斯刑法也稍微拉开了两大部门贿赂犯罪的法定刑幅度，即使是公共部门中的履职贿赂，其法定刑也比私营部门重。根据 2004 年修订的《俄罗斯联邦刑法典》第 290 条规定：公务人员受贿的，处 100000—500000 卢布或数额为犯罪人为期 1—3 年的工资或其他任何收入的罚金，或 3 年以下剥夺自由，并处 3 年以下剥夺担任一定职务或从事某种工作的权利，公务人员背职受贿的，处 3—7 年剥夺自由，并处 3 年以下剥夺担任一定职务或从事某种工作的权利；俄罗斯联邦政府或俄罗斯联邦成员的公务人员以及地方自治机关的负责人受贿的，判处 5 年以上 10 年以下剥夺自由，并处 3 年以下剥夺担任一定职务或从事某种工作的权利。该法第 291 条规定，向公务人员行贿的，处 200000 卢布以内或数额为犯罪人为期 18 个月的工资或其他任何收入的罚金，或 1—6 个月的强制劳动，或 3—6 个月的拘禁，或 3 年以下剥夺自由；向公务人员行贿意图使其实施违背职务行为的，处 100000—500000 卢布或数额为犯罪人为期 1—3 年的工资或其他任何收入的罚金，或 8 年以下剥夺自由。该法第 204 条对私营部门贿赂犯罪则规定了较轻的法定刑：营利组织及其他组织中履行管理职能的人员，非法收受金钱、有价证券或其他财产，以及非法利用财产性质的服务，为行贿人的利益而实施与其职务有关的行为或不作为的，处 100000—300000 卢布或数额为犯罪人为期 1—2 年的工资或其他任何收入的罚金，或 2 年以下剥夺担任一定职务或从事某种工作的权利，或者 3 年以下限制自由，或 3 年以下剥夺自由；向上述人员行贿的，处 200000 卢布或数额为犯罪人为期 18 个月的工资或其他任何收入的罚金，或 2 年以下剥夺担任一定职务或从事某种工作的权利，或者 2 年以下限制自由，或 2 年以下剥夺自由。

中国刑法亦是如此。就公共部门而言，受贿数额较大或者有其他较重情节的，处三年以下有期徒刑或者拘役，并处罚金；数额巨大或者有其他严重情节的，处三年以上十年以下有期徒刑，并处罚金或者没收财产；数额特别巨大或者有其他特别严重情节的，处十年以上有期徒刑或者无期徒刑，并处罚金或者没收财产；数额特别巨大，并使国家和人民利益遭受特别重大损失的，处无期徒刑或者死刑，并处没收财产。犯行贿罪的，处五年以下有期徒刑或者拘役，并处罚金；因行贿谋取不正当利益，情节严重的，或者使国家利益遭受重大损失的，处五年以上十年以下有期徒刑，并处罚金；情节特别严重的，或者使国家利益遭受特别重大损失的，处十年以上有期徒刑或者无期徒刑，并处罚金或者没收财产。就私营部门而言，犯受贿罪数额较大的，处五年以下有期徒刑或者拘役，数额巨大的，处五年以上有期徒刑，可以并处没收财产（第163条）；犯行贿罪数额较大的，处三年以下有期徒刑或者拘役，数额巨大的，处三年以上十年以下有期徒刑，并处罚金（第164条）。

与法国不同的是，德国和意大利针对公共部门区分了背职贿赂和履职贿赂，对前者设置了较重的法定刑；私营部门则无此区分，其法定刑与履职贿赂相同。《德国刑法典》规定，公职人员背职受贿罪的基本法定刑为6个月以上5年以下自由刑或罚金（第332条），与之对应的行贿罪的基本法定刑为3个月以上5年以下自由刑（第334条），公职人员履职受贿罪以及与之对应的行贿罪的法定刑均为3年以下自由刑或罚金（第331条、第334条）；而私营部门行贿受贿双方的基本法定刑也均为3年以下自由刑或罚金（第299条），与公职人员履职受贿罪及相应行贿罪相同。根据《意大利刑法典》的规定，公务员背职受贿及与之对应的行贿罪的法定刑均为2年以上5年以下有期徒刑（第319条），公务员履职受贿及与之对应的行贿罪的法定刑均为6个月以上3年以下有期徒刑（第318条），而在私营部门双方的法定刑则为3年以下有期徒刑（意大利民法典第2635条）。

日本的刑事立法中私营部门贿赂犯罪的法定刑也基本与公共部门中的履职贿赂保持一致。根据2007年修订的《日本刑法典》的规定，公共部门贿赂犯罪的法定刑包括四个幅度。公务员犯单纯受贿、事前受贿、事后受贿、为第三人受贿以及斡旋受贿罪的，处5年以下有期徒刑；公务员犯受托受贿（即履职受贿）的，处7年以下有期徒刑；公务员犯加重受贿（即背职受贿）的，处1年以上有期徒刑；犯行贿罪处3年以下有期徒刑，或2500000日元以下罚金。根据该法典第12条规定，1年以上有期徒刑最高可达20年。根据《日本商法典》第493条对私营部门贿赂犯罪的规定，董事及其他人员受贿的，处 5 年以下有期徒刑或 5000000 日元以内罚金，提供上述利益者，以及做出许诺或者同意提供此等利益者，处 3 年以下有期徒刑或 3000000 日元以下罚金。英国 2010 年《贿赂犯罪法》则彻底消除了公共部门与私营部门贿赂的划分。

（二）普通公务人员受贿与司法人员受贿

在公共部门贿赂犯罪中，某些国家进一步对普通官员与司法人员做了区分。根据《德国刑法典》第 331 条及第 332 条的规定，涉及法官以及仲裁人员的贿赂犯罪，其法定刑要比一般公务员严厉得多，无论是起点刑还是最高刑都是一般公务员的两倍。公务员或从事特别公务的人员只要收受或允诺他人收受他人的利益，处 3 年以下自由刑和罚金；对现在或将来的职务行为索取、让他人允诺或收受他人利益，因而违反或可能违反其职务义务的处 6 个月以上 5 年以下自由刑和罚金，情节较轻的处 3 年以下自由刑和罚金；法官和仲裁人对现在或将来的职务行为，而为自己或他人索要、让他人允诺或收受他人利益的，处 5 年以下自由刑和罚金；因而违反或可能违反其裁判职务义务的，处 1 年以上 10 年以下自由刑，情节较轻的处 6 个月以上 5 年以下自由刑。

《法国刑法典》则设立了独立的司法人员受贿罪及相应的行贿罪，其法定刑比普通公务员重很多。该法第 434-9 条规定，"法官、公诉人、陪审员、其他属于司法建制的人员、仲裁员、由法院任命或当事人委托的专家，以及由司法机关指派负责进行调解工作的人，直接或间接索要或非法接受奉送、许诺、捐助、馈赠或其他好处，以期履行或不履行其职责的，处 10 年监禁，并处 150000 欧元罚金。……法官及公诉人为有利于或损害受到刑事追究的人的利益而犯第 1 款罪的，其刑罚升至 15 年监禁，并处 225000 欧元罚金"。

《意大利刑法典》不但明显拉开了司法人员受贿与普通公务员受贿的法定刑差距，而且进一步区分了一般的司法受贿与因受贿而导致刑事错判的情况。该法第 319-3 条"在司法行为中受贿"规定，如果实施第 318 条和第 319 条列举的行为是为了帮助或者损害民事诉讼、刑事诉讼或者行政诉讼中的一方当事人，处 3—8 年有期徒刑。如果上述行为导致对某人不公正地判处 5 年以下有期徒刑，处以 4—12 年有期徒刑；如果导致对某人不公正地判处 5 年以上有期徒刑或者无期徒刑，处 6—20 年有期徒刑。

事实上，在西方国家的历史上贿赂犯罪最初惩治的主要对象就是法官。这在布莱克斯东（Blackstone）1765 年所著的《英国法释义》给贿赂犯罪所下的定义中可以得到反映："贿赂犯罪是由法官或其他人员在司法活动中所实施的一种犯罪。"①

（三）行贿与受贿

中国刑法中行贿罪的法定刑相对于受贿罪总体上明显较轻。《刑法修正案（九）》对贿赂犯罪的法定刑作了适当修改，但基本格局并未改变。就公共部门而言，受贿数额较大或者有其他较重情节的，处三年以下有期徒刑或者拘役，并处罚金；数额巨大或者有其他严重情节的，处三年以上十年以下有期徒刑，并处罚金或者没收财产；数额特别巨大或者有其他特别严重情节的，处十年以上有期徒刑或者无期徒刑，并处罚金或者没收财产；数额特别巨大，并使国家和人民利益遭受特别重大损失的，处无期徒刑或者死刑，并处没收财产。犯行贿罪的，处五年以下有期徒刑或者拘役，并处罚金；因行贿谋取不正当利益，情节严重的，或者使国家利益遭受重大损失的，处五年以上十年以下有期徒刑，并处罚金；情节特别严重的，或者使国家利益遭受特别重大损失的，处十年以上有期徒刑或者无期徒刑，并处罚金或者没收财产。就私营部门而言，犯受贿罪数额较大的，处五年以下有期徒刑或者拘役，数额巨大的，处五年以上有期徒刑，可以并处没收财产（第 163 条）；犯行贿罪数额较大的，处三年以下有期徒刑或者拘役，数额巨大的，处三年以上十年以下有期徒刑，并处罚金（第164 条）。比较这些规定，可以发现无论公共部门还是私营部门，无论从刑种还是刑度上看，行贿罪的法定刑较之对应的受贿犯罪均明显较为轻缓。

俄罗斯刑法和日本刑法呈现出与中国刑法相类似的轻罚行贿人的特点。根据 2004 年修订的《俄罗斯联邦刑法典》第 290 条及第 291 条的规定，公务人员履职受贿的，处 100000—500000 卢布或数额为犯罪人为期 1—3 年的工资或其他任何收入的罚金，或 3 年以下剥夺自由，并处 3 年以下剥夺担任一定职务或从事某种工作的权利；向公务人员行贿的，处 200000 卢布以内或数额为犯罪人为期 18 个月的工资或其他任何收入的罚金，或 1—6 个月的强制劳动，或 3—6 个月的拘禁，或 3 年以下剥夺自

① 转引自 A. T. Martin，"The Development of International Bribery Law"，*Natural Resources & Environment*，Vol. 14，No. 2，1999。

由；公务人员背职受贿的，处 3—7 年剥夺自由，并处 3 年以下剥夺担任一定职务或从事某种工作的权利；俄罗斯联邦政府或俄罗斯联邦成员的公务人员以及地方自治机关的负责人受贿的，判处 5 年以上 10 年以下剥夺自由，并处 3 年以下剥夺担任一定职务或从事某种工作的权利；向公务人员行贿意图使其实施违背职务行为的，处 100000—500000 卢布或数额为犯罪人为期 1—3 年的工资或其他任何收入的罚金，或 8 年以下剥夺自由。根据 2007 年修订的《日本刑法典》第 197 条、第 197 条之二、第 197 条之三以及第 197 条之四的规定，公务员犯单纯受贿、事前受贿、事后受贿、为第三人受贿以及斡旋受贿罪的，处 5 年以下有期徒刑；公务员犯受托受贿（即履职受贿）的，处 7 年以下有期徒刑；公务员犯加重受贿（即背职受贿）的，处 1 年以上有期徒刑（根据日本刑法第 12 条规定，1 年以上有期徒刑最高可达 20 年）。该法第 198 条规定，犯行贿罪处 3 年以下有期徒刑，或 2500000 日元以下罚金。

相比之下，多数国家的刑法典在总体上或主刑的规定上显现出受贿罪法定刑与行贿罪法定刑相同的特点。就"一对一"关系来看，《德国刑法典》第 331 条受贿与第 333 条行贿的规定各有两款明确了法定刑，二者内容一一对应且法定刑完全相同，各自的第 1 款都是"处 3 年以下自由刑或罚金"，各自的第 2 款都是"处 5 年以下自由刑或罚金"。类似的规定还有《保加利亚刑法典》。① 就"多对一"关系来看，《西班牙刑法典》第 419 条、第 420 条及第 422 条规定了三种受贿罪，第 424 条规定了与之对应的行贿罪并明确行贿人与受贿人处以相同刑罚。《菲律宾刑法典》② 第 210 条、第 211 条、第 211 条 A 规定了不同的受贿罪名，第 212 条规定了与之对应的行贿罪，该条规定："任何人向公职人员提供前述条款中规定的对价、许诺、礼物的，处与受贿公职人员相同的刑罚，但剥夺资格与暂停资格除外。"就"多对多"关系来看，有的国家的刑法为每一对贿赂罪名都规定了基本相同的法定刑，如《法国刑法典》③ 第 432-11 条、第 433-1 条、第 433-2 条分别规定了几种情形的贿赂犯罪，但每一条都同时

---

① 参见张雅译《保加利亚刑法典》，北京大学出版社 2008 年版，第 122—125 页。

② 陈志军译：《菲律宾刑法典》，中国人民公安大学出版社 2007 年版，第 76—77 页。

③ 最近一次修订于 2005 年 7 月 4 日，参见法国政府官方英译本 French Penal Code，http：//195.83.177.9/upl/pdf/code_ 33. pdf。

包括受贿与行贿，而且都只规定受贿罪的法定刑，对于行贿罪法定刑的规定则都是"处相同之刑罚"，即处 10 年监禁并科 150000 欧元罚金。《意大利刑法典》① 在规定多个法条的受贿罪法定刑基础上，第 321 条规定"对行贿者的刑罚"："第 318 条第 1 款、第 319 条、第 319-2 条、第 319-3 条以及与第 318 条相联系的第 320 条规定的刑罚，也适用于向公务员或受委托从事公共服务的人员给予或者许诺给予钱款或其他利益的人。"类似的还有《朝鲜民主主义人民共和国刑法典》②。该法第 242 条规定："非管理工作人员行贿或者受贿的，处 2 年以下劳动改造。"第 257 条规定："管理工作人员行贿或者受贿的，处 2 年以下劳动改造。贿赂数额巨大，或者强迫他人给予贿赂，或者机关责任人受贿的，处 4 年以下有期徒刑。"

也有的国家的刑法为某个贿赂罪名双方行为规定了相同的法定刑，而为其他贿赂罪名双方行为规定了不同的法定刑。例如《罗马尼亚刑法典》③ 第 308 条受贿罪与第 309 条行贿罪相对应，前者的法定刑要比后者的法定刑重得多，各自相对应的第 1 款规定的"严格监禁"刑期分别是 3 年以上 15 年以下和 1 年以上 5 年以下。但是，该法第 312 条"滥施影响力罪"同一罪名之下的受贿和行贿，其法定刑相同，均为 2 年以上 10 年以下"严格监禁"。

英美刑法在法定刑设置方面对于行贿和受贿历来都是一视同仁。它们通常将行贿犯罪和受贿犯罪规定在同一法条之内并为二者设置统一的法定刑，或者分条规定各自的罪名但使用专门的法条规定统一的法定刑。前者如英国 1906 年《预防腐败法》第 1 条以及《美国法典》第 18 编第 201 条的规定，后者如英国 1889 年《公共机构反腐败法》及 2010 年《贿赂法》。

外国刑法在"多对多"的贿赂罪名对向关系中，根据不同的受贿与行贿特点，在有的贿赂罪名中选择受贿重于行贿的法定刑关系，在有的贿

---

① 参见 GRECO *Evaluation Report on Italy*，2009，http：//www.coe.int/greco，以及黄风译注《最新意大利刑法典》，法律出版社 2007 年版。

② 陈志军译：《朝鲜民主主义人民共和国刑法典》，中国人民公安大学出版社 2008 年版，第 46—48 页。

③ 王秀梅、邱陵译：《罗马尼亚刑法典》，中国人民公安大学出版社 2007 年版，第 92—95 页。

赂罪名中选择受贿与行贿等同的法定刑关系，孰轻孰重，十分清晰。同时，几乎不存在行贿法定刑重于受贿罪法定刑的情况。相比之下，中国刑法的规定让人难以理解：在同一个受贿罪名与同一个行贿罪名的法定刑之间，孰轻孰重，模棱两可，而且行贿罪法定刑的起点比受贿罪高，反映出立法者缺乏对贿赂犯罪对向关系的明确认识和刑事政策选择上的自相矛盾。[①]

（四）履职贿赂与背职贿赂

从各国的立法规定看，背职贿赂的法定刑明显重于履职贿赂。根据《德国刑法典》第 331—334 条的规定，公职人员履职受贿罪以及与之对应的行贿罪的法定刑均为 3 年以下自由刑或罚金，公职人员背职受贿罪的基本法定刑为 6 个月以上 5 年以下自由刑或罚金，与之对应的行贿罪的基本法定刑为 3 个月以上 5 年以下自由刑。根据《意大利刑法典》第 318 条、第 319 条及第 321 条的规定，履职受贿及行贿的法定刑为 6 个月至 3 年有期徒刑，履职后受贿的，处 1 年以下有期徒刑，背职受贿及行贿的法定刑为 2—5 年有期徒刑。根据《日本刑法典》第 197 条第 1 款、第 197-3 条及 198 条的规定，单纯受贿罪的法定刑为 5 年以下有期徒刑，履职受贿罪为 7 年以下有期徒刑，背职受贿罪则为 1 年以上；与上述受贿罪对应的行贿罪的法定刑均为 3 年以下有期徒刑或 2500000 日元以下罚金。《西班牙刑法典》第 419 条规定，犯背职受贿罪的，"处三年至六年徒刑，并处十二个月至二十四个月罚金，特别剥夺其从事职业或担任公职的权利七年至十二年"，第 420 条规定，犯履职受贿罪的，"处二至四年徒刑，十二个月至二十四个月罚金，并剥夺其从事职业或担任公职的权利三年至七年"；《俄罗斯联邦刑法典》第 290 条规定，履职受贿罪的法定刑为 100000—500000 卢布或数额为犯罪人为期 1—3 年的工资或其他任何收入的罚金，或 3 年以下剥夺自由，并处 3 年以下剥夺担任一定职务或从事某种工作的权利；背职受贿的法定刑则为 3—7 年剥夺自由，并处 3 年以下剥夺担任一定职务或从事某种工作的权利；与履职受贿对应的行贿罪的法定刑为 200000 卢布以内或数额为犯罪人为期 18 个月的工资或其他任何收入的罚金，或 1—6 个月的强制劳动，或 3—6 个月的拘禁，或 3 年以下剥夺自由；与背职受贿对应的行贿罪的法定刑为 100000—500000 卢布或数

---

① 夏勇、王晓辉：《贿赂犯罪的对向关系与刑罚处罚》，《人民检察》2013 年第 5 期。

额为犯罪人为期 1—3 年的工资或其他任何收入的罚金，或 8 年以下剥夺自由。

《台湾刑法典》第 121 条及第 122 条规定，犯不违背职务之受贿罪，"处七年以下有期徒刑，得并科五千元以下罚金。犯前项之罪者，所收受之贿赂没收之。如全部或一部不能没收时，追征其价额"。犯违背职务之受贿罪，"处三年以上十年以下有期徒刑，得并科七千元以下罚金。因而为违背职务之行为者，处无期徒刑或五年以上有期徒刑，得并科一万元以下罚金"。犯与违背职务之受贿罪对应的行贿罪，"处三年以下有期徒刑，得并科三千元以下罚金"。《澳门刑法典》第 337 条规定，对于受贿作不法行为者，处 1—8 年徒刑；如行为人未实行该罪行之事实，处最高 3 年徒刑或科罚金。该法典第 338 条的规定，对于受贿作合规范之行为者，处最高 2 年徒刑，或处罚金。这意味着公务员承诺作"受贿作不法行为"，即使没有实行也要受罚，而且其法定刑比"受贿作合规范之行为"的实行犯还多 1 年。

根据美国联邦刑法典（《美国法典》第 18 编第 201 条）的规定，背职贿赂的法定刑为罚金或者 15 年以下监禁，或者二者并用，同时可剥夺其担任特定职位的资格，而履职贿赂的法定刑为罚金或者 2 年以下监禁，或者二者并用。

（五）　事前贿赂与事后贿赂

意大利刑法和德国刑法对事后贿赂设置了比事前贿赂稍轻的法定刑。《意大利刑法典》第 318 条规定，"公务员因履行其职务行为而为自己或第三人接受表现为钱款或利益的、不应接受的报酬，或者接受有关的许诺的，处以 6 个月至 3 年有期徒刑。如果公务员因已经履行的职务行为而接受上述报酬，处 1 年以下有期徒刑"。该法第 319 条原本对背职受贿中事前受贿和事后受贿的法定刑也做了类似区分，而该法条现行的规定则将二者统一为 2—5 年有期徒刑。《德国刑法典》第 334 条第 2 款关于"涉及法官的贿赂罪"的法定刑设置上，区分了已经实施的行为和将要实施的行为。前者的法定刑为至少 3 个月，后者则为至少 6 个月。与此不同，《日本刑法典》第 197-3 条对背职受贿内部的事前受贿和事后受贿设置了相同的法定刑。

（六）　狭义的贿赂犯罪与影响力交易罪

《法国刑法典》对涉及公职人员的影响力交易犯罪设置了与公职人员

受贿罪完全相同的法定刑，而非公职人员的影响力交易犯罪的法定刑仅为前者的一半，体现了该法大力保护公共权力和从严惩治公职人员犯罪的指导思想。根据该法第432-11条的规定，公职人员受贿罪和公职人员利用影响力受贿罪的法定刑相同，均为10年监禁，并处150000欧元罚金；根据第433-1条第1款规定，向公职人员行贿罪和向有影响力的公职人员行贿罪的法定刑也相同，均为10年监禁，并处150000欧元罚金；根据第433-2条第1款和第2款的规定，非公职人员利用影响力受贿罪和向有影响力的非公职人员行贿罪相同，均为5年监禁，并处75000欧元罚金。

《西班牙刑法典》中利用影响力受贿罪的法定刑也明显比公职人员受贿罪轻得多。根据该法第430条的规定，公职人员或非公职人员利用影响力受贿罪的法定刑为6个月至1年徒刑（该法未将影响力交易中的行贿行为犯罪化）；而第419条规定犯背职受贿罪的，"处三年至六年徒刑，并处十二个月至二十四个月罚金，特别剥夺其从事职业或担任公职的权利七年至十二年"，第420条规定犯履职受贿罪的，"处二年至四年徒刑，十二个月至二十四个月罚金，并剥夺其从事职业或担任公职的权利三年至七年"。

（七）自然人贿赂与法人贿赂

英国2010年《贿赂法》对法人贿赂实行单罚制，只处罚法人。中国刑法则对单位贿赂罪实行双罚制，既处罚单位，又处罚直接责任人员，而且对直接责任人员的处罚明显轻于自然人贿赂罪。根据中国刑法第390条规定，自然人犯行贿罪的，"处五年以下有期徒刑或者拘役；因行贿谋取不正当利益，情节严重的，或者使国家利益遭受重大损失的，处五年以上十年以下有期徒刑；情节特别严重的，处十年以上有期徒刑或者无期徒刑，可以并处没收财产"。而根据刑法第393条的规定，单位犯行贿罪的，"对单位判处罚金，并对其直接负责的主管人员和其他直接责任人员，处五年以下有期徒刑或者拘役"。

此外，中国刑法中，单位受贿罪与单位行贿罪之间的法定刑关系同自然人行贿罪和自然人受贿罪之间的法定刑关系并不一致。根据刑法规定，自然人行贿受贿犯罪的法定刑有较大的区别，自然人行贿罪最高刑为无期徒刑，自然人受贿罪最高刑为死刑，而单位行贿受贿的法定刑却完全相同，均为"对单位判处罚金，并对其直接负责的主管人员和其他直接责任人员，处五年以下有期徒刑或者拘役"。

（八）国内贿赂与海外贿赂

英国1906年的《腐败预防法》一视同仁地适用于国内贿赂和海外贿赂犯罪。英国2010年《贿赂法》创设了一个独立的罪名"贿赂外国官员罪"（第6条），并设置了与国内贿赂犯罪完全相同的法定刑（第11条）。《法国刑法典》对海外贿赂作了与国内贿赂犯罪完全一致的规定，并且同时处罚行贿人和受贿人。2000年修订后的《意大利刑法典》也明确规定将国内贿赂和海外贿赂一视同仁，并且同时处罚行贿人和受贿人（第322-2条）。德国《打击国际贿赂犯罪法》规定，在国际商业交易活动中，为取得或保留不正当的利益而向外国公共官员行贿的，与国内贿赂犯罪同等对待。根据《欧盟贿赂犯罪法》，《德国刑法典》中规定的行贿和受贿犯罪都适用于欧盟其他成员国的公共官员以及欧洲委员会的官员。

与西方刑法不同，中国《刑法修正案（八）》规定，向外国官员、国际公共组织官员行贿罪的法定刑与国内私营部门行贿犯罪相同而明显轻于向国内公务人员行贿犯罪。

三　贿赂犯罪与典型财产犯罪的法定刑尺度比较

贿赂犯罪一方面属于渎职犯罪，另一方面又属于贪利性犯罪，因而可以将其与盗窃罪及诈骗罪等典型财产犯罪的法定刑尺度作比较，以确保二者保持基本的平衡关系。

西方刑法中，公共部门贿赂犯罪的最低法定刑幅度与盗窃罪及诈骗罪基本保持一致。根据《德国刑法典》第242条的规定，犯盗窃罪的，处5年以下有期徒刑或者罚金，盗窃未遂亦可罚；第243条规定，犯盗窃罪情节特别严重的，处3个月以上10年以下有期徒刑。第263条规定，犯诈骗罪的，处5年以下有期徒刑或者罚金，未遂犯可罚；情节特别严重的，处6个月以上10年以下有期徒刑。《法国刑法典》第311-3条规定，犯盗窃罪，处3年监禁并科45000欧元罚金。第311-4条规定特殊情形下的加重法定刑为5年监禁并科75000欧元罚金。第313-1条规定，犯诈骗罪，处5年监禁并处375000欧元罚金。第313-2条规定特殊情形下的加重法定刑为7年监禁并处750000欧元罚金。第313-3条规定，诈骗未遂与既遂同等处罚。《意大利刑法典》第624条规定，犯盗窃罪的，处3年以下有期徒刑和罚金。第625条规定了加重法定刑为1—6年有期徒刑和罚金。第640条规定，诈骗罪的基本法定刑为6个月至3年有期徒刑和罚金，加重法定刑为 1—5 年有期徒刑和罚金。《俄罗斯联邦刑法典》第 158 条规定，犯盗窃罪的，处最高 8 万卢布的罚金，或处数额相当于被判刑人至多 6 个月的工资或其他收入的罚金，或处至多 180 小时的强制性工作，或处 6 个月至 1 年的劳动改造，或处 2—4 个月的拘役，或处 2 年以下的剥夺自由。此外，该条还规定了三个加重的法定刑幅度及其相应的犯罪情节。第 159 条规定，犯诈骗罪的，处最高 12 万卢布的罚金，或处数额相当于被判刑人至多 1 年的工资或其他收入的罚金，或处至多 180 小时的强制性工作，或处 6 个月至 1 年的劳动改造，或处 2—4 个月的拘役，或处 2 年以下的剥夺自由。此外，该条还规定了三个加重的法定刑幅度及其相应的犯罪情节。《日本刑法典》第 320 条规定，犯盗窃罪的，处 10 年以下有期徒刑；第 321 条规定，侵入他人住宅或者他人看守的建筑物盗窃的，处 1 年以上 10 年以下有期徒刑。第 336 条规定，犯诈骗罪的，处 10 年以下有期徒刑。根据英国 1968 年《盗窃罪法》第 7 条规定，犯盗窃罪的，处 10 年以下监禁；第 15 条第 1 款规定，犯诈骗（财物）罪的，处 10 年以下监禁。2006 年《诈骗罪法》第 1 条第 3 款规定，犯诈骗罪的，经简易程序定罪的，处 12 个月以下监禁或法定限额的罚金，或二者并用；经公诉程序定罪的，处 10 年以下监禁或罚金，或者二者并用。这些规定也与英国 2010 年《贿赂法》第 11 条对自然人犯行贿罪、受贿罪以及贿赂外国公职人员罪设置的法定刑完全一致。

《刑法修正案（九）》之前，中国刑法中公共部门受贿罪最低法定刑以及相同犯罪数额的法定刑幅度明显轻于盗窃罪和诈骗罪。刑法第 264 条规定，盗窃公私财物，数额较大或者多次盗窃、入户盗窃、携带凶器盗窃、扒窃的，处三年以下有期徒刑、拘役或者管制，并处或者单处罚金；数额巨大或者有其他严重情节的，处三年以上十年以下有期徒刑，并处罚金；数额特别巨大或者有其他特别严重情节的，处十年以上有期徒刑或者无期徒刑，并处罚金或者没收财产。根据 2013 年最高人民法院、最高人民检察院《关于办理盗窃刑事案件适用法律若干问题的解释》第 1 条规定，"盗窃公私财物价值一千元至三千元以上、三万元至十万元以上、三十万元至五十万元以上的，应当分别认定为刑法第二百六十四条规定的'数额较大'、'数额巨大'、'数额特别巨大'"。刑法第 266 条规定，诈骗公私财物，数额较大的，处三年以下有期徒刑、拘役或者管制，并处或者单处罚金；数额巨大或者有其他严重情节的，处三年以上十年以下有期徒刑，并处罚金；数额特别巨大或者有其他特别严重情节的，处十年以上有期徒刑或者无期徒刑，并处罚金或者没收财产。2011 年最高人民法院、最高人民检察院《关于办理诈骗刑事案件具体应用法律若干问题的解释》第 1 条规定，"诈骗公私财物价值三千元至一万元以上、三万元至十万元以上、五十万元以上的，应当分别认定为刑法第二百六十六条规定的'数额较大，''数额巨大'、'数额特别巨大'"。而根据《刑法修正案（九）》之前的规定，个人受贿不满五千元，情节较重的，处 2 年以下有期徒刑或者拘役；受贿罪法定刑四个档次的犯罪数额分别是：不满五千元、五千元以上不满五万元、五万元以上不满十万元，以及十万元以上。

在《刑法修正案（九）》调高受贿罪最低法定刑使其与财产犯罪保持一致的同时，2016 年 3 月 25 日最高人民法院、最高人民检察院《关于办理贪污贿赂刑事案件适用法律若干问题的解释》则大幅提高了受贿罪法定刑各个档次的犯罪数额：受贿罪犯罪数额的三个档次分别为三万元以上不满二十万元、二十万元以上不满三百万元、三百万元以上；而行贿罪的三个档次则为三万元以上、一百万元以上不满五百万元、五百万元以上。这在客观上大大加剧了受贿罪与传统财产犯罪之间的刑罚差距，造成事实上的重罪轻罚。值得注意的是，中国历史上曾经出现过贿赂犯罪起刑点远远低于盗窃罪的立法例。如秦律重罚受贿，规定受赃不足一钱者与盗千钱的同论，[①] 充分体现了立法对于贿赂犯罪的零容忍。

受贿罪的法定刑适用数额远远高于传统财产犯罪的现象，客观上体现了立法者对国家工作人员的优待，对普通社会成员而言并不公平。[②] 这既与对职务犯罪的处罚应重于非职务犯罪的配刑原则相冲突，也与国家从严惩治腐败的方针不协调。

四　贿赂犯罪法定刑尺度的合理设置

法定刑设置的首要原则是罪刑相适应原则。在论及刑罚的分配原则时，美国刑法学家保罗·罗宾逊（Paul H. Robinson）区分了道义性该当（deontological desert）和经验性该当（empirical desert）。道义性该当聚焦

---

① 孔庆明：《秦汉法律史》，陕西人民出版社 1992 年版，第 50 页。
② 刘婉予：《中美贿赂犯罪刑罚处罚比较研究》，《云南社会主义学院学报》2013 年第 3 期。

于"犯罪人的可谴责性",认为刑罚应当与犯罪人的可谴责性相匹配,它源于先验的道义观念。道义性该当提出了独立于个体或者共同体的纯粹正义原则,具备了最大限度的道德性和普适性,但由于道义性该当之正义论证过于纯粹和抽象而致该理论不具备可操作性。经验性该当和道义性该当一样,聚焦于"犯罪人的可谴责性",但在衡量刑罚时并非依据先验的道义观念而是依靠共同体正义直觉。经验性该当通过对共同体的正义直觉进行经验性总结而得出某一犯罪人的可谴责性在刑罚连续体中的恰当位置,意图通过对犯罪行为施加社会影响来规范社会公众的行为,有很强的可操作性和实效性。这种"正义直觉"是公众通过社会生活而内化的正义性情感,能极大地增强刑法之效力。[①] 他同时指出了刑罚配置中的一个重要现象:人们往往对于某一具体犯罪刑罚尺度的相对值有着共同的看法而对于其绝对值难以达成一致的见解。[②] 据此,立法者在配置贿赂犯罪的法定刑尺度时,除应考虑法定刑尺度的绝对值外,也应当对于法定刑尺度的相对值给予足够的重视,应当既保持贿赂犯罪法定刑尺度的内部均衡,又保持其法定刑尺度的外部均衡。

(一) 贿赂犯罪个罪法定刑标准的合理设置

刑罚以剥夺犯罪人的权益为内容,法定刑的设置首先应当考虑的是刑罚在质与量上与犯罪的社会危害性之间的均衡。而对于社会危害性大小的评价,是在对犯罪行为进行综合评价的基础上作出的,绝非犯罪数额这一项指标。以犯罪数额为依据的单一化法定刑评价模式具有很大的局限性。第一,它忽视了因受贿导致的违背职务行为的不同情形所产生的社会危害性不同。受贿数额反映受贿的规模和一定程度的社会危害性,但绝非全部。行为人利用职务上的便利收受贿赂后,可能出现三种结果:不违背职务责任为他人谋取合法利益或为他人谋取非法利益,违背职务责任为他人谋取合法利益或为他人谋取非法利益,以及收受贿赂没有为他人谋取利益。前两种为典型的权钱交易,而后一种没有权钱交易,三者社会危害性程度的不同显而易见。第二,它忽视了因受贿犯罪主体身份的差异所产生

---

① 雷连莉:《论被害人的量刑参与——以经验性该当为视角》,《武汉大学学报》2012 年第 5 期。

② Paul H. Robinson, *Distributive Principles of Criminal Law*, New York:Oxford University Press, 2008, p. 11.

的行为社会危害性不同。受贿犯罪的主体是国家工作人员，包括国家机关中从事公务的人员和以国家工作人员论的人员。国家机关工作人员处在国家权力的核心位置，他们的职务行为直接影响着国家机关管理社会和国家的形象；而那些以国家工作人员论的公务人员例如国有公司的管理人员，他们并不从事公共事务的管理工作。事业单位和其他受委托从事公务的人员亦是如此。这类人员收受贿赂，在同等犯罪数额的前提下，其行为社会危害性的范围、程度以及对国家事务管理的影响力远小于国家机关工作人员。第三，它忽略了其他多种影响受贿人刑事责任的评价因素，如收贿赂后上缴，收受贿赂很长时间后退还，在逢年过节、婚丧嫁娶、生病、上学等状态下收受财物等。第四，它既降低了刑罚的威慑力，又过度放大了法官的自由裁量权。由于刑罚的种类和幅度是有限的，而受贿数额向上攀升的空间是无限的，以犯罪数额决定受贿犯罪的法定刑，必将导致刑罚对高数额的受贿犯罪失去了震慑作用，使低段数额受贿犯罪的刑罚处罚显得相对较重，高段数额受贿犯罪的刑罚处罚较轻，造成实质上的罪刑不均衡。总而言之，以犯罪数额为评价依据的法定刑评价模式不仅未完全反映出贿赂犯罪社会危害性程度，而且难以实现准确量刑的法律要求。[①]

因此，贿赂犯罪法定刑的设置标准，应当是包括诸多因素在内的综合指标。首先，应当把刑罚评价的立足点建立在公务人员对职责义务的违反之上。把行为人收受贿赂后是否违背职务从事某项行为，或者实施不正当行为、不实施适当行为作为区分贿赂犯罪刑罚轻重的重要标准。把收受贿赂不违背职务作为贿赂犯罪处罚的基本类型，收受贿赂违背职务实施不适当的行为作为贿赂犯罪加重处罚的类型。其次，应当以主体职务身份的不同为基础设立不同的法定刑。这种区别身份的法定刑评价建立在贿赂犯罪主体因职务不同所导致的对社会损害不同的价值判断之上。基于公务人员的身份差异，其掌握的公共权力不同会给社会公共利益和国家职务的廉洁性造成不同的危害。这种模式科学地规范了掌握国家职务中心权力和边缘权力的人因收受贿赂所产生的不同的刑事责任，是罪刑等价思想最有力的体现。一般来说，犯罪主体职务、职权越大，收受贿赂后不正当行使职务权力对社会的危害越大。以主体职务身份的不同为基础设立不同的法定刑，可以体现违背职务权力的范围不同。最后，应当重视其他多种影响受

---

① 焦占营：《贿赂犯罪法定刑评价模式之研究》，《法学评论》2010 年第 5 期。

贿人刑事责任的评价因素，如索贿，司法贿赂，多次作案，造成严重影响、重大损失或特殊后果，以及退赃、挽回损失情况等。

犯罪人及其行为标准评价的基础是贿赂行为的质，犯罪数额标准评价的基础是贿赂行为的量，在决定贿赂犯罪的刑种和刑度时，前者较之后者更为全面准确。

（二）保持各种贿赂犯罪之间法定刑尺度的均衡

1. 公共部门贿赂与私营部门贿赂

对公职人员贿赂犯罪（或称公务贿赂）与商业贿赂犯罪（或称私营部门贿赂）区别对待，似乎体现了从严治吏的指导思想。但是，这种立法存在以下弊端：首先，有悖于法律的公正性原则。仅仅因主体身份的不同而作不同的刑罚处罚，不符合法律面前人人平等的原则。与公务活动的秩序相比，商业活动或者经济活动的秩序同样十分重要，绝不应当厚此薄彼，正如法律对于财产权利的保护一样，不应当在保护的力度上对国家财产、公共财产和个人财产区别对待。在抢劫、盗窃、诈骗等侵犯财产犯罪的立法中，并没有因为财产所有权的性质不同而设立不同的罪名和法定刑，其道理正在于此。其次，不利于从整体上治理贿赂犯罪。从表面上看，对公职人员贿赂犯罪设置较重的法定刑能够更有效地打击这类犯罪，但从实际效果来看则未必如此。因为公务贿赂与商业贿赂二者之间存在着十分密切的内在联系。商业贿赂本身就是公务贿赂发生和存在的重要原因，要想彻底治理贿赂犯罪，就应该消除二者在法定刑上的差异，双管齐下，从源头上进行拦截。因而，理性的做法应当是消除公职人员贿赂与非公职人员贿赂犯罪法定刑上的差异性。

2. 行贿犯罪与受贿犯罪

现代刑法应当是理性的刑法、科学的刑法，刑法的制定应当接受刑法学以及相关学科的理论指导。与外国刑法相比较，中国刑法有关贿赂犯罪的规定虽然考虑到了发现犯罪和获取证据方面的实际需要，但显然没有充分注意到行贿与受贿行为的对向关系。刑事立法到底应当坚持与受同科还是与受异科的问题，只有从理论上彻底理顺思路，方能得到最终解决。

贿赂犯罪的本质是"权钱交易"，是一种双向活动。行贿与受贿二者互为因果，缺一不可，具有对向性，它们侵犯的直接客体都是国家工作人员职务行为的廉洁性和不可收买性。受贿现象的严重蔓延与行贿行为大量存在互为条件。受贿与行贿紧密结合共同侵害公共权力法益，这是二者对向关系的实质。对向关系是贿赂犯罪法定刑设置的基本理论根据，其意义在于：第一，具有对向关系的贿赂犯罪是不同主体的两个行为共同侵害公共权力法益的情形，这种对向关系表明刑法同时以刑罚处罚两种行为的必要性。规定处罚其中一方，就应规定处罚另一方，唯其如此，才能实现对法益的充分保护和对贿赂犯罪的有效预防。第二，受贿罪与行贿罪之间的依存关系和紧密联系，意味着二者在犯罪的性质、特点、程度、规律上的一致性。这就决定了刑法在对二者进行反应时的共通性和相关性，表现为法定刑种类和幅度在总体上的一致性。据此，确定二者法定刑轻重的关键是对双方在法益侵害中的作用的认识。从对向关系出发，受贿与行贿"一个巴掌拍不响"，受贿亵渎公共权力，行贿腐蚀公共权力，离开任何一方，公共权力的法益都很难受到实际的侵害；就侵害而言，二者的作用不分伯仲，故法定刑应当相同。① 虽然在索贿的情况下，法律并未将行贿方的行为规定为行贿罪，但仍然不能否定双方的关系是互为依存的。② 据此，对贿赂犯罪应当实行"双打"政策，既打击行贿一方，又打击受贿一方。

然而，这种"双打"政策忽视了行贿、受贿双方关系中的和谐性和统一性。规定行贿受贿都是犯罪行为，这意味着行受贿双方中的任何一方在证明对方构成犯罪的同时，也在证明自己犯罪。实施"双打"政策的结果，往往导致行贿、受贿双方利益更趋一致，关系从矛盾、对立、不稳定状态向统一、和谐的稳定状态发展，更加密切其利益共同体关系，强化其抗拒到底的决心。如此一来，双方满意的成功的交易难以暴露，双方不满意的不成功的交易也难以暴露出来，因为"双打"政策难以使人做到以自身为代价使对方受到惩罚。很显然，这种理想化的政策在实践中未必能够完全实现。与"双打"政策不同，"单打"政策可以充分利用行受贿双方固有的对立、矛盾关系，只打击贿赂犯罪中的一方，保护另一方，通过为举报人设立足够的利益，确定其无刑事责任或减轻其责任，从而对贿赂双方产生巨大的离心力，促使双方关系向怀疑、提防和不稳定方向发展，贿赂风险提高，最终达到抑制贿赂犯罪的效果。

果真如此的话，应重点打击行贿人和受贿人的哪一方呢？有论者认

---

① 夏勇、王晓辉：《贿赂犯罪的对向关系与刑罚处罚》，《人民检察》2013 年第 5 期。

② 文东福：《刑事政策视野中的行贿罪》，《中国刑事法杂志》2004 年第 4 期。

为，受贿行为是行贿行为的直接结果，没有行贿就没有受贿。行贿是本，受贿是标。认为重受贿、轻行贿就如同一方面枪毙感冒患者，另一方面却放任各种病毒蔓延一样不合理。因此，严惩行贿的政策在战略上是治本措施，有利于根治腐败。实际上，这种认识在 1952 年 4 月 21 日中央人民政府公布的《中华人民共和国惩治贪污条例》也有所体现。该条例第 6 条第 3 款规定，"凡胁迫或诱惑他人收受贿赂者，应当从重或者加重处刑"。但是进一步考察双方与所侵害法益的关系，可以发现只有执掌公共权力且滥用这种权力的人才能最直接、最容易、最经常地侵害这种权力，其他人想要利用公共权力谋取私利，只能通过执掌公共权力的人员间接实现；对公共权力法益的侵害，行贿只是一种外因，相对受贿居于次要地位；尽管除了索贿之外，往往是先有行贿才有受贿，行贿常常充当了"发动者"的角色，但是如果掌权者面对诱惑"不接招"，行贿就没有市场，就会受到抑制。① 贿赂现象的存在，从根本上说是由官吏的贪婪本性所决定的。官吏贪赃，必然导致黎民行贿。受贿罪主体的特定身份和特定义务决定了其行为的社会危害性要大于行贿者，因而必须承担比行贿者更重的法律责任。刑法对国家工作人员职务行为的廉洁性和不可收买性这一客体的保护，必然要落实到重点打击直接使侵害行为得以完成，而且也只能由这种特定身份的人来完成的受贿行为上。对此沈家本早就指出，"夫法者，官吏主之，法之枉不枉，官吏操之，则其罪亦官吏任之。不论所枉者何事，皆应以官吏当其重罪，此一定之法也。以执法之人而贪利曲断，戕法而法坏，故问罪加严，尚是整饬官常之至意"②。行贿罪的实质是引诱公务员违反义务，正因如此，奥地利刑法称行贿罪为"引诱违反义务罪"③。

　　从发现犯罪和获取证据的角度看，立法似乎也应当对行贿方设置比受贿方轻的法定刑。贿赂犯罪是财物与无形权力的交易，其实施往往是行贿人与受贿人单独接触，具有隐秘程度高、对外信息稀少、无特定被害人以及难以被司法机关获知的特点。其证据经常出现"一对一"的情况，缺少相互印证、难以形成锁链，定案的依据往往只有被告人的供述、行贿人

---

　　① 夏勇、王晓辉：《贿赂犯罪的对向关系与刑罚处罚》，《人民检察》2013 年第 5 期。

　　② 沈家本：《历代刑法考·寄簃文存卷一·与受同科议》，中华书局 1985 年版，第 2057—2058 页。

　　③ 张明楷：《外国刑法纲要》，清华大学出版社 1999 年版，第 785 页。

证言和以一定形式体现的财物。要确认受贿者的罪行，最有力的证据往往是行贿人的证言，而要确认行贿者的罪行，最有力的证词则往往是受贿人的证言。由于受贿罪是特殊主体，往往担任一定职务，有的甚至有相当高的级别，而行贿罪是一般主体，一般未担任职务或级别相对较低，将行贿人作为首先突破的对象并在此基础上突破受贿人显得更为可行。也就是说，从行贿人处获取相关证据对查办贿赂案件至关重要，很多情况下甚至是办理受贿案件的前提和基础。为了打击受贿犯罪，有必要对行贿人从轻处理。

与受同科和与受异科实际上体现了立法者对待贿赂犯罪的两种不同的思路与态度。在打击贿赂犯罪的问题上，遏制源头与侦查需要之间存在着明显的冲突，立法者必须在二者之间做出权衡与抉择。单从理论上讲，遏制源头比侦查需要更为重要，所以应当消除行贿与受贿犯罪在法定刑方面的差异性，双管齐下，从源头上减少受贿罪发生的概率。中国内地"严惩受贿而宽容行贿"的立法价值取向，不利于从源头上预防和惩治贿赂犯罪。[①]但是从现实的角度看，问题远远没有这么简单，因为只有发现并证明已经发生的贿赂犯罪，使其实实在在地受到惩罚，刑事立法预防犯罪的功能才能最终实现。与受异科正是从这个角度出发的，尽管与受异科对侦破贿赂案件是否真的有积极效果依然有待证实。

从行为经济学的角度看，贿赂犯罪具有如下特征：有限理性的犯罪人，交易的非对等性，犯罪人的双重风险与信赖问题，犯罪人的相互依赖性与互惠倾向，交易的秘密性与证据的间接性，负外部性，以及受害人的间接性与社会危害的模糊性。[②] 在贿赂犯罪中，行贿人与受贿人双方各自都面临着两种贿赂困境（bribery dilemma）。对于行贿人而言，在是否行贿的问题上，行贿人面临行贿带来的诱人利益与担负受对方欺骗或被司法机关发现之风险的二难选择；事后在未达目的时，行贿人面临寻求报复与承担其高昂代价之间的二难选择。对于受贿人而言，在是否接受贿赂的问题上，受贿人面临诱人的贿赂与冒被司法机关发现之风险的二难选择；在是否为行贿人谋取利益问题上，受贿人面临行贿人举报与外部侦查两种风

---

① 何承斌：《论我国贿赂犯罪体系的重构》，《现代法学》2006 年第 6 期。

② Gaoneng Yu, *Towards More Reasonable and Effective Punishment Strategies for Bribery: A Comparative and Behavioral Study*, Hamburg: Verlag Dr. Kovac, 2012, pp. 124-127.

险。由此出发，立法者在选择刑罚策略时应当充分利用上述贿赂困境。基本的指导思想是充分利用贿赂犯罪人双方所面临的不确定因素，极力摧毁犯罪人之间的相互信任、增加各自的犯罪成本，减少贿赂犯罪的负外部性。[①]

然而，刑事立法在考虑刑罚的个案效果时却不应忽视刑罚对社会整体所产生的道德影响。除了威慑功能之外，刑罚同时也会对每一个社会成员产生一定的道德影响。从某种意义上说，"刑法本身及其适用补充和强化了正规教育以及其他非法律途径对人们产生的道德影响"[②]。费因伯格（Feinberg）认为刑罚具有其他制裁措施所缺乏的象征意义或表达意义："刑罚是一种代表权威部门自身或以其名义施行刑罚者表达憎恶、愤怒态度，以及反对、斥责等评判的传统机制。"[③] 他将此称为"刑罚的表达功能"（the expressive function of punishment）。也就是说，刑罚有助于塑造个体通过社会化所获得的基本的社会价值观念和社会规范。此外，我们不能忘记公正本身所具有的经济价值。套用经济学的术语，公正本身就是一种效用（utility）。美国刑法学家保罗·罗宾逊（Paul H. Robinson）将其称为"公正的效用"（Utility of desert）[④]。直觉告诉我们，公正的刑罚应当比不公正的刑罚更能有效地预防犯罪。"严格责任、行政犯以及针对轻微犯罪的明显不均衡的刑罚，从经济学角度看似合理，但却存在破坏法律公正性、削弱刑罚威慑功能的风险。"[⑤] 宽大行贿者有利于查处腐败分子，避免了司法机关一无所获，社会效果好，但其法律效果却值得怀疑。揭发受贿的行为本身属立功行为，应该从宽处理，但是当绝大多数行贿者都被免于处罚时，惩罚和预防行贿犯罪的刑法条款实际上就被架空了。

与受异科强调充分利用贿赂困境制定刑罚策略，即通过控制行受贿双

---

① 余高能：《贿赂犯罪的行为经济学分析》，《未来与发展》2015 年第 11 期。

② Johannes Andenaes, "The General Preventive Effects of Punishment", *University of Pennsylvania Law Review*, Vol. 114, No. 7, 1966.

③ Joel Feinberg, "The Expressive Function of Punishment", *The Monist*, Vol. 49, No. 3, 1965.

④ Paul H. Robinson, *Distributive Principles of Criminal Law*, New York: Oxford University Press, 2008, p. 11.

⑤ Dan M. Kahan, "Between Economics and Sociology: The New Path of Deterrence", *Michigan Law Review*, Vol. 95, No. 8, 1997.

方法定刑对比关系及自首从宽政策等关键变量打破贿赂均衡，并区分互惠行为与投机行为以减少贿赂犯罪的负外部性。与受同科虽然忽视了行贿受贿双方利益关系中的统一性，个案效果较差，但更加注重刑罚对社会整体所产生的道德影响，注重公正本身所具有的经济价值。毋庸置疑，对与受同科和与受异科两种刑罚策略的评价，应当综合考虑立法的公正性和预防犯罪的实际效果，兼顾个案效果和整体效应，① 而不可作简单化和片面化的理解。鉴于针对刑法法律进行现场实验（field experiment）的困难，德国马普学会波恩研究所的研究人员针对与受同科和与受异科两种刑罚策略设计了实验模型，分别在德国波恩大学和中国上海交通大学的经济学实验室面向大学生进行了行为决策实验。实验结果表明，两种处罚策略各自的利弊与行为经济学的理论分析预测基本吻合。② 可见，无论从传统逻辑还是从行为经济学角度看，两种刑罚策略均有一定的合理性。

对于两种刑罚策略的评价与选择需要考虑三个方面的问题。第一，公正优先抑或效率优先？与受异科是否会影响司法公正和社会正义？"正义是社会制度的首要价值，正像真理是思想体系的首要价值一样。"③ 然而，绝对的司法公正永远只是立法者与民众心中的终极理想。现实社会中，为寻求正义而有所妥协的协商性刑事法律制度正在逐渐被人们所接受。这种妥协在刑事实体法中表现为对于特定对象的特殊待遇以及自首、立功、时效、赦免等制度；在刑事程序法中表现为辩诉交易、污点证人制度、简易程序制度以及刑事和解制度等。第二，防患于未然抑或降低损害？在打击贿赂犯罪的问题上，遏制源头与侦查需要之间存在着明显的冲突。对于刑法来说，惩治贿赂犯罪不是一次性的博弈（one-shot game），而是长期的多次的重复博弈。除了注重单个贿赂案件的个案效果之外，立法还应当考虑反腐败工作的长远效果和整体效果，而与受同科所强调的正是这一点。单从理论上讲，遏制源头比侦查需要更为重要，与受异科的刑罚策略显然不利于从源头上预防贿赂犯罪；但是从现实的角度看，只有发现并证明已

---

① 余高能：《中西方贿赂犯罪刑罚策略的行为法经济学分析》，《陕西理工学院学报》（社会科学版）2015 年第 4 期。

② Christoph Engel, Sebastian J. Goerg, Gaoneng Yu, "Symmetric vs. Asymmetric Punishment Regimes for Collusive Bribery", *American Law and Economics Review*, Vol. 18, No. 2, 2016.

③ ［美］约翰·罗尔斯：《正义论》，何怀宏等译，中国社会科学出版社 1988 年版，第 1 页。

经发生的贿赂犯罪，使其受到实际的惩罚，刑法预防犯罪的功能才能最终实现。与受异科正是从这个角度出发的，尽管其对侦破贿赂案件的积极效果有待证实。第三，社会文化背景。中西方有着完全不同的社会文化背景。中国社会中的官本位与等级特权思想非常浓厚，而西方社会中的平等观念广泛存在。与受同科的刑罚策略能否与中国社会无缝链接也是一个需要时间来验证的问题。

若仅从有利于发现犯罪和获取证据的角度看，与受异科的刑罚策略与贿赂犯罪特别是自首制度的立法目的颇为接近，但其实际效果并不完全相同。与受异科在刑罚幅度的差异和确定性方面均大于特别自首制度，一方面，其对于行贿人的影响力或许更为显著，因为法定刑方面的从轻是无条件的，而量刑方面的从轻是附条件的，即行贿人自首或者坦白；但是另一方面，它也可能不利于促进行贿人自首，因为即便行贿人不自首，也可确定地享有比受贿人更轻的刑罚处遇。更为重要的是，二者的法律性质存在十分明显的差别，前者不可能被后者所代替。与受异科是法定刑上的无条件的区别对待，是立法上的差异，而特别自首制度是司法者需要结合具体案情予以考虑的量刑情节。法定刑是对犯罪行为的评价，其基础是犯罪行为的社会危害性大小和行为人罪责的轻重，优先考虑的是公正问题，行贿罪法定刑轻于受贿罪的理由只能从公正的角度寻求；自首及坦白等制度事关发现犯罪和获取证据的难易程度，着眼于刑法的运行效率，不但与公正无关，如果控制不当，还可能有损法律的公正。

3. 其他

背职贿赂显然比履职贿赂的社会危害性大，其法定刑应当比后者更重，以便做到罪刑相适应。事前贿赂与事后贿赂在本质上并无差别，在社会危害性上也无明显不同，因而二者的法定刑应当保持一致；尽管从案件侦查的角度来说，事后贿赂比事前贿赂更加隐蔽。就职前贿赂以及离职后贿赂与现职贿赂有所不同，前两者不具有公职人员的身份，属于影响力交易罪，因此法定刑应当比后者略轻，以示区别。影响力交易罪由于没有直接利用公共权力进行交易，应当为其设置比直接利用公共权力进行交易的狭义的贿赂犯罪明显轻缓的法定刑。法人或单位贿赂犯罪与自然人贿赂犯罪，国内贿赂与海外贿赂，其行为本质以及社会危害并无明显差别，故其法定刑亦应保持一致。

对于司法贿赂则应当设置比普通公职人员更重的法定刑，因为司法不公是最大的不公。亚里士多德将正义区分为分配的正义和矫正的正义，司法公正即属于后者。司法活动是社会正义的最后一道防线，它一旦与腐败结缘，伸张正义的最后机会就丧失了。不仅如此，司法贿赂无异于对受害人的二次伤害。弗朗西斯·培根（Francis Bacon）指出，"一次不公的判断比多次不平的举动为祸尤烈。因为这些不平的举动不过弄脏了水流，而不公的判断则把水源败坏了"①。

（三）保持贿赂犯罪与贪污罪及传统财产犯罪之间法定刑尺度的均衡

贿赂犯罪与贪污罪同属渎职犯罪，其侵害的法益基本一致，危害性也差别不大，所以应当对二者设置轻重大体相当的法定刑。而与盗窃罪及诈骗罪等传统财产犯罪相比，贿赂犯罪具有更大的危害性，其法定刑至少应当与前者保持同等水平，绝不能低于前者。

贿赂犯罪是对公共权力的盗用和滥用，正如 16 世纪休·拉蒂梅尔（Hugh Latimer）主教所言："贿赂是一种冠冕堂皇的盗窃。"② 从本质上讲，贿赂犯罪也是一种欺诈行为，其危害性与任何其他欺诈性的犯罪相比有过之而无不及。"受贿人和行贿人双方合谋共同欺诈社会公众、破坏公平交易、浪费公共资源、阻碍社会发展，并且常常增加人类的痛苦。"③白领犯罪通用三种核心方法，即欺骗、滥用公众信任以及隐藏和阴谋，而欺骗是其中最主要的一种。实际上，其他两种方法都只是欺骗得以完成或者使之特别容易得逞的手段。④ 作为职务犯罪，受贿罪由于是利用职务的便利进行犯罪，因而具有更大的欺骗性和危害性。受贿罪所产生的恶果并不仅仅是国库收入的减少、社会福利的削弱和人民财产的损失，而是整个社会肌体受损。贿赂犯罪助长官僚主义，殃及政府的威信和经济发展，动摇社会稳定的根基，其危害明显大于一般的财产性犯罪。

在中国刑法中，贪污罪和受贿罪适用同一档次的法定刑的犯罪数额条件远远高于普通盗窃罪和诈骗罪，形成事实上的重罪轻刑。究其原因，大致有两个：一是贿赂犯罪社会危害的抽象性、模糊性和受害人的间接性、

---

① ［英］弗·培根：《培根论说文集》，水天同译，商务印书馆 1983 年版，第 193 页。

② Hugh Latimer, *Selected Sermons*, Boston: Hilliard, Gray, and Company, 1832, p. 158.

③ Frank Vogl, "The Supply Side of Global Bribery", *Finance & Development*, Vol. 35, No. 2, 1998.

④ M. Benson and S. S. Simpson, *White Collar Crime: An Opportunity Perspective*, New York: Routledge, 2009, p. 81.

分散性；二是贿赂犯罪主体与公共权力的关联性。

长期以来，官员以公共职务作为"护身符"的现象，被视为中国的法制传统。这其实是一种误读。早在唐律中就明确把官吏的犯罪行为区分为"公罪"和"私罪"两大类。"公罪"也称"公坐"，《唐律疏议》解释说："私曲相须。公事与夺，情无私曲，虽违法式，是为公坐。"就是说，"公罪"是因承办公事不力、失误或者差错，而不是出于个人的私心或出于私利的目的。"公罪"的确定，主要是考察官吏主观上是否有"私心"或有"私利目的"，而不是看其行为后果是否"违法式"。"违法式"既可与"公心"相关系，也可与"私心"相联系。公罪就是官吏在执行公务过程中，"出以公心"的违法行为。所谓"私罪"，唐律注云"谓私自犯，及对制诈不以实，受请枉法之类"。《唐律疏议》进一步解释说："私罪，谓不缘公事私自犯者，虽缘公事，意涉阿曲，亦同私罪。"即承办公事时，出于私心动机，迎合上级或皇帝好恶，不讲真话，也和私罪相同。具体如"对制诈不以实者，对制虽缘公事，方便不吐实情，心挟隐欺，故同私罪。受请枉法之类者，谓受人嘱请，屈法申情，纵得财，亦为枉法"。

"公罪"和某些"私罪"的行为主体都是执行公务的各级封建官吏，但是却并非都与官吏职务行为直接相关。公罪"缘公事致罪而无私曲"，与官吏职务相关；至于私罪则应该区别对待，既不能全部都认定为与职守相关，也不能因有"私"而全部认定为官吏个人的私的行为。《唐律疏议》中的私罪并非都是纯粹的"私的行为"，私罪可以有两种情况，其一，与公事根本无关而违法犯罪，如个人盗、奸等行为；其二，利用职权贪赃枉法或诈取私利。前者是封建官吏的"私的行为"，与官吏的公务职责根本无关，完全是个人行为，抛开官吏这一特定犯罪主体身份，任何人均可为之。这部分私罪应划到职守范围之外。后者之所以称为私罪，是因为其行为动机出于私利，但是却与公事有关，或者直接利用执行公务职责之便，或者间接借助拥有的权势。正因如此，《唐律疏议》对"公罪"和"私罪"分别不同情况量刑，其基本原则是私罪者从重，公罪者减轻。公罪从轻，以免打击官吏工作的积极性；私罪从重，目的在于预防官吏滥用职权、以权谋私。官吏犯公罪，即使主观上无犯罪故意，主观心理属于不觉或不知情，大多数情况下也仍要被处罚，只不过在量刑上有所减轻。

唐律"公罪"和"私罪"的区分，既体现了中国古代刑法中定罪量刑原则的科学性，同时也反映了中国古代官吏所追求的理想的为官之道。宋代名臣范仲淹曾言"做官公罪不可无，私罪不可有"，意思是为官若勤于公务，不可避免地会有失误，但是不可夹带私心。如何通过法律制度建设既鼓励官员大胆开展工作又杜绝其以权谋私，是个值得研究的课题，而区分"公罪"和"私罪"的制度，为我们提供了一个不错的选择。

第三节　贿赂犯罪法定刑立法模式比较

一　援引法定刑模式与独立法定刑模式

（一）立法差异

在 1997 年 3 月 14 日第八届全国人民代表大会第五次会议修订后的《中华人民共和国刑法》中，贿赂犯罪与贪污类犯罪被规定在专门设立的"贪污贿赂罪"一章，足见二者关系之密切。不仅如此，受贿罪没有自己独立的法定刑，必须援引贪污罪法定刑的条款。该法第 386 条规定："对犯受贿罪的，根据受贿所得数额及情节，依照贪污罪的规定处罚。"这种立法模式实际上是对新中国成立初期刑事立法以及 80 年代的两个单行刑法的延续和继承。在 1952 年《中华人民共和国惩治贪污条例》中，贪污的概念包括受贿行为在内，并且行贿和介绍贿赂的行为也按贪污罪处罚。该条例第 6 条规定，"一切向国家工作人员行使贿赂、介绍贿赂者，应按其情节轻重参酌本条例第三条的规定处刑"。1982 年 3 月 8 日第五届全国人民代表大会常务委员会第二十二次会议通过的《关于严惩严重破坏经济犯罪的决定》采取了同样的立场。该决定明确规定，"国家工作人员索取、收受贿赂的，比照刑法第 158 条贪污罪论处，情节严重的处无期徒刑和死刑"。1988 年 1 月 21 日第六届全国人民代表大会常务委员会第二十六次会议通过的《关于惩治贪污罪贿赂罪的补充规定》延续了上述路径，规定犯受贿罪根据受贿所得的数额及情节，依据贪污罪的规定处罚。

与中国刑法不同，各国刑法均为受贿罪设置了独立的法定刑，并无受贿罪参照贪污罪处罚的立法例。而且，与中国刑法将贪污罪与贿赂犯罪归为一类集中加以规定不同，在单独设有贪污罪或相当于贪污罪的国家，也多将贪污与受贿作为不同类别的犯罪规定于不同章节中。例如，朝鲜将贪污规定在第十五章"侵害国家财产、社会团体及合作社财产的犯罪"中，而将受贿罪规定在第十九章"职务上的犯罪"中；蒙古将贪污罪规定于第七部分"危害经济的犯罪"第十九章"侵犯所有权的犯罪"中，而将受贿罪规定于第二十八章"渎职罪"中；日本刑法将包含贪污行为的"业务侵占罪"规定在第三十八章"侵占罪"中，而将受贿规定在第二十五章"渎职罪"中。有些国家虽将贪污与受贿作为同类犯罪加以规定，但将二者分列于不同章节并设置了各自独立的法定刑。如《西班牙刑法典》第十九编"破坏公共管理罪"第 5 章规定的是"贿赂"，其中第 419 条规定的是受贿罪；第七章规定的是"贪污和挪用公款"，其中第 432 条规定的是贪污罪。中国澳门地区刑法与西班牙刑法相似，虽然将受贿与贪污均看作"执行公共职务时所犯之罪"，但受贿（第 377 条）专门规定于第二节"贿赂"中，而贪污是作为"公务上之侵占"（第 340 条）规定于第三节之中。即使是在同一章节规定了独立的贪污罪与受贿罪的《意大利刑法典》中，也没有采用援引法定刑的模式；不仅如此，该法典中贪污罪的法定刑为 3—10 年有期徒刑，明显比受贿罪 2—5 年有期徒刑的法定刑重许多。

实际上，在中国 1979 年刑法中，对于贿赂犯罪也曾采用独立法定刑的立法模式，并将贪污罪与贿赂罪分章规定。受贿罪被置于渎职罪一章之首，贪污罪则被列入侵犯财产罪之尾，二者在法定刑上也存在较大差异。贪污罪的法定刑划分为三个档次，其中最高档为无期徒刑或死刑。而贿赂犯罪只有两个档次，最高档为 5 年以上有期徒刑，明显比贪污罪轻许多。中国历史上也早就有此种立法例。《唐律疏议》中的监临主守自盗，是现代刑法中贪污罪的前身，规定在《贼盗律》中，主要将其作为财产犯罪对待；而贿赂犯罪则规定在《职制》中，突出其职务犯罪的属性。1997 年刑法将贪污罪与贿赂罪归为一类，显然旨在强调二者作为职务犯罪的共同属性。单从犯罪客体上讲，二者均可归入渎职罪。新刑法典之所以将二者专章单列，除了突出显示刑法的重视外，大概是因为渎职罪一章已经非常庞大的缘故。

（二）成因分析

基于历史文化和法律传统的不同，贪污罪在各国刑法中的规定存在较大差异。西方刑法中极少存在与中国刑法中贪污罪含义完全相同的罪名。在许多西方国家的刑事立法中，贪污行为一般被视为财产犯罪，包含在侵占罪或业务侵占罪之中。也就是说，除极少数国家将贪污罪从财产罪中分离出来，单独规定在公职人员实施的职务犯罪之中外，绝大多数国家没有规定独立的贪污罪。

直接规定贪污罪的国家主要是意大利和西班牙。《意大利刑法典》第314条"贪污"，规定在第二章"侵犯公共管理罪"第一节"公务员侵犯公共管理的犯罪中"，指"公务员或受委托从事公共服务的人员，因其职务或服务的原因占有或者掌握他人的钱款或动产，将其据为己有"的行为；《西班牙刑法典》第432条规定了贪污罪，即"当局或公务员以谋取利益为目的，自己贪污或放任具有相同目的的第三人贪污因其职务管理的公共资产或财产"的行为。该罪隶属于第十九编"破坏公共管理罪"。

《澳门刑法典》第340条规定的公务侵占罪，从其所规定的行为方式来看，相当于内地刑法中的贪污罪。该罪属于第五章"执行公共职务时所犯之罪"，指"公务员为自己或他人之利益，将因其职务而获交付、占有或其可接触之公有或私有之金钱或任何动产，不正当据为己有"的行为。台湾刑法第336条规定的"公务或公益侵占罪"也与内地刑法贪污罪的行为类型大致相似。①

在日本刑法和俄罗斯刑法中，贪污行为通常以侵占罪论处。《日本刑法典》第三十八章规定的3种侵占罪中有两种与贪污行为有关。该法第252条（普通侵占罪）规定，"侵占自己占有的他人财物的，处五年以下惩役"；第253条（业务侵占罪）规定，"侵占在业务上由自己占有的他人财物的，处十年以下惩役"。这两种侵占罪又被称为侵占委托物罪，是基于财物的委托，破坏了委托人与受托人之间的信任关系。《俄罗斯联邦刑法典》只规定了普通侵占罪。根据该法第160条的规定，"侵吞或盗用罪"是指"侵占他人托付给犯罪人的财产"的行为。

法国刑法和德国刑法中除个别罪名涉及具体的贪污性质的行为之外，其余贪污行为都以侵占罪论。《法国刑法典》第432-15条规定的窃取或隐匿财产罪，属于"由履行公职的人实施的危害公共行政管理罪"，其构成要件包含了特定公职人员窃取公共或私人资金或者其他因其职务或工作而交付于他的任何其他物件的行为。《德国刑法典》第353条"克扣支付罪"属于第三十章渎职犯罪，指"公务员对于公务上的金钱或实物给付，违法地加以克扣，且作全部支付记载"的行为；第246条则规定了侵占

---

① 何承斌：《贪污犯罪比较研究》，博士学位论文，西南政法大学，2004年。

罪，即非法剥夺已在自己占有或保管之下的他人财物。关于侵占的概念，有取得行为说和越权行为说。根据取得行为说，侵占是指非法取得自己占有的他人之物的行为，也就是实现非法取得意思的行为；根据越权行为说，不需要有非法占有的意思，只要对占有物实施了超越权限的行为就构成了侵占罪。侵占是破坏了基于委托而产生的信任关系，是行为人超越其对占有物的权限的行为。①

英美刑法也没有专门的贪污罪名，贪污行为通常被认定为侵占罪。侵占罪（embezzlement）在英国刑法中是一个制定法上的罪名，由 1916 年《盗窃罪法》（*Larceny Act 1916*）第 18 条和第 19 条所创设。学理上认为，侵占罪指代理人或雇员等任何处于受委托地位的人，欺骗性地将他人的财产转为己有的行为。后来，侵占罪被新的 1968 年《盗窃罪法》（*Theft Act 1968*）第 1 条新设立的涵盖性更强的罪名即"盗窃罪"（*theft*）所取代。根据新法，盗窃罪是指"以永久性地剥夺他人财产所有权的意图，不诚实地占有属于他人的财产"。受英国影响，中国香港地区刑法中也没有相当于中国内地刑法中的贪污罪的罪名。按照香港刑法的规定，公务人员利用职务之便，侵占公共财物的以盗窃罪论处。而根据美国刑法，所谓的贪污罪也归入侵占罪，即采用欺诈的方式转移了被告对于根据协议所保有的合法的私人财产或其他财产的行为。

虽然贪污行为在西方刑法中通常被认定为侵占罪，但是西方国家的侵占罪与中国刑法中的贪污罪明显不能等同。侵占罪的主体多为一般主体，贪污罪则仅限于公职人员；侵占罪对于其犯罪对象并不区分公共财产和私有财产，而贪污罪的对象只能是公共财物。由于独立而完整地作为职务犯罪的贪污罪在西方刑法中不占据主导地位，加之二罪危害性的差异，导致在西方刑法中很难出现受贿罪援引贪污罪法定刑的立法现象。

二　贿赂犯罪法定刑模式的合理选择

中国刑法第 386 条规定以贪污罪的法定刑评价受贿罪，这一立法模式考虑到了受贿与贪污渎职的共性因素，有利于体现法条简洁的要求，但是没有注意到两种犯罪的本质差别。对于两种罪质差异较大的犯罪行为，共同适用同一套法定刑配置标准，其不同的性质在犯罪数额及情节条件上能

---

① 董邦俊：《两大法系贪污罪立法评析》，《武汉大学学报》（人文科学版）2004 年第 5 期。

否实现同一性，其量化标准是否具有合理性，都是值得怀疑的。

首先，两罪的犯罪性质及侵害客体并不完全相同，刑法对二者进行评价时的侧重点理应有所不同。从表面看，贪污罪侵害的客体是国家工作人员的职务廉洁性和公共财产所有权，受贿罪侵害的客体是"国家工作人员职务行为的廉洁性"，贪污罪侵害的社会利益范围大于受贿罪。但是深入分析，可以发现受贿罪对国家权力的侵害方式与贪污罪并不相同。贪污罪对公务廉洁性的侵犯主要是通过给公共财产造成损害的形式来体现的，其主要的危害是财产损失；而受贿罪中，行为人是以自己掌控的职权与他人利益进行交易，滥用职权的行为不仅直接损害了国家权力，而且通过与其相对的行贿行为直接腐蚀着社会机体，反过来弱化了国家权力应有的威望、效能和公平。可以说，贪污罪对国家和公共利益的侵害是有形的、具体的和直接的，而受贿罪的侵害是无形的、抽象的和间接的。

其次，两罪体现社会危害性大小的因素并不相同，刑法对二者进行评价时所要考虑的因素不可能完全相同。虽然贪污犯罪既侵犯了公共财物的所有权，又侵犯了国家工作人员职务行为的廉洁性，但是贪污罪侵犯的法益首当其冲是公共财物的所有权，贪污罪更多地具有财产犯罪的特性，所以"数额"在贪污罪的量刑标准中处于相对重要地位；而受贿罪所保护的法益是国家工作人员职务行为的不可收买性以及公正性，评判受贿罪违法性程度主要应聚焦于"职务行为"而非"贿赂数额"，① 反映受贿罪社会危害性大小的主要因素是犯罪手段（如是否索贿）及其造成的后果（如是否滥用职权造成其他严重危害社会的后果）等，犯罪数额不属于第一要素。受贿数额与行为所造成的社会危害性之间并不是必然的正比例关系。受贿后枉法与不枉法的社会危害性不可相提并论。在有些受贿案件中，其他情节的危害性甚至比受贿数额的危害性更大。受贿罪与贪污罪虽然同属职务犯罪，但是受贿罪更注重其渎职性，贿赂数额不是根本；而贪污罪则更强调其对公共财产的侵犯，其对社会所造成的危害是与贪污数额密切相关的，以贪污数额大小作为量刑轻重的主要依据，符合罪刑相适应的原则。

最后，两罪的行为结构、查处难度及间接危害均有不同，刑法对二者

---

① 康均心：《受贿罪若干新问题讨论——以〈刑法修正案（九）〉和"两高"司法解释为视角》，《武汉公安干部学院学报》2016 年第 3 期。

进行评价时所要考虑的因素不可能完全相同。第一，从行为结构上看，贪污罪属于单独犯，系单方行为，贿赂犯罪属于对行犯，系双方行为。第二，贪污罪的行为方式与一般的盗窃、诈骗及侵占行为类似，具有自然犯的特征，对社会的危害是显性的；而受贿罪行为方式表现为行受贿双方的权钱交易，对于社会的危害是隐性的。第三，贪污罪的危害性一般止于己罪，及时全部退赃就可以消除客观的影响；而受贿罪因具有"为他人谋取利益"的开放性要件，每一个权钱交易行为的完成，往往意味着一项严重的渎职犯罪随之成立，另一严重的危害后果同时产生。[①]

综上所述，贿赂犯罪与贪污罪在法益侵害及构成要件上存在诸多不同之处，不宜按照贪污罪的犯罪情节来设置其法定刑的轻重。对于受贿罪，刑法应当抛弃援引法定刑模式，采用独立法定刑模式，以受贿罪自身的犯罪情节为主设置轻重不同的法定刑档次。

---

① 陈磊：《犯罪数额规定方式的问题与完善》，《中国刑事法杂志》2010 年第 8 期。

第六章　中外贿赂犯罪之自首制度比较

第一节　立法比较

一　中外刑法关于自首的立法模式

各国关于自首的规定，基于法律观念和法律传统的差异而呈现出多样性。根据规定自首内容的法条在刑法典中的位置，可将自首的立法模式划分为三种，即总则性规定、分则性规定，以及总则加分则双重规定；根据自首在法条中的表述方式，可将其划分为明确性规定与实质性规定两种；而根据自首的在量刑中的地位，则可将其划分为专条式独立量刑制度与列举式具体量刑情节两种。而综合以上各种标准，可将自首的立法模式划分为明确性规定和实质性规定两大类型，在每个大类中可进一步划分为总则性规定、分则性规定及总分则双重规定三个小类。

总则性规定，将自首作为一种量刑制度规定在刑法总则中，适用于刑法分则的一切犯罪。其特点是突出量刑公正和刑罚个别化原则，未设专条定义，仅将之作为量刑时从宽处罚的一个情节与其他同类情节规定在一起，供法官在决定刑罚时考虑。罗马尼亚、保加利亚、蒙古、巴西、奥地利等国刑法采用此种方式。分则性规定，将自首制度规定在刑法分则中，仅适用于某些特定的犯罪。其特点是只要行为人实施了分则条文明确规定自首从宽处罚的罪，法官量刑时就可对犯罪人的自首情节予以考虑。具体哪些罪规定有自首情节，各国刑法规定不一，但都是立法者认为危害性最大的犯罪。总则分则双重规定的方式，分则中的特别自首仅适用于该条文规定之罪，总则中的一般自首则适用于分则条文中对自首未做特别规定的一切罪条，如俄罗斯、日本、韩国、中国大陆及台湾地区等。这种方式的特点是分则中的特别自首的从宽幅度大于一般自首，其宗旨是借此遏制某些特定的犯罪。

（一）明确性规定

1. 总分则双重规定

该模式主要为亚洲国家所采用。1996 年通过的《俄罗斯联邦刑法典》① 总则第三编"刑罚"第十章"处刑"第 61 条"减轻刑罚的情节"第 1 款第 9 项规定："自首，积极协助揭露犯罪、揭发同案犯和起获赃物"，是减轻刑罚的一种情节。第 64 条"判处比法定刑更轻的刑罚"第 1 款规定："……在集团犯罪的参加者积极协助揭露该犯罪时，刑罚可以低于本法典分则有关条款规定的低限，或者法院可以判处比本条的规定更轻的刑种，或者不适用本来作为必要从刑规定的从刑。"第四编"免除刑事责任与免除刑罚"第十一章"免除刑事责任"第 75 条"因积极悔过而免除刑事责任"第 1 款规定："初次实施轻罪的人，如果在犯罪之后主动自首，协助揭发犯罪"，"则可以免除刑事责任"。第 2 款规定："实施其他种类犯罪的人，在具备本条第一款所规定的条件时，只有在本法典分则有关条款有专门规定的情况下，才得被免除刑事责任。"根据俄罗斯刑法学者的注解，这里的"自首"是指犯罪人按照自己的意志向调查机关、侦查机关、检察院或法院坦白自己所实施的犯罪的情形。而协助揭发犯罪，则可以表现为交出犯罪的工具和手段，指认犯罪现场或赃物存放地点，揭发同案犯，以及其他类似行为。

《俄罗斯联邦刑法典》分则针对一些实施较严重犯罪的行为人在犯罪后有积极悔过表现的，作了应当免除刑罚的规定，以作为刑法典第 75 条规定的例外。从内容看，其中有些情形实质上属于特别自首。如第 204 条关于"商业贿买"的规定，第 205 条关于"恐怖行为"的规定，第 228 条关于"非法制造、购买、保管、运送、寄送或销售麻醉物品或精神药物"的规定，第 275 条关于"背叛国家"的规定，第 291 条关于"行贿"的规定，以及第 307 条关于"故意做虚假陈述、故意提供虚假鉴定结论或故意做不正确的翻译"的规定等。

---

① 最近一次修订于 2004 年 12 月 28 日，英译本 *The Criminal Code of the Russian Federation*，http：//www. legislationline. org/documents/section/criminal-codes 以及黄道秀等译《俄罗斯联邦刑法典》，北京大学出版社 2008 年版。

《日本刑法典》① 总则第七章 "犯罪的不成立和刑罚的减免" 第 42 条对自首作了一般性规定："犯罪未被搜查机关发觉前自首者，得减轻其刑。告诉乃论之犯罪，犯人向有告诉权之人认罪者，亦同。" 同时，该法典分则针对特定罪行规定了更为宽和的自首制度。该法第 80 条规定，犯预备或阴谋内乱罪以及帮助内乱罪而自首的，免除刑罚；第 93 条规定，犯预备或阴谋私战罪而自首的，免除刑罚；第 170 条规定，犯伪证罪在判决确定前或惩戒或处分前自行坦白的，免除刑罚；第 228 条之 3 规定犯预备绑架勒索罪而自首的，减轻或免除刑罚。

《韩国刑法典》② 第一编 "总用" 第三章 "刑罚" 第二节 "量刑" 第 52 条（自首、自白）规定："（一）犯罪后向搜查机关自首的，可以减轻或者免除处罚。（二）告诉才处理的犯罪，向被害人自白者，准用前项的规定。" 同时，该法典分则某些条文针对个别犯罪还规定了特别自首。如第 90 条关于内乱杀人罪。第 101 条诱致外患罪、通敌罪、间谍罪等，第 111 条对外国私战罪，第 120 条使用爆炸物危害公共安全类犯罪，第 153 条伪证罪，第 157 条诬告罪，第 157 条放火罪，第 213 条伪造货币罪等。

中国刑法第 67 条规定："犯罪以后自动投案，如实供述自己的罪行的，是自首。对于自首的犯罪分子，可以从轻或者减轻处罚。其中，犯罪较轻的，可以免除处罚。被采取强制措施的犯罪嫌疑人、被告人和正在服刑的罪犯，如实供述司法机关还未掌握的本人其他罪行的，以自首论。" 同时，刑法分则相关条文针对贿赂犯罪规定了特别自首。

台湾地区刑法典总则第八章 "刑之酌科及加减" 第 62 条（自首之减轻）规定："对于未发觉之罪自首而受裁判者，减轻其刑。但有特别规定者，依其规定。" 同时，该法典分则某些条文针对个别犯罪还规定了特别自首。如第 102 条、第 122 条第 3 项和第 154 条第 2 项规定，犯阴谋或预备普通内乱罪、阴谋或预备暴动内乱罪、行贿罪、参加犯罪结社罪后自首的，必须减轻或免除处罚。

---

① 最近一次修订于 2007 年 6 月 12 日生效，参见日本政府官方英译本 *Penal Code of Japan*，http: //www. cas. go. jp/jp/seisaku/hourei/data/PC. pdf。

② 金永哲译：《韩国刑法典及单行刑法》，中国人民大学出版社 1996 年版。

2. 总则性规定

《美国量刑指南》是由隶属美国国会的独立联邦机构量刑委员会所制定的。该指南明确将自首（voluntary disclosure of offense）规定为可以从宽处罚的情节之一。《指南》§5K2.16 即第五章"确定判决" K 部分"偏离规则"第 2 节"偏离规则的其他理由"第 16 条"自首（政策说明）"指出："如果被告在犯罪行为暴露之前自愿向当局坦白犯罪事实，承担责任，而且上述犯罪如不自首不大可能被发现时，法院在可适用的指南幅度以下量刑是合理的。例如，在被告因悔恨而促使其自愿坦白未发现的犯罪时，可以考虑向下偏离本指南。如果被告的动机是认识到所实施之犯罪已很可能被发现，或被告的坦白发生在其相关的犯罪行为进行调查或起诉过程中，本条款就不适用。"①

围绕着量刑指南制度的争论自其被引入时起就一直存在。联邦最高法院已在其判决中认定，宪法第六修正案规定的在陪审团面前受审的权利，要求任何可能导致更严重的量刑结果的事实情节，必须由陪审团在排除合理怀疑的情况下认定。没有陪审团认定作为依据，法官不能根据量刑指南规定的事实情节自主地加重量刑。据此，法官一方面不再有义务一定要适用根据指南确定的刑罚，另一方面他们在做出其独立的量刑决定时仍必须考虑指南的建议。② 也就是说，尽管量刑指南在实践中已经不再具有强制实行的效力，但其指导意义还是不容否认的。从实际情况来看，法官们就是这样做的。需要注意的是，对于自首制度而言，这种争论和质疑实际上是不存在的，因为自首只会减轻而不是加重被告人的刑罚。

（二）实质性规定

实质性规定，即刑法典中虽未明确规定自首制度和使用自首这一术语，但其相关法条中却蕴含着自首从宽的精神，如德国、法国、意大利等国。③

1. 总分则双重规定

多数西方国家的刑法典虽未明确规定独立的自首制度，但往往把行为

---

① United States Sentencing Commission, Guidelines Manual 2010.

② ［美］马克·博格、艾兰·Y. 苏尼:《美国的联邦量刑指南制度》，张明、戴昕译，《人民法院报》2005 年 11 月 11 日。

③ 参见周振想《自首制度的理论与实践》，人民法院出版社 1989 年版，第 18—26 页。

人犯罪时或犯罪后的态度规定为法官裁量刑罚时应斟酌的情节，这些情节无疑也包含自首的内容。1998 年的《德国刑法典》① 在总则部分并没有明确规定自首制度，但第三章"犯罪的法律后果"第二节"量刑"第 46 条（量刑的基本原则）第 2 款规定："在量定时法院要对照考虑对行为人有利和不利的情况。此时特别要考虑：……行为之后的活动、特别是其补偿损害的努力及行为人实现与被害人和解的努力。"德国刑法学者在注解该条规定时指出，对法院而言，在量刑时考虑行为人在刑事程序中的态度，尤其是激发行为人通过坦白以查明犯罪行为的热情——这常常会缩短诉讼程序——是可以理解的。刑事程序在时间上后于犯罪行为，因此，行为人的诉讼态度被第 46 条第 2 款第 2 句所述之量刑思考"行为之后的活动"所包括，也是无须争论的。

此外，《德国刑法典》分则的个别条文还设有一些实质属于特别自首制度的规定。如该法第 98 条第 2 款关于从事背叛国家的特务活动的行为人的规定，第 87 条第 3 款关于从事具有破坏目的的特务活动的行为人的规定，第 129 条第 6 款、第 192a 条第 5 款关于建立犯罪团体或者恐怖团体的行为人的规定，第 149 条第 2 款关于预备伪造金钱和有价票证的行为人的规定，第 261 条第 9 款关于从事洗钱的行为人的规定等。德国刑法理论将上述规定称为"主要证人规定"。设置这种规定的主要目的在于，在行为人作为刑事追诉机关的情报提供者的情况下，为其提供一种奖励性的减免刑罚机遇。②

《意大利刑法典》③ 总则也没有规定自首制度，但该法第 133 条的规定蕴含着自首从宽的精神。根据该条规定，法官在行使刑罚裁量权时，不仅应当根据具体情况认定犯罪的严重程度，而且还应当根据犯罪人"犯罪时的品行和犯罪后的品行"认定其犯罪能力。意大利刑法学者在注解该条文时指出，这里的"犯罪时的品行和犯罪后的品行"，尤指"犯罪人在诉讼过程中的行为，但不包括犯罪人行使权利的行为，如被告人有权拒绝回答讯问人的问讯，不容许将行使权利的行为作为加重犯罪人刑罚的条

---

① 最近一次修订于 2009 年 6 月 29 日，参见英译本 M. Bohlander, *The German Criminal Code: A Modern English Translation*, Hart Publishing, Oxford, 2008。

② 周加海：《自首制度研究》，中国人民公安大学出版社 2004 年版，第 253 页。

③ 黄凤译注：《最新意大利刑法典》，法律出版社 2007 年版。

件"。也即是说，如果犯罪人在刑事诉讼中采取合作态度，主动供述自己的罪行，则法官可认为其犯罪能力较小、再犯可能性较低，而对之酌情从轻处罚。

同时，《意大利刑法典》分则在个别条款中设有类似于自首制度的规定。如该法第 376 条关于向公诉人提供虚假情况、虚假证明以及虚假鉴定或翻译的规定，第 385 条第 4 款关于脱逃的规定，第 630 条关于绑架勒索的共同犯罪人的规定。此外，在诸如反恐怖、反毒品交易和犯有组织的犯罪的立法中，也设有对为司法调查提供了有意义合作的人从宽处罚（可大幅度减刑或者采取缓刑、假释等措施）的规定。

2. 总则性规定

《澳门刑法典》① 总则中未规定自首制度。但是，其在其司法实践中，法官常根据该法第 65 条（刑罚分量之确定）第 2 款的规定"在确定刑罚之分量时，法院须考虑所有对行为人有利或不利而不属罪状之情节，尤须考虑下列情节：……作出事实之前及之后之行为，尤其系为弥补犯罪之后果而作出之行为……"将自首视为犯罪后的良好行为而在量刑时作为有利于被告的情节加以考虑。

3. 分则性规定

《法国刑法典》② 分则针对某些特定的罪行设立了实质属于自首从宽制度的规定。此类规定分为两种情形：第一种是对揭露某些严重犯罪的"揭发者"免除刑罚。这里所说的"揭发者"（控告人），是指作为正犯或共犯参加了犯罪或参与了犯罪预备，但为社会提供了服务，将拟定中的重罪以及与此犯罪有牵连的人的身份告诉司法机关（或行政机关）的人。考虑到告发人所提供的这种服务，立法者认为这样的告发人应当得到特别的免除刑罚的优待，因为有些犯罪如果无人告发，也许很难发现。设有这类免除刑罚规定的条文和罪行有：第 412-2 条规定的谋反罪以及第 414-3 条规定的对谋反罪的告发；第 414-2 条规定的对叛国罪与间谍罪的告发；第 422-1 条规定的对恐怖活动罪的告发；第 434-37 条所规定的对越狱罪的告发；第 442-9 条规定的对伪造货币或银行券的犯罪活动的告发；第

---

① 澳门政府法律翻译办公室译：《澳门刑法典澳门刑事诉讼法典》，法律出版社 1997 年版。

② 最近一次修订于 2005 年 7 月 7 日，参见法国政府官方英译本 French Penal Code，http：// 195. 83. 177. 9/upl/pdf/code_ 33. pdf。

450-2 条规定的对坏人结社罪的告发。法定的免除刑罚一般只适用于未遂罪的罪犯（阴谋犯）。仅为告发尚不至于享有这种免除刑罚处遇；只有既为告发，并因此得以避免有关犯罪既遂，且在相应场合，得以侦破其他犯罪分子时，才能得到这种免除刑罚处遇。

第二种是对"悔过的人"从轻处罚。1986 年 9 月 9 日法国关于同恐怖活动作斗争的法律，对在受到任何追诉之前，经其本人向行政主管机关或司法主管机关告发，从而得以或方便侦破其他犯罪人的恐怖活动分子，给予减轻处罚的宽宥条件，使适用的刑罚减轻一半。后来，法国新刑法典又将这一规定扩大适用于其他犯罪。在理论上，法国刑法学者将之概括为"对悔过的人从轻处罚"原则。这里的"悔过"，结合其具体表现看，实质上相当于自首。设有这类"对悔过的人从轻处罚"规定的条文和罪行包括第 222-43 条规定的毒品犯罪的正犯或者共犯，第 414-4 条规定的通谋外国罪、为外国收集情报罪、为外国获取或提交情报罪及领导或组织暴动罪的正犯或共犯，第 422-2 条规定的恐怖活动罪的正犯或共犯，以及第 442-10 条规定制造假币犯罪的正犯或共犯。

二　中外刑法关于贿赂犯罪自首的特别规定

虽然贿赂犯罪作为典型的对向性犯罪，存在受贿者与行贿者双方，但从各国立法通例来看，贿赂犯罪特别自首制度所适用的犯罪类型主要集中在行贿罪与介绍贿赂罪这两个罪名。对于受贿罪，多数国家都没有设置特别自首制度。同时，从特别自首的效力上看，可将其划分为"可以型"从宽处罚模式和"应当型"从宽处罚模式两种。

（一）"可以型"从宽处罚模式

中国刑法第 164 条第 3 款规定："行贿人在被追诉前主动交代行贿行为的，可以减轻处罚或者免除处罚。"第 390 条第 2 款规定："行贿人在被追诉前主动交代行贿行为，可以减轻或者免除处罚。"刑法第 392 条第 2 款规定："介绍贿赂人在被追诉前主动交代介绍贿赂行为的，可以减轻处罚或者免除处罚。"最高人民法院、最高人民检察院 2007 年 7 月 8 日联合发布的《关于办理受贿刑事案件适用法律若干问题的意见》第 12 条"关于正确贯彻宽严相济刑事政策的问题"规定："依照本意见办理受贿刑事案件，要根据刑法关于受贿罪的有关规定和受贿罪权钱交易的本质特征，准确区分罪与非罪、此罪与彼罪的界限，惩处少数，教育多数。在从严惩处受贿犯罪的同时，对于具有自首、立功等情节的，依法从轻、减轻或者免除处罚。"1999 年 3 月 4 日最高人民法院、最高人民检察院《关于在办理受贿犯罪大要案的同时要严肃查处严重行贿犯罪分子的通知》规定："行贿人在被追诉后主动交代行贿行为的，对行贿罪也可以酌情从轻处罚。"

《刑法修正案（九）》对贿赂犯罪的自首做了较大的改进。首先，突破性地增设了受贿罪特别自首制度。刑法第 383 条第 3 款规定："犯第一款罪，在提起公诉前如实供述自己罪行、真诚悔罪、积极退赃，避免、减少损害结果的发生，有第（一）项规定情形的，可以从轻、减轻或者免除处罚；有第（二）项、第（三）项规定情形的，可以从轻处罚。"其次，对行贿罪的特别自首作了更为细致的规定，明确了免除处罚的条件。第 390 条规定："行贿人在被追诉前主动交代行贿行为的，可以从轻或者减轻处罚。其中，犯罪较轻的，检举揭发行为对侦破重大案件起关键作用，或者有其他重大立功表现的，可以免除处罚。"

2010 年修订后的《西班牙刑法典》① 第 426 条规定，"当局或公务员并非经常受贿，且收受礼品或赠品后不超过二个月内主动向负责调查贿赂行为的当局坦白，只要该当局尚未开始对该受贿行为进行调查的，可以免除刑罚"。

（二）"应当型"从宽处罚模式

1996 年《俄罗斯联邦刑法典》第 291 条附注规定，"如果公职人员进行索贿，或行贿人主动向有权提起刑事案件的机关坦白行贿事实的，行贿人免除刑事责任"；《蒙古刑法典》第 131 条附则规定，"行贿或者介绍行贿的有罪人，如果是在行贿以后即行自首的，免除他的刑事责任"。《阿尔巴尼亚刑法典》第 213 条第 2 款规定："在追究刑事责任以前已经自首的行贿人，不负刑事责任。"《保加利亚刑法典》第 263 条规定："如果由于公职人员的勒索而赠送、建议或者允诺贿赂，并立即自动向政权机关告发的，不受处罚。"《捷克斯洛伐克刑法典》第 184 条规定："仅因他人向自己要求交付或者应许贿赂的，或者自动并立即将贿赂行为向检察长或者人民公安机关报告的，不负交付贿赂和间接贿赂的刑事责任。"印度 1988

----

① 最近一次修订于 2014 年 12 月 4 日，参见潘灯译《西班牙刑法典》，中国检察出版社 2015 年版。

年《反腐败法》第 24 条规定："在审理公务员受贿案件时，如果某人供认他已经送给该公务员合法报酬之外的酬金或者物品，那么，不得对其提起诉讼。"① 台湾地区《贪污治罪条例》第 10 条规定，犯行贿罪后六个月内自首的，免除其刑；逾期六个月自首的，减轻或免除其刑。

第二节　贿赂犯罪特别自首制度的理性分析

一　自首从宽的合理性根据

德国判例部分地肯定了行为人的诉讼态度具有追溯行为责任的效果，因为无论是"厚颜无耻地"对犯罪行为加以否认，还是明确表白其犯罪行为的"正确性"，均表明了行为人对相关法益的消极态度及更为深重的罪责。但是，德国刑法理论对自首从宽的合理性充满疑虑。首先，从行为人犯罪后的辩护态度到行为人行为时的思想的反向推论无论在心理学还是法学上都是存在疑点的。在某种情况下特定的动机，比如悔罪，或者顽固的反法律性，也许可推测出行为人再社会化的前景；但无论坦白或对罪责的否定，其真实的原因在刑事程序中是很难查清的，而当每个被告人都知道坦白会从轻处罚时则更是如此。其次，量刑时对犯罪人诉讼态度的每一种考虑都是与辩护自由的诉讼法原则相抵触的。对被告人在诉讼中的"合作"态度用减轻处罚予以奖励，而将积极否定行为视为加重处罚事由，显然削弱了被告人的诉讼自主权。② 此外，有学者对被称为"主要证人规定"的特别自首提出了批判和指责：一方面，其司法实践效果"至少还是值得怀疑的"；另一方面，这类规定"以违反公正的方法破坏了量刑法的标准。一个罪责重大的行为人往往得到比其他行为人更轻的刑罚，不是因为他的行为罪责更轻或他的再社会化可能性较大，而是仅仅因为他在破获其他犯罪的犯罪侦查上的优势。因此，量刑以不允许的方式成为不

---

① 参见郤兰芳《论贿赂犯罪中的特别自首制度》，硕士学位论文，中国政法大学，2008 年。

② 参见［德］汉斯·海因里希·耶赛克、托马斯·魏根特《德国刑法教科书》，徐久生译，中国法制出版社 2001 年版，第 1066—1067 页。

相关目的之道具"。①

与此相似，意大利刑法学者认为，这类给予提供"程序性合作"的犯罪人以"奖励措施"的规定，实际上等于承认：离开了有机会与当局进行有偿交易的犯罪人的合作，现行法律制度的镇压功能就不能满足一般预防的需要。这种做法的风险是很大的，特别是由于这些"悔罪人"为了能够尽可能地从合作中得到最大的好处，完全可能提供一些陈述，而这些陈述在法官眼里具有特殊的效力。

与欧洲国家对自首从宽持怀疑态度不同，亚洲国家对自首从宽大多持肯定态度。日本学者认为，之所以把自首作为任意减刑的理由，在政策意图上是为了便于对犯罪的搜查和处罚，同时也考虑到事后减轻行为人改悔后的责任。与之类似，中国台湾地区刑法学者认为，自首不但奖励行为人之悔改认过，而且使国家之追诉节省人力与物力，易于查明犯罪之事实真相，故现行法采取自首必减轻制度。中国内地学者对自首从宽的合理性也毫不怀疑，只是在其正当性的根据问题上存在不同的认识，主要有四种观点。第一种观点从犯罪的社会危害性出发，认为犯罪的社会危害性始于犯罪人的预备犯罪之失控，但是却并不终止于犯罪行为实施完毕之时，犯罪行为实施完毕之后，其对于社会的危害依然处于一种持续状态，直至犯罪人归案甚至受到惩罚，这种危害社会的持续状态才告结束。犯罪发生之后，犯罪人无论出于何种动机投案自首，均意味着自行终止了因自己的犯罪行为所形成的危害社会的持续状态；与实施犯罪之后犯罪人隐匿、外逃的情形相比，意味着自动减少对社会的危害性。第二种观点则从人身危险性出发，认为自首是表明犯罪人人身危险性大小的指标，自首从宽的根据只能从人身危险性的减少得以说明，与社会危害性没有关系。第三种观点认为，对犯罪人悔过从善的态度应给予鼓励，尽管不能完全排除为减刑而自首的动机存在。第四种观点认为犯罪的社会危害性程度是对于犯罪的客观危害和罪犯的主观恶性的综合评价，对自首的从宽评价也应从这两个方面考察。

上述四种观点都有一定的道理，但都存在着不足。第一种观点认为自首从宽的依据在于行为人结束了社会危害性的持续状态，显然是对社会危

---

① ［德］汉斯·海因里希·耶赛克、托马斯·魏根特：《德国刑法教科书》，徐久生译，中国法制出版社 2001 年版，第 1072 页。

害性的性质认识有误。社会危害性基于犯罪事实而存在，不会因犯罪人自首而改变。第二种观点从人身危险性减少的角度，说明自首者自愿将自身置于有关机关的控制之下等候司法追诉，可以解释一般自首从宽的依据。但不能解释准自首从宽处理的依据，因为准自首的情况下犯罪分子已被控制而失去再犯可能性。第三种观点主要从刑罚目的考虑，注重刑罚的实际效果，但是有失之不公之嫌。第四种观点从犯罪行为的客观危害和罪犯人的主观恶性两方面的减少出发，抓住了主观恶性这一关键因素，但从社会危害性中寻求解释，系方向性的错误。

对于自首从宽处理的合理性根据，可以概括为三点。首先，犯罪人自首的行为减少了其人身危险性即再犯可能性。没有自首的犯罪人尚未失去人身自由，仍然生活在社会上。随着时间的推移，原有的一点恐惧、不安全会逐渐消失，甚至变得心安理得，其犯罪心理与逃避惩罚的心理会得到强化；一旦遇上适当的时机，又会故伎重演，再次实施犯罪。而自首的犯罪人，多数表明一定的悔改之心，愿意承担犯罪所带来的法律后果，有这样的心理因素，再加上司法机关对其自首的鼓励、教育，放回社会后重新犯罪的可能性也会因为自由受到剥夺以及在审判、服刑过程中受到感化、教育而变小。对于已被采取强制措施的未决犯和已决能够主动如实地供述司法机关还未掌握的本人其他罪行，自愿被司法机关重新追诉，更能说明犯罪分子改过从善的决心，如果对这种行为给以从宽处理更能鼓励犯罪分子的改造自新，回归社会后再犯的可能性就会极小。其次，自首从宽制度可以通过鼓励犯罪分子投案自首来节省司法成本。犯罪分子在犯罪以后如果不投案自首而是畏罪逃跑，司法机关为破获案件、查清真相，必然要投入大量的人力、物力。投案自首则使案件及时大白于天下，减少司法投入，为公安司法机关顺利地进行侦查、起诉、审判提供了方便。最后，自首从宽是实现刑罚目的的需要。刑罚的目的，不只是为了惩罚，还包括教育改造犯罪和预防犯罪。一般来说，投案自首是犯罪后有悔罪或悔改之意的开端，表明犯罪人已具备了接受改造、悔过自新的主观基础，对投案自首的犯罪分子从宽处理实际上是刑罚目的的中介手段。

二　自首制度与辩诉交易制度及污点证人豁免制度

辩诉交易制度（plea bargaining）是指在法院开庭审理之前，作为控诉方的检察官和代表被告人的辩护律师进行协商，以检察官撤销指控、降格指控或者要求法官从轻判处刑罚为条件，来换取被告人的有罪答辩，进而双方达成均可接受的协议的制度。这种制度可以用较少的司法资源处理更多的刑事案件，在提高办案效率同时，也使罪犯得到了较之原罪行更轻的刑罚，对双方都有利。辩诉交易最早产生于美国，是追求司法经济和司法效率的产物。由于其对被害人权利的轻视以及重效率轻公正的倾向，司法界对其产生的争议一直持续不断。尽管辩诉交易不是最理想的制度，但其最大的优点是能够在公正与效率之间找到一个平衡点，其实质是在"绝对公正"无法正常实现的情况下，追求更加现实的"相对公正"。控辩双方对辩诉交易的选择是一个经济人的理性选择，它不论对司法资源稀缺的控诉方还是对被诉的辩护方来说都是机会成本最小、效益最高的。

与辩诉交易制度类似的是污点证人豁免制度（immunity of witness）。在美国等西方国家的刑事诉讼中，如果控方要求证人作证，而证人的证言有可能涉及自身有罪的内容，证人可以拒绝陈述。此即反对强迫自证其罪的理念。这显然在客观上给控方搜集证据、追诉犯罪造成了较大的困难。在这种背景下，污点证人刑事责任豁免制度得以诞生。根据该制度，控方为取得某些重大案件的证据，追究犯罪分子的严重罪行，可对同案或其他案件中罪行较轻的罪犯作出不对其进行指控的承诺，前提是他们提供某些关键的证据。作为现代西方法治国家的一项重要刑事司法制度，污点证人制度是在控制犯罪与保障人权的多元价值体系指导下建立起来的，是基于程序经济性、诉讼效益性而作出的一种理性思考，充分考虑了公正与效率的平衡与协调，是一种有效配置司法资源的制度，体现了兼顾秩序与自由的价值取向。[①] 污点证人属于较为特殊的一种证人，其出现往往涉及贪污贿赂、有组织犯罪、共同犯罪、黑社会性质犯罪、毒品犯罪、走私犯罪、恐怖活动等一些重大、疑难、复杂案件。毫无疑问，它也有利于破解贿赂案件侦破难题。

对于污点证人刑事责任豁免，大多数国家和地区选择了不限定案件范围的模式。少数国家和地区则对案件范围进行了限制，如德国及中国香港特别行政区。根据《德国刑事诉讼法》的规定，污点证人刑事责任豁免可以适用于以下案件：恐怖组织的案件、叛逆、危害民主宪政、叛国或者危害外部安全的案件以及与有组织犯罪有关的毒品、卖淫等案件。中国香

---

① 严亲:《污点证人制度的研究》，硕士学位论文，复旦大学，2010 年。

港特别行政区 2002 年制定的《检控政策及常规》规定，污点证人刑事责任豁免限于"犯罪活动非常严重或者会对香港的治安或公众安全构成重大威胁以及一般侦查或打击犯罪活动的方法不能奏效"的案件。对于污点证人刑事责任豁免所适用的程序主要有两种。一种是由检察机关向法院提出申请，由法院审查并最终决定是否对证人予以豁免。美国的大多数州以及澳大利亚等国家或地区采用此种方式。在美国，当检察官认为有必要给予证人豁免时，一般应向法院申请豁免令（immunity order），只有在得到法院签发的豁免令之后，才能要求证人作证。另一种是由检察机关自行决定是否对证人适用责任豁免而无须经过法院的审查批准。污点证人如实作证后所得到的豁免分为两类：一是罪行豁免，指国家对于被豁免的证人就其在提供的证言中所涉及的任何罪行均不再追诉。罪行豁免主要为美国的一些州以及大陆法系的德国所采用。二是证据使用豁免，指被豁免的证人提供的证言或任何根据该证言而获得的信息不得在随后进行的任何刑事诉讼中用作不利于该证人的证据。美国联邦及其一些州、英国、澳大利亚以及加拿大等国家或地区采用了此类豁免。

自首制度与辩诉交易制度不同。辩诉交易是控辩双方的交易，解决的是起诉与否的程序性问题而不是定罪与否以及刑罚轻重等实体性问题。自首制度与污点证人制度也不相同。污点证人豁免制度针对的是揭发、证明其他人犯罪的行为，属于立功的性质，而自首则是自动投案并如实供述自己的罪行，二者法律性质并不相同。不过，基于行贿与受贿固有的密切关联，行贿人供述自己罪行的同时也不可避免地揭发了受贿人的罪行。

三　贿赂犯罪特别自首制度的存改废

（一）分歧

对于贿赂犯罪特别自首制度，中国刑法学界存在保留说、扩大说和废除说三种立场。保留说主张保留现有贿赂犯罪的特别自首制度，扩大说主张进一步扩大贿赂犯罪特别自首的范围，废除说主张应取消刑法分则中关于贿赂犯罪的特别自首制度。三种观点争议的焦点集中于三个方面：特别自首制度的存在是否会影响司法公正和社会正义？特别自首制度对预防和惩治贿赂犯罪是否真的有积极效果？特别自首制度有无独立存在的必要？

保留说的主要理由有三点。首先，特别自首制度的设立，增加了贿赂犯罪中的不确定因素和犯罪成本，使行贿人与受贿人之间固有的信任关系产生动摇，有利于预防和减少贿赂犯罪的发生。由于贿赂双方的行为都构成犯罪，任何一方都不希望东窗事发，导致双方自然而然地形成一种相互"信任"关系，解除了双方的后顾之忧。即便某些情况下存在介绍贿赂人，但由于介绍贿赂的行为也成立犯罪，双方原有信任关系不但没有消除，而且扩大至三方。特别自首制度的存在，使打破这种信任关系成为可能。其次，特别自首制度促使处于既矛盾又统一状态的行、受贿双方向冲突和暴露的方向发展，有利于从内部分化和瓦解贿赂犯罪，帮助司法机关搜集证据查明贿赂犯罪事实。贿赂行为往往发生于没有第三者在场的时空，且贿赂双方都不是被害人，没有任何一方愿意告发，其犯罪黑数巨大。鉴于贿赂犯罪主体、行为、结果等方面的特殊性，其犯罪证据在来源、种类、证明力等方面表现出与一般刑事案件不同的特点。贿赂犯罪的证据单一性、互证性、易变性、隐蔽性、利益关联性特点，加之非法证据排除规则对侦查取证行为的规范性要求，收集固定证据的难度更大。此时行贿人的口供对案件的发现和侦破显得至关重要。通常情况下，行贿人存在着巨大的供述障碍。除索贿外，由于行受贿双方利益互补，行贿人"出卖"受贿人也等于出卖自己。而且一旦行贿人交代，便背离潜规则，可能引来非议和"谴责"，承受巨大心理压力，有的可能因此承接不到业务，断了生意门路。特别自首制度作出对行贿行为不予追究或者相对轻缓处罚的承诺，是解除行贿人"后顾之忧"的关键因素。最后，刑法分则规定的特别自首并非是对刑法总则规定的一般自首的重复，而是有其独具的灵活性和特定性功能。刑法分则根据需要针对特定犯罪规定的特别自首从宽处罚的程度要大于刑法总则规定的一般自首。

扩大说主张从两个方面扩大贿赂犯罪特别自首的范围。一方面，将特别自首制度也适用于受贿者一方。首先，从公正的角度出发，贿赂犯罪是典型的对向犯，不论受贿人还是行贿人，应在法律权利和义务上受到平等对待。针对单方行为人的特别自首制度有违罪刑均衡的基本原则。从某种意义上讲，行贿方为谋取不正当利益而贿赂公务员的行为实质上是一种利用行为，公务员也是被害人。其次，为了减少打击职务犯罪的司法成本和追随轻刑化的世界性趋势，为社会危害性较小的职务犯罪行为规定特别自首制度是完全可取的。例如，可以规定受贿数额刚刚达到犯罪成立标准，如果不具备其他严重情节并且自首的，可以减轻或者免除处罚。最后，从刑事政策考虑，行贿与受贿作为对向犯，通过任何一方遏制另一方犯罪都会是有效的。由于贿赂犯罪案件在很多情况下涉及"一对一"的证据，侦查机关不只需要以行贿人为突破口，让其指控受贿人，某些情况下也需要以受贿人为突破口，让其指控行贿人。另一方面，设立对单位行贿罪和单位行贿罪的特别自首制度。将犯有这两种罪行的犯罪人排除在特别自首的适用范围之外，不仅使得特别自首制度助推了贿赂犯罪查处的立法宗旨贯彻不够彻底，而且也使得关联法律条款在法理基础上有失协调。

废除说主张取消刑法分则中关于贿赂犯罪的特别自首制度。其一，刑法总则关于自首的规定，完全能够适用于行贿犯罪。从处罚原则看，二者的规定一脉相承，都是可以从轻或者减轻处罚。特别自首制度并没有创设新的内容，没有强制性地规定应当从轻或者减轻处罚，至多可算作一般自首在贿赂犯罪中的提示性规定。从统一立法的角度而言，其存在有画蛇添足之嫌。从获取证据的角度看，特别自首相对于一般自首并无任何优势可言。特别自首的对象仅限于行贿人，而一般自首则面向任何一方，获取证据的概率似乎更大一些。其二，尽管从刑事政策的角度来看，设立行贿特别自首制度在一定程度上有助于瓦解、分化行受贿双方，但是其功效无法证实。为了更好地打击和预防贿赂犯罪，需要编织严密而有效的监督网，例如存款实名制及行贿人黑名单制度等，这就不仅仅涉及刑法范畴。其三，即便特别自首制度有较好的社会效果，但其法律效果却值得审慎思考。宽大行贿者有利于查处腐败分子，避免了司法机关一无所获，但是当大多数行贿者都被免于处罚时，刑法中惩治行贿犯罪的庄严条款，就有被"架空"的危险。应当放弃一味依赖行贿人自首来破案的做法，寻找侦破贿赂案件的新途径，如充分借助会计资料等书证，降低对于行贿人指证的依赖，或者利用巨额财产来源不明罪和隐瞒境外存款罪间接达到惩治贿赂犯罪的效果。

（二）结论

特别自首制度具有较强的灵活性和针对性，是对一般自首制度的必要补充。总则与分则双重规定的综合型自首制度充分体现了原则性与灵活性的统一，有助于更好地实现促进悔过和发现犯罪的立法目的。不过，作为一项制度存在的自首主要存在于受"中华法系"文化影响的国家和地区，在世界范围内并不具有普遍性。这种专门的自首制度与西方刑法中蕴含着自首从宽精神的分散性规定之间存在着明显的差异。从实际效果上看，后者未必比前者差许多。因此，不可过分夸大自首制度的合理性及其价值。

社会现实告诉我们，纯粹的司法公正往往只是立法者与民众的良好夙愿，在现实的挤对下，它常常被扭曲而变得不伦不类。最终结果是旨在寻求正义的协商性司法制度逐渐被人们所接受。这种妥协或者说是合作，在刑法中表现为自首、立功、时效、赦免等制度，以及对于特定对象的特殊待遇等，在刑事程序法中表现为辩诉交易、污点证人制度、简易程序等制度，甚至包括刑事和解制度以及对于被害人利益的维护等。

对于贿赂犯罪的特别自首制度，只有综合考量其法理基础和实际效果，才能作出适合本国国情的立法选择。鉴于中国具有长期的自首制度立法传统和文化心理积淀，加之中国刑事诉讼法中没有规定类似辩诉交易和污点证人豁免制度，为了分化瓦解犯罪分子，落实惩办与宽大相结合的政策，更有效地利用司法资源，有必要保留并完善贿赂犯罪特别自首制度。在其内容的设置上，应当注意以下三个方面。

第一，设立双向的特别自首制度，为行贿人和受贿人提供均等的机会，形成双方的相互制约。明显有利于行贿人的单向特别自首制度存在诸多弊端。首先，它淡化了刑法规范的评价功能，容易给人造成行贿情有可原的错觉，不利于刑法的指引功能的发挥；其次，它降低了行贿人的成本和风险，削弱了行贿人对行贿后果的预期评价，有纵容行贿之嫌；最后，它增加了自首制度被行贿方滥用以促进贿赂成功的风险。受贿人在被检举后所付出的犯罪成本往往要高于行贿人，这使得特别自首制度在某种程度上可以成为行贿人要挟受贿人保持甚至扩大贿赂关系的重要砝码。① 根据"囚徒困境"的理论，只有针对行贿人与受贿人的刑罚制度保持对称关系，才能使贿赂双方的不信任态度始终存在，使贿赂关系始终处于一种不稳定的状态，从而有助于贿赂犯罪的预防和控制。《刑法修正案（九）》增设了针对受贿人的特别自首制度，实属重大改进。

第二，基于贿赂犯罪的特色创造性地增加新的内容。特别自首制度应当体现不同于一般自首的特别之处，避免对总则的简单重复。针对贿赂犯罪取证难、证据"一对一"的特点，应适当放宽贿赂犯罪自首的时间阶段，将行贿人或受贿人在被追诉后对方未自首前主动交代犯罪行为的情形也视为自首。但是，应当对追诉前自首与追诉后自首在处罚原则上有所区

---

① 魏昌东：《贿赂犯罪"预防型"刑法规制策略构建研究》，《政治与法律》2012 年第12 期。

分。应当规定对于后者只可从轻或减轻处罚，而不能免除处罚。鉴于行贿人和受贿人都有自首的可能性，有人建议引入竞争机制，实行自首效力的互斥，即先自首者排斥后自首者，以加强查处犯罪的实际效果。① 这不失为一个大胆而新颖的思路，但有违背公正理念之嫌，且实际效果尚未可知。

第三，在处罚原则上不宜采用自首"必减"制。实行必减制，受贿人收受贿赂时不能不考虑自身利益，某些受贿人或许将慑于法律而不敢受贿，这样一来，刑罚可以更好地将有效查处贿赂犯罪与预防减少贿赂犯罪相结合。但是，自首的动机不一而足，有出于内心悔悟的，有由形势所迫的，亦有基于预期邀获必减之宽典的；自首必减的立法，在实务中难以因应各种不同动机的自首，不仅难于获致公平，且有使人恃以犯罪之虞。在过失犯罪的场合，行为人为获减刑判决急往自首，而坐令损害扩大之情形在实务中也有出现。② 反之，若将自首规定为可以从宽处罚的情节，赋予审判人员以一定的自由裁量权，准许其根据具体案情对那些虽有自首表现却毫无悔罪之心、人身危险性未得丝毫减轻的犯罪人作出不予从宽的决定，则可避免种种有碍量刑公正的缺陷。③

---

① 魏昌东：《贿赂犯罪"预防型"刑法规制策略构建研究》，《政治与法律》2012 年第12 期。

② 黄村力：《刑法总则比较（欧陆法比较）》，三民书局 1995 年版，第 388 页。

③ 郜兰芳：《论贿赂犯罪中的特别自首制度》，硕士学位论文，中国政法大学，2008 年。

第七章 中国贿赂犯罪刑事立法之缺陷及其完善

第一节 贿赂犯罪刑事立法的体系性思考

一 各国贿赂犯罪刑事立法的特色与阶段

纵观各国贿赂犯罪刑事立法,可以发现它们既有共性又有个性,既有立法技术上的不同,又有价值观念上的差异,在发展阶段上也不完全同步。

对于贿赂犯罪的某些方面,大多数国家和地区的刑事立法给予了共同关注且不谋而合。例如,在犯罪分类方面对公共部门与私营部门的划分、收受贿赂与索取贿赂的区分,以及典型贿赂犯罪与影响力交易罪的区分等。再如,在犯罪构成上各个国家和地区的立法均体现了贿赂犯罪主体的广泛性、贿赂行为方式的多样性以及对于贿赂犯罪权钱交易本质的揭示。值得注意的是,中西方刑法中,贿赂犯罪的构成要件对于权钱交易本质的反映角度和侧重点有所不同。中国刑法着重从权力滥用的角度出发,注重行为人利用职务上的便利为他人谋取利益;西方刑法则从非法交易的角度出发,强调行为人对其职责和义务的违反。

对于贿赂犯罪的另一些方面,某些国家和地区则给予了特别的关注。例如,许多西方国家对背职贿赂与履职贿赂的区分,美国刑法对证人贿赂犯罪的规定,德国刑法、中国台湾地区刑法以及中国香港地区刑法关于投票、选举贿赂的独立罪名,俄罗斯刑法和中国刑法设立的介绍贿赂罪,《法国刑法典》规定的完整的影响力交易犯罪系列罪名。再如,意大利刑法对于事前贿赂与事后贿赂的区分,西班牙刑法对受贿人期待行为的细分,台湾刑法和澳门刑法对于违背职务受贿罪中不法行为已实施与未实施的区分，以及日本和西班牙刑法中的单纯受贿罪，日本刑法中的为第三人受贿罪等也都独具特色。在构成要件的法条表述上，西方刑法侧重贿赂意图和对价关系，而中国刑法则强调利用职务便利和为他人谋取利益等客观要素。在刑罚处罚方面，东西方刑法明显地存在着与受同科和与受异科两种刑罚策略，意大利、西班牙以及俄罗斯刑法中规定的资格刑，法国、意大利以及德国刑法对于司法贿赂的加重处罚规定，更是与众不同。此外，某些国家针对行贿罪专门设立的特别自首制度，也具有十分明显的社会文化特色。

有些差别只是立法形式问题，并不涉及实质内容。例如，在法条设置上，事前贿赂与事后贿赂、现职受贿与非现职受贿、为本人受贿与为第三人受贿，以及自然人贿赂与非自然人贿赂等，无论规定在一般贿赂罪之中还是各自独立成罪，如果法定刑相同，则没有实质性的不同。又如，绝大多数国家的刑法典中规定了私营部门贿赂犯罪，而意大利和日本则分别将其规定在民法典和商法典之中。

有些差别则体现了立法观念和价值取向的不同。例如，英美国家将行贿和受贿作为统一的贿赂罪在同一条文里加以规定（英国 2010 年《贿赂犯罪法》除外）；多数国家将行贿和受贿用不同的条文加以规定，但仍然放在同一章节中，如德国、意大利、西班牙、俄罗斯、日本、中国；而《法国刑法典》独具特色地将受贿罪和行贿罪分列于不同的章节，受贿罪被规定在第二章"公务员危害政府罪"第三节"违反诚实义务"，而行贿罪则规定在第三章"公民危害公共管理罪"第一节"公民实施的积极贿赂罪以及影响力交易罪"。此种规定明显地反映出该法对受贿和行贿两种犯罪所侵犯法益的不同认识和评价。又如，背职贿赂与履职贿赂的区分，影响力交易犯罪与普通贿赂犯罪平行式的立法规定，重罚司法贿赂的规定，以及与受同科和与受异科的刑罚策略等，无不体现着相应立法各自不同的价值蕴涵。

在发展阶段上，各国立法并不同步。总体上可以划分为以下几个阶段。第一阶段是对于公共部门贿赂犯罪的惩治。第二阶段是对私营部门贿赂犯罪的关注，形成两大部门的立法格局，以及对与普通贿赂犯罪平行的影响力交易犯罪的确立。第三阶段是对于海外贿赂犯罪的重视以及国际区际公约的签署。第四阶段是两大部门的融合。此阶段打破两大部门的局限，抓住其行为结构和社会危害上的共同性，将二者从犯罪构成和刑罚处罚上统一起来。这一方面，可以说，英国 2010 年《贿赂犯罪法》走在了最前列，处于第四阶段；而大多数西方国家处于第三阶段；中国则正在完善各个部门以及影响力交易犯罪的罪名设置；西班牙的贿赂犯罪刑事立法与中国处于大体类似阶段。

二　贿赂犯罪刑事立法体系的合理构建

立法比较的目的在于对实定法进行批判、借鉴和改进，正如茨威格特所言："对通过比较获得的结果进行批判性的评价，这是比较法研究工作一个必要的组成部分。"① 那么，我们该如何判定各国贿赂犯罪刑事立法的优劣得失呢？撇开社会制度和价值观念不谈，仅从贿赂犯罪的本质及其危害出发，有一些最基本的、共同的立法准则应当遵循。它们可以被归结为三大基本原则，即系统性原则、合目的性原则和效率原则。

系统性原则是指在各个方面做到全面完整、协调一致。首先，贿赂犯罪的分类应当做到全面完整、标准统一，并具有一定的预见性。其次，贿赂犯罪的核心要件或者共同要件的设置应保持一致。各种类型的贿赂犯罪有其共同的本质，即权力与利益的不正当交易，其存在范围遍及社会生活的各个领域和方方面面，其行为方式不胜枚举。在立法中，应当注意贿赂犯罪的实质及共性，加强立法的体系性和协调性，不应人为地、毫无根据、毫无目的地设置各种不同的法律要件，对其加以不必要的区分，使贿赂犯罪的立法变得支离破碎、充满矛盾和冲突。再次，法定刑的配置应当注意各种类型的贿赂犯罪之间以及贿赂犯罪与相关犯罪之间的平衡与协调。从贿赂犯罪作为对向犯这种特殊的必要共犯出发，在评价和衡量受贿和行贿的社会危害性时，应做整体上的考量，注重二者之间的对应关系，避免生硬地将二者割裂开来，避免因厚此薄彼而顾此失彼。保持平衡不等于相同，而是指保持合理的相对数量关系。该区别对待的，要拉开距离；该一视同仁的，要大体相当。最后，从犯罪分类到构成要件设置再到法定刑配置等各个方面都应该协调配合、避免互相矛盾。

合目的性原则指构成要件的设定应当准确反映行为的社会危害性并符合预防犯罪的最终目的。首先，合目的性原则要求在刑事立法中区分履职

---

① ［德］K. 茨威格特、H. 克茨：《比较法总论》，潘汉典等译，法律出版社 2003 年版，第68 页。

贿赂和背职贿赂。履职贿赂所侵犯的，是公务活动的廉洁性，背职贿赂所侵犯的，则是公务活动的不可违反性，二者在法益上的差异应当在犯罪构成及法定刑方面有所体现。其次，合目的性原则要求刑法对于贿赂犯罪适当地提前介入。虽然贿赂犯罪的本质是一个完整的权钱交易活动，但是其犯罪构成的设定却无须将交易活动的全过程包含进来，因为刑法的目的是预防犯罪，至少是降低犯罪的社会危害性。

效率性原则是指在对贿赂犯罪进行分类时，应当减少不必要的、烦琐而复杂的界定和区分，对各种具体贿赂犯罪构成要件的规定应当简洁明了、突出核心要件，增强司法实践中的可操作性，法定刑的设置应当注重刑罚的针对性和实际效果。

从以上基本原则出发，科学合理的贿赂犯罪刑事立法应当包含全面完整的罪名体系、合理一致的构成要件、科学有效的刑罚策略以及均衡协调的法定刑配置。

三 贿赂犯罪刑事立法的模式选择

从犯罪构成的角度看，各部门分立模式与整合模式实际上反映了以犯罪客体和行为方式两种不同的分类标准对贿赂犯罪进行法定分类的立法思路和立法例。具体而言，分立模式主要根据贿赂行为在不同的领域所侵犯的不同客体进行分类，强调其不同的社会危害性；而整合模式则认识到各种贿赂犯罪在行为方式和行为结构上的同一性，注重把握其形式特征。对于分立模式与整合模式的利弊，应当从辩证的角度一分为二地对待。细致的分类有利于准确地认识和区分各种类型的贿赂犯罪，能够更为深刻地揭示贿赂行为的实质，但是容易陷于烦琐、错乱和不易操作的危险；集中统一的规定显得简洁明了、逻辑清晰，更有利于行为的类型化和实际认定，但是容易忽视某些看似无关紧要实则意义重大的细微差别，在价值评价上容易出现简单化倾向，它要求立法者对贿赂犯罪有较为深刻的认识和较高的立法水平。

纵观整部中国刑法典，以行为方式对某些犯罪进行分类的做法也并不鲜见。例如，危害公共安全罪依据行为方式被划分为放火罪、决水罪、爆炸罪、投放危险物质罪等，财产犯罪依据行为方式被划分为抢劫罪、盗窃罪、诈骗罪、侵占罪、故意毁坏财物罪等。但是，以犯罪客体为分类标准在刑法分则中明显占据着主导地位。犯罪客体作为刑法分则章节划分的主要标准自不待言，刑法典中以犯罪客体拆分行为方式的情形也大量存在。例如，侵占型的犯罪依据犯罪客体的不同被划分为侵占罪、职务侵占罪和贪污罪；挪用型的犯罪依据犯罪客体的不同被划分为挪用资金罪、挪用特定款物罪和挪用公款罪；欺诈型犯罪依据犯罪客体不同被划分为诈骗罪、金融诈骗罪（类罪名）、合同诈骗罪、骗购外汇罪、骗取出口退税罪、招摇撞骗罪等；窃取型犯罪依据犯罪客体的不同被划分为盗窃罪，盗窃枪支、弹药、爆炸物、危险物质罪，窃取信用卡信息罪，盗窃公家机关公文、证件、印章罪，盗窃尸体罪，盗掘古文化遗址、古墓葬罪，窃取国有档案罪，盗伐林木罪，侵犯商业秘密罪。

总而言之，采用整合模式还是细分模式，首先要结合本国国情加以选择，要考虑本国的社会现状、法律文化传统以及立法阶段；其次要将其贯彻始终，不可半途而废，导致立法的一片混乱、不伦不类。

第二节　中国贿赂犯罪刑事立法存在的主要问题

通过本书第二、三、四、五章的比较分析，不难发现中国贿赂犯罪刑事立法在立法分类、罪名设置、构成要件设置以及法定刑设置等方面均存在一些问题，本节对其加以集中概括。为避免重复，对于相关内容本节不再做详细论述。

一　立法分类及罪名设置问题

在对贿赂犯罪的分类上，中国刑法不但分类标准不够明确，而且分类本身也不彻底。具体而言，主要存在以下两方面的问题：首先，公共部门贿赂犯罪的分类不尽完善。第一，没有明确区分履职贿赂与背职贿赂。第二，没有设立独立和完整的选举贿赂犯罪和贿赂证人犯罪。尽管破坏选举罪和妨害作证罪中包含了贿赂选民或代表的行为以及贿买证人的行为，但是没有规定与之对应的选民或代表受贿以及证人受贿。第三，单位贿赂分类过于细致烦琐。在中国刑法典中，其他犯罪的单位犯罪都没有独立的罪名，唯有贿赂犯罪存在数个独立的单位犯罪。这种做法不但破坏了单位犯罪立法的系统性和一致性，而且增加了立法的烦琐性和复杂性。从内容上看，为贿赂犯罪设置独立的单位犯罪罪名，也完全没有必要，因为其核心要件与自然人犯罪并无实质差异。第四，利用影响力受贿罪与间接受贿之间逻辑关系不清楚。从法条设置上看，前者依附于后者。第五，海外贿赂犯罪分类不完整，只有向外国公职人员行贿罪而无收受外国人贿赂罪。

其次，私营部门贿赂犯罪的规定不完整，第三部门贿赂犯罪缺失。第一，行贿犯罪的规定不完整。刑法第164条没有将与163条第2款相对应的行贿行为规定为犯罪；而与刑法第164条不同，刑法第389条第2款将与刑法第385条第2款相对应的行贿行为规定为犯罪。第二，私营部门介绍贿赂罪缺失。介绍贿赂罪的受贿方仅限于国家工作人员，范围过于狭窄，应当将其扩大到私营部门。第三，私营部门影响力交易罪缺失。第四，私营部门单位贿赂犯罪缺失。根据中国刑法的规定，国家机关、国有公司、企业、事业单位、人民团体可以成为第387条单位受贿罪的主体，向上述单位行贿的也可以构成对单位行贿罪，但是非国有公司、企业或者其他单位本身参与的贿赂行为则不受刑法的规制。第五，无第三部门贿赂犯罪之规定，造成司法实践中的困惑与混乱。

此外，刑法贪污贿赂罪一章在条文设置上存在瑕疵。主要表现为章内罪名排列混乱、缺乏逻辑性。第一，该章未分节，条理不够清晰。宜划分为两节，即贪污罪和贿赂罪。第二，罪条排列混乱，毫无章法。巨额财产来源不明罪、隐瞒境外存款罪、私分国有资产罪以及私分罚没财物罪等本质上属于贪污性质的犯罪，但是没有与贪污罪放在一处，而是被置于贿赂罪之后。第三，第394条关于国家工作人员在国内公务活动或者对外交往中接受礼物，依照国家规定应当交公而不交公的行为没有并入贪污罪的法条中，而是排在单位行贿罪之后，明显不协调。第四，行贿罪没有紧接在受贿罪之后排列，对有影响力者行贿罪也没有排在利用影响力受贿罪之后，难以体现行贿和受贿作为对向犯的紧密联系。第五，利用影响力受贿罪没有从间接受贿的法条中彻底分离出来，第388条之一与第388条显然存在依附关系。

二　构成要件设置及犯罪形态认定问题

中国刑法在贿赂犯罪的构成要件设置方面存在两方面的问题。首先，核心要件的设置不尽合理。具体表现为以下几点：第一，受贿罪中"为他人谋取利益"要件以及行贿罪中"为谋取不正当利益"要件性质不明确，且与贿赂犯罪应当保护的法益和立法目的不一致。第二，"利用职务之便"要件难以认定、缺乏可操作性。"职务之便"本身难以准确界定和认定。第三，受贿罪客观要件不够具体细致，未明确规定事前贿赂与事后贿赂、为第三人受贿等情形。第四，介绍贿赂罪的犯罪对象过于狭窄，没有涵盖介绍行贿的情形。无论从理论还是实践来看，介绍贿赂行为都有两种基本形式，一种是介绍行贿，即接受行贿人的请托，而向国家工作人员介绍贿赂；另一种是介绍受贿，即为国家工作人员物色可能的行贿人。第五，"贿赂"的范围过于狭窄，仅限于财物，同样与贿赂犯罪应当保护的法益和立法目的不一致。第六，起刑点过高。贿赂犯罪的起刑点原本已经比盗窃、诈骗等普通财产犯罪高出上十倍，《刑法修正案（九）》之后的司法解释进一步加剧了这一局面。

其次，各种贿赂犯罪的构成要件缺乏一致性和协调性。主要体现在以下几点：第一，行贿罪和受贿罪不一致。行贿罪以"谋取不正当利益"为要件，而受贿罪只要求"为他人谋取利益"，二者显然缺乏对应关系。在定罪数额和情节方面，行贿罪和受贿罪也缺乏对应关系。根据2016年3月25日最高人民法院、最高人民检察院《关于办理贪污贿赂刑事案件适用法律若干问题的解释》的规定，如果行为人给一个法官或检察官行贿2万元，构成行贿罪，因为虽然数额不够3万元但有行贿司法工作人员的严重情节（第7条）；而收钱的法官不构成受贿罪，因为不够3万元起刑数额，也不构成严重情节（受贿罪并没有针对司法工作人员设置特殊的定罪情节）。司法解释顾此失彼，对行贿和受贿的对向关系缺乏深刻的把握，导致令人啼笑皆非的情形。根据《刑法修正案（九）》颁布以前的刑法条文，行贿罪和受贿罪的定罪数额分别为1万元和5000元；而根据上述司法解释的规定，二者出现大逆转，定罪数额变为行贿1万元受贿3万元，反映出规则制定者逻辑思维的混乱。第二，索贿与收受贿赂的不一致。收受贿赂以"为他人谋取利益"为要件，索贿则无此规定。第三，国家工作人员受贿与公司、企业人员受贿不一致。前者有直接受贿与间接受贿两种形式，后者只有直接受贿一种形式。第四，直接受贿与间接受贿不一致。直接受贿中收受贿赂的情形要求"为他人谋取利益"，间接受贿则以为请托人谋取"不正当利益"为要件，成罪条件更为严格。

由于构成要设置的问题，特别是"为他人谋取利益"要件的性质和地位问题，导致贿赂犯罪既遂标准不明确，受贿罪与徇私舞弊型渎职罪之间的关系纠缠不清，罪数形态的认定一筹莫展。首先，受贿罪既遂标准"承诺说""收受说""谋利说"以及"收受与谋利择一说"四种观点之间的争论，归根结底源于受贿罪实行行为的含混不清，与立法目的不一致。其次，刑法及相关司法解释关于受贿且渎职行为定性问题的规定几经反复，难以形成前后一致、具有说服力的意见。究其原因，仍然在于贿赂犯罪构成要件特别是"为他人谋取利益"的内涵和外延不够明确。

三　法定刑设置问题

（一）刑种方面

资格刑存在两个方面的问题。首先，资格刑总体设计不合理。（1）种类单一，内容狭窄。中国刑罚体系中的资格刑包括剥夺政治权利与驱逐出境，由于中国刑法未将外国人规定为贿赂犯罪的主体，驱逐出境不适用于贿赂犯罪。随着经济的发展和社会的进步，人们所享有的资格种类越来越多，资格刑的范围也应该相应扩大。尽管在我国的非刑事法律中大量游离着一些限制或剥夺犯罪分子担任某种职务及从事某种职业资格的"准资格刑"，但是这些规定严重混淆了行政处理与刑罚处罚的界限，违背了罪刑法定原则。（2）刑名不够准确。剥夺政治权利这一名词具有浓厚的政治色彩，过于偏狭，不能全面概括社会经济权利等公共权利。（3）适用模式简单机械。中国刑法对资格刑的规定采取了概括式的立法模式，剥夺政治权利意味着剥夺刑法第54条所列举的全部权利。这种立法针对性不强，灵活性较差，不利于惩罚和教育、改造犯罪分子。（4）从执行方式来看，中国刑法仅部分地规定了资格刑减刑制度，即剥夺政治权利的，在主刑减轻时可以适当减轻，并未确立资格刑的复权制度以及严格意义的减刑制度。这种执行方式的僵化，容易引发"刑罚过剩"，影响犯罪人的人格恢复和社会回归。

其次，资格刑在贿赂犯罪控制中的地位未受到重视。受贿罪是国家工作人员职务犯罪，主体的身份地位及其职务是犯罪的必备条件，但是长期以来受贿罪的法定刑中却没有规定资格刑，明显与该犯罪所要求的特殊的主体资格不符。因受贿犯罪受到追究的人，如果被判处缓刑或免予刑事处罚，仍然可以担任国家工作人员，仍有再行受贿犯罪的可能。虽然刑法第386条"由犯罪的国家工作人员的所在单位或者上级主管机关给予行政处分"的规定含有资格刑的意味，但其力度和强制力远远不够。虽然对于罪行极其严重的被判处无期徒刑、死刑的犯罪人必须附加适用剥夺政治权利，但是除了严重的足以被判处无期徒刑、死刑的犯罪人以外，剥夺政治权利这种刑罚方式很难对其他贿赂犯罪人尤其是行贿人适用。《刑法修正案（九）》一定程度上改变了这一局面，增设了禁止从事相关职业的总则性规定。但是分则中并未明确，而且剥夺政治权利这一附加刑自身内容的狭窄及其适用范围的局限性仍然任何没有改观。

财产刑也存在一定的不足。起初，刑法只为对非国家工作人员行贿罪规定了罚金刑；直到《刑法修正案（九）》对其余所有贿赂犯罪均增设了罚金刑，但唯独漏掉了非国家工作人员受贿罪。非国家工作人员受贿罪没有罚金刑，明显与其他贿赂犯罪不协调。

为受贿罪设置终身监禁极为不妥。首先，不符合该制度的本来目的。终身监禁原本是针对人身危险性极大、再犯可能性大的犯罪的，受贿罪的主体特殊，即使被释放，由于不再具备公务员的任职要求，也就丧失了再犯的资格和能力。其次，有违罪责刑相适应原则。相较于故意杀人、强奸、抢劫、绑架、爆炸、投放危险物质罪或者有组织的暴力性犯罪等严重暴力犯罪，受贿罪的社会危害性程度未必更重，而对于前者，现行刑法仅规定了"限制减刑"（第 50 条第 2 款）和"禁止假释"（第 81 条第 2 款）。最后，终身监禁彻底断绝了犯罪人的更生之路，严重违背刑罚的教育改造目的。①

对于贿赂犯罪设置生命刑既不理性也不人道。如本书第五章第一节所述，死刑的威慑效果是有限的，对受贿罪配置死刑更是超过了这种限度，而且对受贿罪设置死刑与有关国际公约的要求以及世界上多数国家的做法不符，影响在追捕外逃腐败犯罪分子方面与其他国家和地区间的刑事司法合作。

（二）刑度方面

各种具体贿赂犯罪之间的刑罚幅度不够平衡和协调。第一，行贿罪的法定刑从总体上明显轻于受贿罪，二者之间缺乏必要的对应关系。根据修改后的第 383 条的规定，受贿罪的法定刑分为三个幅度：（1）受贿数额较大或者有其他较重情节的，处三年以下有期徒刑或者拘役，并处罚金；（2）受贿数额巨大或者有其他严重情节的，处三年以上十年以下有期徒刑，并处罚金或者没收财产；（3）受贿数额特别巨大或者有其他特别严

---

① 钱叶六：《贪贿犯罪立法修正释评及展望——以刑法修正案（九）为视角》，《苏州大学学报》（哲学社会科学版）2015 年第 6 期。

重情节的，处十年以上有期徒刑或者无期徒刑，并处罚金或者没收财产；数额特别巨大，并使国家和人民利益遭受特别重大损失的，处无期徒刑或者死刑，并处没收财产。行贿罪的法定刑也分为三个幅度：（1）犯行贿罪的，处五年以下有期徒刑或者拘役，并处罚金；（2）因行贿谋取不正当利益，情节严重的，或者使国家利益遭受重大损失的，处五年以上十年以下有期徒刑，并处罚金；（3）情节特别严重的，或者使国家利益遭受特别重大损失的，处十年以上有期徒刑或者无期徒刑，并处罚金或者没收财产。相较之下，二者并不协调，缺乏对应关系。

　　第二，对单位行贿罪和单位行贿罪的法定刑不均衡。刑法第391条第2款是国家机关和其他单位对单位行贿（对单位行贿罪），法定刑为3年以下有期徒刑或者拘役，第393条为国家机关和其他单位对个人行贿（单位行贿罪），法定刑为5年以下有期徒刑或者拘役。从犯罪构成相看，两罪的主体都是单位，其主观故意的内容都是贿赂他人，客观要件是为谋取不正当利益而实施贿赂行为，其差别仅是行贿对象的不同，一个是单位，另一个是单位工作人员。从社会危害看，单位给国家机关行贿和给国家机关工作人员行贿并无明显差别。从立案标准看，二者的数额和情节要求都相同。根据《关于人民检察院直接受理立案侦查案件立案标准的规定（试行）》，对单位行贿案和单位行贿案中单位行贿数额立案标准都是二十万元，单位行贿十万元以上不满二十万元的应当立案的情节标准相同。

　　第三，利用影响力受贿罪与对有影响力者行贿罪的法定刑不协调。刑法第388条之一规定："国家工作人员的近亲属或者其他与该国家工作人员关系密切的人，通过该国家工作人员职务上的行为，或者利用该国家工作人员职权或者地位形成的便利条件，通过其他国家工作人员职务上的行为，为请托人谋取不正当利益，索取请托人财物或者收受请托人财物，数额较大或者有其他较重情节的，处三年以下有期徒刑或者拘役，并处罚金；数额巨大或者有其他严重情节的，处三年以上七年以下有期徒刑，并处罚金；数额特别巨大或者有其他特别严重情节的，处七年以上有期徒刑，并处罚金或者没收财产。"《刑法修正案（九）》增设的第388条之二规定："为谋取不正当利益，向国家工作人员的近亲属或者其他与该国家工作人员关系密切的人，或者离职的国家工作人员或者其近亲属以及其他与其关系密切的人行贿的，处二年以下有期徒刑或者拘役，并处罚金；

情节严重的，或者使国家利益遭受重大损失的，处二年以上五年以下有期徒刑，并处罚金；情节特别严重的，或者使国家利益遭受特别重大损失的，处五年以上十年以下有期徒刑，并处罚金。"

（三）法定刑区分标准方面

《刑法修正案（九）》终于确立了贿赂犯罪定罪与量刑上犯罪数额与犯罪情节并重的模式，实属一大进步，但是犯罪数额依然占据着首要位置，并且 2016 年 3 月 25 日最高人民法院、最高人民检察院《关于办理贪污贿赂刑事案件适用法律若干问题的解释》在对《刑法修正案（九）》的内容进行具体化时，也存在诸多不合理之处。

第一，行贿罪和受贿罪之间，对有影响力者行贿罪和利用影响力受贿罪之间，法定刑适用标准存在明显差异。第一，受贿罪犯罪数额的三个档次分别为三万元以上不满二十万元、二十万元以上不满三百万元、三百万元以上；而行贿罪的三个档次则为三万元以上、一百万元以上不满五百万元、五百万元以上，二者缺乏对应关系。第二，受贿罪与行贿罪犯罪的其他情节标准也不具有对应关系。受贿罪所谓"其他较重情节"，是指多次索贿的，或者为他人谋取不正当利益，致使公共财产、国家和人民利益遭受损失的，或者为他人谋取职务提拔、调整的，或者受贿数额在一万元以上不满三万元，具有下列情形之一：（1）曾因贪污、受贿、挪用公款受过党纪、行政处分的；（2）曾因故意犯罪受过刑事追究的；（3）赃款赃物用于非法活动的；（4）拒不交代赃款赃物去向或者拒不配合追缴工作，致使无法追缴的；（5）或者造成恶劣影响或者其他严重后果的。而行贿罪所谓"情节较重"，是指向三人以上行贿的；将违法所得用于行贿的；通过行贿谋取职务提拔、调整的；向负有食品、药品、安全生产、环境保护等监督管理职责的国家工作人员行贿，实施非法活动的；向司法工作人员行贿，影响司法公正的；造成经济损失数额在五十万元以上不满一百万元的。根据该司法解释的规定，利用影响力受贿罪的定罪量刑适用标准，参照受贿罪的规定执行；对有影响力者行贿罪的定罪量刑适用标准，参照行贿罪的规定执行，所以利用影响力受贿罪和对有影响力者行贿罪之间存在同样的问题。

第二，非国家工作人员受贿罪与对非国家工作人员行贿罪法定刑适用的数额标准存在明显差异。根据该司法解释的规定，非国家工作人员受贿罪中"数额较大""数额巨大"的起点，按照受贿罪相对应的数额标准规定的二倍、五倍执行；而对非国家工作人员行贿罪中"数额较大""数额巨大"的起点，却按照行贿罪的数额标准规定的二倍执行，二者差别极为明显。

第三，单位受贿罪的法定刑适用数额标准没作同步调整。该司法解释将受贿罪"数额较大""数额巨大""数额特别巨大"的数额起点由原先的五千元、五万元、十万元调整为三万元、二十万元、三百万元，分别提升至原数额的六倍、四倍、三十倍，却对单位受贿罪的定罪量刑标准只字未提，致使两种受贿行为所导致的不同却类似的犯罪量刑标准没同步，明显存在规定失衡的缺憾。[1]

第四，混淆了酌定量刑情节与法定刑情节两种性质完全不同的刑罚影响因素。该司法解释将某些酌定量刑情节，如受过党纪、行政处分、前科、赃款去向及退赃情况等作为法定刑情节加以规定，明显不妥。前者处于司法阶段，具有可选择性，其法律后果是从重处罚；后者处于立法阶段，具有强制性，其法律后果是加重处罚。将那些侵害法益的严重程度不足以影响法定刑的因素作为加重法定刑的情节加以规定，有悖于罪刑相适应的原则。

第五，贿赂犯罪与盗窃罪及诈骗罪等传统财产犯罪的法定刑适用数额标准差别过大，严重背离罪刑相适应的原则。单从法定刑看，除了受贿罪多了一个死刑的幅度之外，三种犯罪之间没有明显差异；但从各个幅度所要求的犯罪额数看，差别则十分巨大。根据该司法解释，受贿罪犯罪数额的三个档次则为三万元以上不满二十万元、二十万元以上不满三百万元、三百万元以上。而根据 2013 年最高人民法院、最高人民检察院《关于办理盗窃刑事案件适用法律若干问题的解释》第 1 条规定，盗窃公私财物价值一千元至三千元以上、三万元至十万元以上、三十万元至五十万元以上的，应当分别认定为刑法第 264 条规定的"数额较大""数额巨大""数额特别巨大"；2011 年最高人民法院、最高人民检察院《关于办理诈骗刑事案件具体应用法律若干问题的解释》第 1 条规定，诈骗公私财物价值三千元至一万元以上、三万元至十万元以上、五十万元以上的，应当分别认定为刑法第 266 条规定的"数额较大""数额巨大""数额特别巨

---

① 康均心：《受贿罪若干新问题讨论——以〈刑法修正案（九）〉和"两高"司法解释为视角》，《武汉公安干部学院学报》2016 年第 3 期。

大"。

四 贿赂犯罪特别自首制度存在的问题

中国刑法分则中贿赂犯罪特别自首制度设立的必要性是值得肯定的，但是该制度在具体设置上还存在一些缺陷，主要体现在以下几个方面：第一，受贿罪特别自首的规定不够明确和直接。《刑法修正案（九）》对贪污罪增设了特别自首制度，根据刑法第 386 条，该项规定也适用于受贿罪。但是，这种规定不够明确和直接，容易产生歧义。第二，没有关于对单位行贿罪和单位行贿罪适用特别自首的规定。对单位行贿罪和单位行贿罪的犯罪人在被追诉前交代其对单位行贿行为或者单位行贿行为，同样有利于有关贿赂犯罪案件的查处，对此类犯罪不适用特别自首制度，会使得关联法律条款在法理基础上不协调，使特别自首制度有利于贿赂犯罪查处的立法宗旨得不到彻底贯彻。第三，没有规定对有影响力者行贿罪的特别自首。起初是因为没有设置与利用影响力受贿罪相对应的行贿罪名，但《刑法修正案（九）》增设该罪名后，针对该罪的特别自首的规定未能及时跟进。第四，受贿罪与行贿罪特别自首的条件缺乏一致性。根据刑法第 383 条和第 390 条的规定，对于受贿罪，要求行为人"在提起公诉前如实供述自己的罪行、真诚悔罪、积极退赃，避免、减少损害结果的发生"，而对于行贿罪则是"在被追诉前主动交代行贿行为的"，二者不但时间不一致，而且实质条件有别，受贿罪没有主动性的要求，实际上是将自首与坦白混淆。第五，特别自首制度从宽的阶段有限。在司法机关立案后不再享受从宽政策的限制性规定不利于受贿人或行贿人在被立案侦查后交代其受贿或行贿事实。有鉴于此，1999 年 3 月 4 日最高人民法院、最高人民检察院《关于在办理受贿犯罪大要案的同时要严肃查处严重行贿犯罪分子的通知》规定："行贿人在被追诉后主动交代行贿行为的，对行贿罪也可以酌情从轻处罚。"由于该司法解释出现在《刑法修正案（九）》之后，故对于受贿人而言，问题依然存在。

第三节　完善中国贿赂犯罪刑事立法的若干建议

通过本书第二、三、四、五章的论述，针对中国贿赂犯罪刑事立法存在的主要问题，本节系统地提出立法完善的建议。为避免重复，本节对于有关内容不再作全面论证。

一　立法分类及罪名设置

在立法分类上，应当明确分类标准，廓清公共部门与私营部门贿赂、公务贿赂与商业贿赂、国家工作人员贿赂与非国家工作人员贿赂三种分类之间的关系。应当放弃以犯罪主体为主要标准的做法，采用以犯罪客体为主、以犯罪主体及行为方式为补充的方法。区分犯罪行为所危害的社会利益的性质，是建立科学的刑法分则体系的重要前提，也是确定合理的罪刑关系的基础。由于贿赂犯罪在不同领域中危害的社会利益即犯罪客体确有差别，危害程度亦不相同，所以在刑事立法中分别设定不同的罪刑条款，予以轻重不同的定性处罚是十分必要的。根据犯罪客体的不同，可以将贿赂犯罪划分为公务贿赂罪、选举贿赂罪、作证贿赂罪、商业贿赂罪和行业贿赂罪等类型；而根据犯罪主体的不同，贿赂犯罪基本上可以划分为公职人员受贿罪，选民或代表受贿罪，证人受贿罪，公司、企业人员受贿罪和社会中介组织人员受贿罪等类型。尽管两种分类的范围大体一致，但显然前者比后者更直接地揭示了贿赂犯罪的本质，因而更为合理。

与犯罪客体的一般客体、同类客体和直接客体相对应，在罪名设置上，建议为贿赂犯罪设立总罪名、类罪名及具体罪名三个罪名层级，并在具体罪名中建立罪名系列，使贿赂犯罪形成完整的罪名体系。应当为各种具体的贿赂犯罪设定一个总的概括罪名，即"贿赂罪"，以揭示其共同的本质和属性并便于理论和实践中对其加以准确指称。应当为贿赂犯罪设置专节，并将"贿赂罪"作为节的名称。

建议设立公务贿赂罪、选举贿赂罪、证人贿赂罪、商业贿赂罪（或称经济贿赂罪）和行业贿赂罪五个类罪名。公务受贿罪主体不宜过宽，可以其与国家公职所具有的密切联系为界定边际，严格限于国家公职人员的范围之内。国家公职人员除国家公务员之外，还包括在各级国家权力机关、司法机关、军队中从事公务的人员以及具有一定职务的党务工作者。商业受贿罪，用以处罚经济交往过程中，作为一种不当竞争手段、扰乱正常经济秩序的犯罪行为。由于商业受贿罪主要发生在商品的生产、交易、消费等领域中，其犯罪主体除进行经济活动的自然人外，法人也应成为其中的一个重要类别。行业受贿罪将前述罪名无法包容的主体诸如仲裁人、公证人、鉴定人、执业律师、评估师、裁判、医生、教师等特殊行业的人员所实施的收受贿赂行为纳入刑法的调整范围。此类犯罪所侵犯的，是某些特殊行业的行业秩序，其所涉及的是"准公共权力"与不正当利益之间的交易。[①] 对应于上述五类受贿犯罪，应当分别设立公务行贿罪、贿赂选民罪、贿赂证人罪、商业行贿罪和行业行贿罪，并针对在各类受贿者与行贿人之间进行中介、撮合等活动且情节严重的行为设定相应的介绍贿赂罪，以有效控制贿赂犯罪的实际发生量和成功率。[②]

在每个类罪名之下设立若干具体罪名。鉴于贿赂犯罪的复杂性，建议采取罪名系列的立法模式。"罪刑系列"的立法方法主要有列举式、对称式和主从式三种模式。[③] 从实际需要及立法的技术角度考虑，对于贿赂犯罪应采取一般规定与特别规定相结合的立法模式。在公务贿赂罪中，可设立一个基本的或一般的贿赂犯罪，即履职受贿罪，在此之外设立特殊的贿赂犯罪，即"背职受贿罪"，设定比履职受贿罪更重的法定刑，并设立与二者相对应的行贿罪名。如此一来，违职行为不仅体现在公务受贿罪的刑的加重方面，而且明确地显示在其罪名和罪状上，充分反映罪刑关系的明晰化、具体化、实现刑法规范的科学性，[④] 既便于认定犯罪，又可做到罪刑相适应。

根据中国的法律传统，刑法典对贿赂犯罪宜采取分散型的立法模式。整合各部门贿赂犯罪的立法模式的优点在于集中统一、逻辑性强。英国因为采用的是单行刑法，没有统一的刑法典，所以各个领域的贿赂犯罪整合在一起没有障碍，而中国采用的刑法典模式，且刑法典主要依据犯罪客体划分章节，若将各个领域的贿赂犯罪整合或者集中在一起，显然不合逻辑。因此，鉴于中国的法律传统和经济社会制度，应采用各部门分立的模式，即在保持和完善公共部门和私营部门分立的同时，增设第三部门贿赂犯罪。在现有的立法框架下，建议区分履职贿赂与背职贿赂；增设贿赂证人罪及证人受贿罪、贿赂选民或代表罪及选民或代表受贿罪；整合并简化

[①]　参见苏惠渔、游伟《完善罪名体系，重构犯罪要件——对我国贿赂犯罪立法的若干思考》，《政治与法律》1996 年第 1 期。

[②]　同上。

[③]　参见储槐植《完善贿赂罪立法——兼论"罪刑系列"的立法方法》，《中国法学》1992年第 5 期。

[④]　苏惠渔、游伟：《完善罪名体系重构犯罪要件——对我国贿赂犯罪立法的若干思考》，《政治与法律》1996 年第 1 期。

单位贿赂犯罪，将现有单位贿赂犯罪罪名全部分解纳入相应的自然人犯罪中；整合法条以构建完整而独立的影响力交易犯罪，将利用影响力受贿罪和对有影响力者行贿罪分别从受贿罪和行贿罪的法条中分离出来集中规定，以突出行贿与受贿的对应关系并增强法条之间的逻辑性；将海外贿赂犯罪单列并增设收受外国人贿赂罪，其主体应涵盖公职人员、商业组织人员以及社会中介组织人员。

与上述立法分类相对应，在立法体例上，建议将各种贿赂犯罪依据其犯罪客体的不同，分设于不同章节加以规定。逻辑上讲，贪污贿赂犯罪均应归入渎职罪一章，但是鉴于现行刑法典中渎职罪一章内容过于庞大，且立法者着意将贪污贿赂犯罪单列以示强调的实际情况，宜将贪污罪、挪用公款罪等置于第八章贪污贿赂罪的第一节，将公共部门贿赂犯罪置于贪污贿赂罪的第二节；选举贿赂罪应置于侵犯公民民主权利罪一章；私营部门贿赂犯罪应置于经济犯罪一章中妨害对公司、企业管理秩序罪一节；第三部门贿赂犯罪应置于妨害社会管理秩序罪一章中扰乱公共秩序罪一节；证人贿赂罪应置于妨害社会管理秩序罪妨害司法罪一节；海外贿赂犯罪应置于国际犯罪专章之中。具体设置如下：

　　第三章　破坏社会主义市场经济秩序罪
　　第四节　妨害对公司、企业管理秩序罪
　　第 163 条　商业受贿罪
　　第 164 条　商业行贿罪

　　第四章　侵犯公民人身权利、民主权利罪
　　第二节　侵犯公民民主权利罪
　　第××条　选民、代表受贿罪
　　第××条　贿赂选民、代表罪

　　第六章　妨害社会管理秩序罪
　　第一节　扰乱公共秩序罪
　　第××条　行业受贿罪
　　第××条　行业行贿罪
　　第三节　妨害司法罪

第××条　证人受贿罪

第××条　贿赂证人罪

第九章　贪污贿赂罪

第二节　公务贿赂罪

第××条　履职受贿罪

第××条　背职受贿罪

第××条　履职行贿罪

第××条　背职行贿罪

第××条　介绍公务贿赂罪

第××条　利用影响力受贿罪

第××条　对有影响力者行贿罪

第××章　国际犯罪

第××条　收受外国人贿赂罪

第××条　对外国公职人员、国际公共组织官员行贿罪

此外，也可以考虑采取统一型的模式，以犯罪手段为主，将各种贪污贿赂犯罪全部集中到第八章"贪污贿赂罪"一章之中，并根据犯罪客体进行分节。具体而言，可将贪污罪、职务侵占罪、挪用公款罪及其他挪用型犯罪置于该章第一节，将贿赂犯罪置于该章第二节。在第二节中，可按照公共部门贿赂犯罪、选举贿赂犯罪、证人贿赂犯罪、私营部门贿赂犯罪、第三部门贿赂犯罪的顺序设置相应的法律条文，并将单位贿赂犯罪和海外贿赂犯罪分解到上述类型之中。

二　构成要件的完善及犯罪形态的认定

(一) 构成要件的完善

对于贿赂犯罪的构成要件，应当从两个方面加以完善。首先，从贿赂的本质出发，完善贿赂犯罪的核心要件。第一，合理设置贿赂犯罪的实行行为。将给予/收受贿赂作为行贿罪/受贿罪的基本构成要件，将违背职责履行职务作为加重构成。第二，完善和细化贿赂犯罪的客观要件，明确规定贿赂行为的各种具体情形。刑法典应当对事前贿赂与事后贿赂、就职前

贿赂、现职贿赂与离职后贿赂、为本人受贿与为第三人受贿、受贿后作为与不作为等做出明确规定。第三，充实贿赂犯罪的主观要件，以行为人对"对价关系"的明知或确信取代"为他人谋取利益""为谋取不正当利益"以及"利用职务之便"等主客观要件方面的要求。第四，调整介绍贿赂罪的构成要件，扩大其介绍对象的范围。刑法第 392 条应当取消介绍对象的限制，将应受贿人之托向行贿人索要或者收受贿赂的情形包括在内。1999 年 9 月 10 日最高人民检察院《关于人民检察院直接受理立案侦查案件立案标准的规定（试行）》将"介绍贿赂"扩大解释为"在行贿人与受贿人之间沟通关系，撮合条件，使贿赂行为得以实现的行为"，一定程度上补充了刑法条文的疏漏，应将此纳入刑法典。第五，合理扩大"贿赂"的范围和表现形式，将贿赂由"财物"改为"财产性利益"。第六，降低贿赂犯罪犯罪数额的起刑点，使其与盗窃罪、诈骗罪等财产犯罪保持基本一致。

其次，保持各类贿赂犯罪共同要件的一致性和协调性。现行立法中各种贿赂犯罪之间构成要件的差异，如公共部门和私营部门贿赂犯罪之间、行贿犯罪与受贿犯罪之间、索贿与收受贿赂之间以及直接受贿与间接受贿之间的差异，应当尽量予以消除。在定罪数额和其他定罪情节方面，尽量保持行贿罪与受贿罪之间的一致性和对应性。对于 2016 年 3 月 25 日最高人民法院、最高人民检察院《关于办理贪污贿赂刑事案件适用法律若干问题的解释》存在的此类问题应作出相应的修改。

在构成要件设置的技术层面上，应当借鉴德国刑法学中构成要件群的理论，① 通过区分基本犯、变形犯及独立犯来理顺贿赂犯罪的各种情形。变形犯主要指减轻和加重法定刑的情形，而独立犯则是独立的变形犯。作案次数、犯罪数额、特定主体、特定对象、特定事项、所造成的社会影响或经济损失等因素可以作为贿赂犯罪的变形犯加以规定，而是否接受请托及违背职责等则应作为独立犯加以规定。至于法官等司法人员身份，法国和意大利刑法因此设置了独立的罪名，德国刑法则将其作为加重法定刑的情节对待。综合考量，中国刑法中公职人员受贿罪的法条可按如下框架设置（括号内文字仅系说明，并非正式内容）：

---

① 参见［德］汉斯·海因里希·耶赛克、托马斯·魏根特《德国刑法教科书》，徐久生译，中国法制出版社 2001 年版，第 326—328 页。

　　第×条　履职受贿（基本犯）

　　第 1 款　（基本情节：普通国家工作人员）×××

　　第 2 款　（加重情节：法官）×××

　　第×条　背职受贿（独立犯）

　　第 1 款　（基本情节：普通国家工作人员）×××

　　第 2 款　（加重情节：法官）×××

　　第 3 款　（减轻情节：尚未实施背职行为）×××

　　第×条　共同的加重情节（变形犯）

　　×××（索贿、多次作案、数额巨大、特定主体或对象、特定事项、社会影响、经济损失等）

（二）犯罪形态的认定

从前述完善后的贿赂犯罪构成要件出发，在既遂与未遂的判定上，对于受贿罪的基本构成即履职受贿，采取"收受说"即以行为人收受财物行为是否完成为标准；对于受贿罪的加重构成即背职受贿罪，以行为人违背职责履行职务的行为是否完成为标准。在罪数形态方面，区分以下几种情形：其一，收受贿赂后依法履行职务的；其二，收受贿赂后违背职责履行职务的；其三，收受贿赂后违背职责履行职务的行为本身触犯其他罪名的。对于前两种情形，直接依据履职受贿及背职受贿的规定认定为受贿罪一罪；对于第三种情形，实行数罪并罚。

三　法定刑的完善

（一）健全和完善贿赂犯罪法定刑的刑种

扩大贿赂犯罪罚金刑的适用范围，对所有贿赂犯罪增设罚金刑，强化对于贿赂犯罪的经济制裁。应当对刑法第 163 条规定的非国家工作人员受贿罪全面增设罚金刑，对第 164 条规定的对非国家工作人员行贿罪的基本情节增设罚金刑。

完善贿赂犯罪的资格刑，增强治理贿赂犯罪的实际效果。首先，用剥夺公权代替剥夺政治权利并扩充其内容。受贿罪的主体是"国家工作人员"，即国家公职人员，应将目前"剥夺政治权利"所禁止的"担任国家机关职务的权利"和"担任国有公司、企业、事业单位和人民团体领导职务的权利"整合为"担任公职的权利"。这样既有利于实现立法的明确化与精练化，又有利于实现与国外立法的对应与接轨。同时，在原剥夺政治权的四项内容之外，增加剥夺受贿人一切公共职务、学术级别、职位、称号或其他公共荣誉的内容。其次，增加贿赂犯罪资格刑的种类。第一，增设"禁止从事特定职业和活动"的资格刑。借鉴《意大利刑法典》和《俄罗斯联邦刑法典》的规定，对于一些容易滋生行贿犯罪的领域、对利用特定职业身份进行的贿赂犯罪，可以规定有选择地剥夺贿赂犯罪人与犯罪行为有关联的某种职业资格，预防贿赂行为反复发生。尽管《刑法修正案（九）》增设了禁止从事相关职业的总则性规定，但其内容过于简单笼统，仍有必要加以完善和细化，并在贿赂犯罪的分则条文中予以明确和强调。第二，增设剥夺军衔。对犯贿赂犯罪的军官附加适用或独立适用剥夺军衔，以示对其犯罪行为的政治否定，并剥夺其再犯能力。第三，增设针对犯罪单位的资格刑。其主要内容应包括：限制从业，即对犯罪单位的经营活动范围进行限制；暂停营业，即在一定期限内不准进行其业务活动；财务监管以及强制撤销。最后，增强资格刑适用的灵活性。刑法应规定法官可以根据贿赂犯罪的具体情况，在刑法所规定的资格刑中，有选择地判处剥夺与犯罪行为有关的一种或几种资格。

废除贿赂犯罪的死刑和终身监禁。《刑法修正案（九）》及其司法解释一方面大幅度提高了贿赂犯罪的起刑点，另一方面又继续保留但严格限制死刑的适用，表明其依旧对死刑报有依赖和迷信，表明人道主义的理念尚未深入人心，重刑主义的倾向依然明显。理性的做法是实行严而不厉的刑事政策，一方面大幅降低贿赂犯罪的起刑点，使之与盗窃罪、诈骗罪等持平；另一方面废除贿赂犯罪的死刑。终身监禁本来是为了弥补限制死刑后的刑罚威慑力不足的问题，但其自身存在诸多不合理因素且与受贿罪的特点不符，理应废除。

（二）为受贿罪设置独立的法定刑

取消受贿罪援引贪污罪法定刑的立法模式，为受贿罪设置独立的法定刑，以准确反映受贿罪不同于贪污罪的各种犯罪情节，摆脱人为的原因所造成的对贪污罪的依赖关系。在为受贿罪设置独立的法定刑时，应当使其与行贿罪的法定刑和犯罪情节保持整体的一致和对应关系，科学反映受贿罪和行贿罪在行为结构上的特点以及二者作为必要共犯的属性，进一步明确贿赂犯罪有别于贪污罪的本质特征。应对受贿罪适用"情节为主，数额为辅"的定罪量刑标准，而将"数额为主，情节为辅"的模式针对贪污罪予以保留。

（三）统一和平衡法定刑，提高刑法的公正性和一致性

既保持各种贿赂犯罪法定刑之间的内部统一与平衡，又保持贿赂犯罪与其他相关犯罪的法定刑之间的外部平衡。第一，保持行贿犯罪与受贿犯罪法定刑总体上的一致性，在立法上明确体现二者的对向关系。在现有的立法框架内，应尽量对贿赂犯罪的法定刑作出符合对向关系的理解和适用。第二，消除对单位行贿罪和单位行贿罪的法定刑差异。在没有取消二罪的区分之前，应当消除其法定刑的差异，以体现罪刑相适应的原则。第三，消除利用影响力受贿罪与对有影响力者行贿罪的法定刑差异，并使之与受贿罪和行贿者的法定刑保持合理的比例关系。第四，重罚司法贿赂，对于司法人员受贿以及向司法人员行贿的，设置相对于普通国家工作人员更为严厉的法定刑。

（四）明确并协调法定刑适用标准

刑法典应明确规定贿赂犯罪的法定刑情节及概括性的犯罪数额档次，而由司法解释确定犯罪数额的具体标准。贿赂犯罪的法定刑情节应当包括以下因素：索贿，作案次数，犯罪数额，特定主体或对象、特定事项以及所造成的社会影响或经济损失等。特别注意不可将法定或酌定量刑情节，如受过党纪或行政处分、前科、赃款去向及退赃情况等酌定量刑情节作为法定刑加重情节加以规定。

对现行的贿赂犯罪法定刑适用标准应当作出以下修改：首先，消除行贿罪和受贿罪之间以及对有影响力者行贿罪和利用影响力受贿罪之间的法定刑数额标准的明显差异，并使法定刑适用的其他情节标准基本对应。其次，消除非国家工作人员受贿罪与对非国家工作人员行贿罪之间法定刑数额标准的明显差异。应当明确规定，非国家工作人员受贿罪和对非国家工作人员行贿罪"数额较大"与"数额巨大"的起点，分别按照与受贿罪和行贿罪相对应的数额标准规定的二倍执行。再次，使单位受贿罪与受贿罪的法定刑适用数额标准保持一致。在没有将单位贿赂犯罪与自然人贿赂犯罪整合之前，应当先对二者的法定刑适用数额标准做相同的规定，以避免单位受贿罪的法定刑适用的数额标准反而低于自然人受贿的不正常现象。最后，尽量缩小贿赂犯罪与盗窃罪及诈骗罪等传统财产犯罪的法定刑适用数额标准上的巨大差异，使其保持在基本一致的水平上。

四　贿赂犯罪特别自首制度的完善

建议对中国刑法分则中的贿赂犯罪特别自首制度做以下修改：第一，明确规定受贿罪的特别自首。《刑法修正案（九）》对贪污罪增设了特别自首制度，根据刑法第 386 条，该项规定也适用于受贿罪。但是，这种规定不够明确和直接，宜将受贿罪与贪污罪的规定分离，使受贿罪彻底摆脱对贪污罪的依赖关系。第二，增设单位行贿罪和对单位行贿罪的特别自首制度。在刑法典没有将单位贿赂犯罪与自然人贿赂犯罪整合之前，可在相应法条中增加"行贿方在被追诉前主动如实交代行贿行为的，可以从轻或者减轻处罚，情节较轻的，可以免除处罚"的规定。第三，增设利用影响力受贿罪及相应行贿罪的特别自首。第四，保持受贿罪与行贿罪特别自首条件的一致性，即被追诉前主动交代。第五，扩大行贿罪及受贿罪特别自首的阶段。可在各种行贿罪和受贿罪的法条中增加"行贿人或受贿人在被追诉后主动交代行贿受贿行为的，对行贿人或受贿人也可以从轻或减轻处罚"的规定。

五　公职人员贿赂犯罪法条设计方案

结合全书的论述，参考各国立法，在现行刑法典及其司法解释的基础上，本书尝试提出公职人员贿赂犯罪的法条设计方案。罪名排列上，将第八章贪污贿赂罪划分为两节，第一节规定贪污类犯罪，第二节规定公务贿赂罪。第一节应当包括贪污罪、挪用公款罪、巨额财产来源不明罪、隐瞒境外存款罪、私分国有资产罪以及私分罚没财物罪 6 个具体罪名。应对目前的法条作相应调整。首先，应将巨额财产来源不明罪、隐瞒境外存款罪、私分国有资产罪以及私分罚没财物罪等向前移动至贪污罪之后、挪用公款罪之前。其次，应将第 394 条关于国家工作人员在国内公务活动或者对外交往中接受礼物，依照国家规定应当交公而不交公的行为并入贪污罪的法条中。第二节应当包括履职受贿罪、背职受贿罪、履职行贿罪、背职行贿罪、介绍公务贿赂罪、利用影响力受贿罪、对有影响力者行贿罪 7 个罪名。应对目前的法条作相应调整。首先，将行贿罪紧接在受贿罪之后排列，以体现二者的密切联系。其次，取消所有关于单位贿赂犯罪的法条，将其内容并入自然人贿赂犯罪的相应法条，作为第 2 款加以明确即可。最后，将利用影响力受贿罪从目前间接受贿的法条中分离出来，并将利用影响力受贿罪和对有影响力者行贿罪排列于普通贿赂犯罪之后。

　　内容方面，扩大贿赂的范围，明确将财产性利益纳入其中；设立履职受贿、背职受贿及相应的行贿罪名，为司法人员受贿及向司法人员行贿设置加重的法定刑；废除受贿罪的死刑及终审监禁；改剥夺政治权利为剥夺公权，并为受贿罪和行贿罪增设剥夺公权；为受贿罪和行贿罪设置相同的法定刑，并明确规定加重法定刑的各种情节；保持行贿、受贿犯罪特别自首的条件的一致性并放宽其时间限制，明确规定受贿人、行贿人在被追诉后主动交代受贿、行贿行为的，对受贿人、行贿人也可以酌情从轻或减轻处罚。具体设计方案如下：

第八章　贪污贿赂罪

第一节　贪污罪（略）

　　（第三百八十二条至三百八十三条贪污罪及其处罚，第三百八十四条挪用公款罪，第三百八十五条巨额财产来源不明罪，第三百八十六条隐瞒境外存款罪，第三百八十七条私分国有资产罪及私分罚没财物罪。）

第二节　公务贿赂罪

　　第三百八十八条　【履职受贿罪】国家工作人员因履行或不履行其职务行为而为自己或第三人索要或收受他人财物或其他财产性利益的，处三年以下有期徒刑或者拘役，并处罚金及剥夺公权。

　　司法人员因依法履行其职务行为而为自己或第三人索要或收受他人财物或其他财产性利益的，处五年以下有期徒刑或者拘役，并处罚金。

　　国家工作人员在经济往来中，违反国家规定，收受各种名义的回扣、手续费，归个人所有的，以受贿论处。

　　国家机关、国有公司、企业、事业单位、人民团体，犯前款罪的，对单位判处罚金，并对其直接负责的主管人员和其他直接责任人员，处三年以下有期徒刑或者拘役。

　　前款所列单位，在经济往来中，在账外暗中收受各种名义的回扣、手续费的，以受贿论，依照前款的规定处罚。

　　第三百八十九条　【背职受贿罪】国家工作人员为自己或第三人索

要或收受他人财物或其他财产性利益，作为其已经实施或即将实施的违反其职责的职务行为或不作为的回报的，处三年以上七年以下有期徒刑，并处罚金及剥夺公权。

司法人员为自己或第三人索要或收受他人财物或其他财产性利益，作为其已经实施或即将实施的违反其职责的职务行为或不作为的回报的，处五年以上七年以下有期徒刑，并处罚金。

国家工作人员利用本人职权或者地位形成的便利条件，通过其他国家工作人员职务上的行为，为请托人谋取不正当利益，索取或者收受请托人财物或其他财产性利益的，以受贿论处。

犯前两款罪，行为人违反其职责的职务行为或不作为尚未实施的，应当从轻处罚。

第三百九十条　【履职行贿罪】给予国家工作人员或者国家机关、国有公司、企业、事业单位、人民团体以财物或者其他财产性利益的，是行贿罪，处三年以下有期徒刑或者拘役，并处罚金及剥夺公权。

向司法工作人员行贿，处五年以下有期徒刑或者拘役，并处罚金。

在经济往来中，违反国家规定，给予国家工作人员或者国家机关、国有公司、企业、事业单位、人民团体以财物或其他财产性利益，数额较大的，或者违反国家规定，给予国家工作人员或者国家机关、国有公司、企业、事业单位、人民团体以各种名义的回扣、手续费的，以行贿论处。

单位违反国家规定，给予国家工作人员或者国家机关、国有公司、企业、事业单位、人民团体以回扣、手续费，情节严重的，对单位判处罚金，并对其直接负责的主管人员和其他直接责任人员，处三年以下有期徒刑或者拘役，并处罚金。

因被勒索给予国家工作人员或者国家机关、国有公司、企业、事业单位、人民团体以财物或其他财产性利益的，不是行贿。

第三百九十一条　【背职行贿罪】给予国家工作人员财物或其他财产性利益，作为其已经实施或即将实施的违反其职责的职务行为或不作为的回报的，处三年以上七年以下有期徒刑，并处罚金及剥夺公权。

给予司法人员财物或其他财产性利益，作为其已经实施或即将实施的违反其职责的职务行为或不作为的回报的，处五年以上七年以下有期徒刑，并处罚金。

犯前两款罪，国家工作人员违反其职责的职务行为或不作为尚未实施的，应当从轻处罚。

第三百九十二条　【受贿罪、行贿罪的加重情节】对犯行贿罪、受贿罪情节严重的，分别依照下列规定处罚：

（一）情节严重的，处三年以上十年以下有期徒刑，并处罚金或者没收财产及剥夺公权。

（二）情节特别严重的，处十年以上有期徒刑，并处罚金或者没收财产及剥夺公权。

（三）情节特别严重，并使国家和人民利益遭受特别重大损失的，处无期徒刑，并处没收财产。

所谓情节严重，是指具有下列情形之一的：

（1）索贿；

（2）多次收受贿赂的，或者多次行贿或向三人以上行贿的；

（3）受贿或行贿数额巨大的；

（4）因为他人谋取职务提拔、调整而受贿，或为谋取职务提拔、调整而行贿的；

（5）负有食品、药品、安全生产、环境保护等监督管理职责的国家工作人员受贿的，或者向负有食品、药品、安全生产、环境保护等监督管理职责的国家工作人员行贿的；

（6）造成恶劣影响或者其他严重后果的；

（7）给国家和人民利益遭受损失的。

所谓情节特别严重，是指具有下列情形之一的：

（1）受贿数额特别巨大、社会影响特别恶劣的；

（2）给国家和人民利益造成特别重大损失的。

第三百九十三条　【受贿罪、行贿罪的自首】

犯第三百八十八条、第三百八十九条之罪，在被追诉前主动交代受贿行为、避免或减少损害结果的发生的，可以从轻、减轻或者免除处罚；有第三百九十二条第一项规定情形的，可以从轻或者减轻；有第三百九十二条第二项、第三项规定情形的，可以从轻处罚。

犯第三百九十条、第三百九十一条之罪，在被追诉前主动交代行贿行为的，可以从轻或者减轻处罚。其中，犯罪较轻的，对侦破重大案件起关键作用的，或者有重大立功表现的，可以减轻或者免除处罚。

受贿人、行贿人在被追诉后主动交代受贿、行贿行为的，对受贿人、行贿人也可以酌情从轻或减轻处罚。

第三百九十四条 【介绍贿赂罪】向国家工作人员介绍贿赂，在行贿人与受贿人之间沟通关系，撮合条件，使贿赂行为得以实现，情节严重的，处三年以下有期徒刑或者拘役，并处罚金。

介绍贿赂人在被追诉前主动交代介绍贿赂行为的，可以减轻处罚或者免除处罚。

第三百九十五条 【利用影响力受贿罪】国家工作人员的近亲属或者其他与该国家工作人员关系密切的人，通过该国家工作人员职务上的行为，或者利用该国家工作人员职权或者地位形成的便利条件，通过其他国家工作人员职务上的行为，为请托人谋取利益，索取或者收受请托人财物或其他财产性利益的，处三年以下有期徒刑或者拘役，并处罚金；情节严重的，或者使国家利益遭受重大损失的，处三年以上七年以下有期徒刑，并处罚金；情节特别严重的，或者使国家利益遭受特别重大损失的，处七年以上有期徒刑，并处罚金或者没收财产。

离职的国家工作人员或者其近亲属以及其他与其关系密切的人，利用该离职的国家工作人员原职权或者地位形成的便利条件实施前款行为的，依照前款的规定定罪处罚。

第三百九十六条 【对有影响力的人行贿罪】向国家工作人员的近亲属或者其他与该国家工作人员关系密切的人，或者向离职的国家工作人员或者其近亲属以及其他与其关系密切的人行贿的，处三年以下有期徒刑或者拘役，并处罚金；情节严重的，或者使国家利益遭受重大损失的，处三年以上七年以下有期徒刑，并处罚金；情节特别严重的，或者使国家利益遭受特别重大损失的，处七年以上有期徒刑，并处罚金或者没收财产。

单位犯前款罪的，对单位判处罚金，并对其直接负责的主管人员和其他直接责任人员，依照前款规定处罚。

第三百九十七条 【利用影响力受贿罪、对有影响力者行贿罪的自首】

犯第三百九十五条之罪，在提起公诉前如实供述自己罪行、真诚悔罪、积极退赃，避免、减少损害结果的发生的，可以从轻、减轻或者免除处罚；其中情节严重的，或者使国家利益遭受重大损失的，可以从轻或者减轻；情节特别严重的，或者使国家利益遭受特别重大损失的，可以从轻处罚。

犯第三百九十六条之罪，在被追诉前主动交代行贿行为的，可以从轻或者减轻处罚。其中，犯罪较轻的，对侦破重大案件起关键作用的，或者有重大立功表现的，可以减轻或者免除处罚。

受贿人、行贿人在被追诉后主动交代受贿、行贿行为的，对受贿人、行贿人也可以酌情从轻或减轻处罚。

参考文献

一 中文著述及论文（以姓名拼音为序）

（一）著作

1. （元）拜柱等纂修：《大元圣政国朝典章》，中国广播电视出版社
1998 年影印元刊本。

2. 蔡枢衡：《中国刑法史》，中国法制出版社 2005 年版。

3. 曹漫之主编：《唐律疏议译注》，吉林人民出版社 1989 年版。

4. 程文浩：《预防腐败》，清华大学出版社 2011 年版。

5. 储槐植：《美国刑法》，北京大学出版社 1996 年版。

6. 邓中文：《商业贿赂犯罪研究》，法律出版社 2011 年版。

7. 甘添贵：《罪数理论之研究》，元照出版公司 2006 年版。

8. 甘雨沛、高格：《国际刑法学新体系》，北京大学出版社 2000
年版。

9. 高铭暄、马克昌主编：《刑法学》，北京大学出版社、高等教育出
版社 2000 年版。

10. 韩丹：《道德辩护与道德困境——腐败问题的伦理学探究》，中央
编译出版社 2012 年版。

11. 怀效锋点校：《大明律》，法律出版社 1999 年版。

12. 黄村力：《刑法总则比较(欧陆法比较)》，三民书局 1995 年版。

13. 黄芳：《国际犯罪国内立法研究》，中国方正出版社 2001 年版。

14. 贾济东：《渎职罪构成研究》，知识产权出版社 2007 年版。

15. 金太军等：《行政腐败解读与治理》，广东人民出版社 2002 年版。

16. 孔庆明：《秦汉法律史》，陕西人民出版社 1992 年版。

17. 廖增田：《受贿罪纵览与探究——从理论积淀到实务前沿》，中国
方正出版社 2007 年版。

18. 林山田：《刑法各论》（下册），北京大学出版社 2012 年版。

19. 林山田：《刑法特论》（上册），三民书局 1978 年版。

20. 刘生荣、张相军、许道敏：《贪污贿赂罪》，中国人民公安大学出版社 1999 年版。

21. 卢勤忠：《商业贿赂犯罪研究》，上海世纪出版集团 2009 年版。

22. 马克昌：《犯罪通论》，武汉大学出版社 1999 年版。

23. 钱大群撰：《唐律疏义新注》，南京师范大学出版社 2007 年版。

24. 丘汉平编：《历代刑法志》，群众出版社 1988 年版。

25. 沈家本：《历代刑法考》，中华书局 1985 年版。

26. 沈之奇：《大清律辑注》，法律出版社 2000 年版。

27. 孙国祥：《贿赂犯罪的学说与案解》，法律出版社 2012 年版。

28. 孙谦：《国家工作人员职务犯罪研究》，法律出版社 1998 年版。

29. 王云海：《美国的贿赂罪——实体法与程序法》，中国政法大学出版社 2002 年版。

30. 王作富主编：《刑法分则实务研究》（下），中国方正出版社 2001 年版。

31. 吴丕主编：《中国反腐败——理论与现状研究》，黑龙江人民出版社 2003 年版。

32. 谢望原主编：《台港澳刑法与大陆刑法比较研究》，中国人民公安大学出版社 1998 年版。

33. 萧榕主编：《世界著名法典选编（刑法卷）》，中国民主法制出版社 1998 年版。

34. 肖杨：《贿赂犯罪研究》，法律出版社 1995 年版。

35.（汉）许慎：《说文解字》，中华书局 1985 年版。

36. 薛波主编：《元照英美法词典》，法律出版社 2003 年版。

37. 薛梅卿点校：《宋刑统》，法律出版社 1999 年版。

38. 薛允升：《唐明律合编》，法律出版社 1999 年版。

39. 张明楷：《法益初论》，中国政法大学出版社 2000 年版。

40. 张明楷：《外国刑法纲要》，清华大学出版社 1999 年版。

41. 张明楷：《未遂犯论》，法律出版社 1997 年版。

42. 赵秉志：《刑法各论问题研究》，中国法制出版社 1996 年版。

43. 周加海：《自首制度研究》，中国人民公安大学出版社 2004 年版。

44. 周其华：《中外反贪污贿赂罪比较研究》，经济科学出版社 1997 年版。

45. 周振想：《自首制度的理论与实践》，人民法院出版社 1989 年版。

46. 《四书五经》（上下册），岳麓书社 1991 年点校本。

47. ［德］K. 茨威格特、H. 克茨：《比较法总论》，潘汉典等译，法律出版社 2003 年版。

48. ［德］汉斯·海因里希·耶赛克、托马斯·魏根特：《德国刑法教科书》，徐久生译，中国法制出版社 2001 年版。

49. ［美］丹尼斯·朗：《权力论》，陆震纶、郑明哲译，中国社会科学出版社 2001 年版。

50. ［英］弗朗西斯·培根：《培根论说文集》，水天同译，商务印书馆 1983 年版。

51. ［英］乔纳森·赫林：《刑法》（影印本），法律出版社 2003 年版。

52. ［美］约翰·罗尔斯：《正义论》，何怀宏等译，中国社会科学出版社 1988 年版。

（二）期刊论文

1. 曹坚：《论贿赂犯罪刑事立法的整合与完善》，《国家检察官学院学报》2002 年第 5 期。

2. 程宝库：《唐朝反贿赂法律制度的成就与缺陷综析》，《广州大学学报》（社会科学版）2007 年第 12 期。

3. 陈磊：《犯罪数额规定方式的问题与完善》，《中国刑事法杂志》2010 年第 8 期。

4. 陈兴良、王玉珏：《建立受贿罪罪名体系的构想》，《法学》1991 年第 6 期。

5. 储槐植：《完善贿赂罪立法——兼论"罪刑系列"的立法方法》，《中国法学》1992 年第 5 期。

6. 邓若迅：《英国贿赂罪改革研究》，《中国刑事法杂志》2012 年第 3 期。

7. 邓中文：《唐代反贪立法的规定与现代启示》，《云南行政学院学报》2009 年第 6 期。

8. 董邦俊：《两大法系贪污罪立法评析》，《武汉大学学报》（人文科学版）2004 年第 5 期。

9. 傅宽芝：《受贿罪犯罪主体的范围和种类比较研究》，《外国法译评》1993 年第 2 期。

10. 傅跃建、刘婷：《贪污受贿犯罪入罪数额标准的设定——对最新贪污贿赂犯罪司法解释规定的质疑》，《法治研究》2016 年第 6 期。

11. 高德友：《联合国反腐败公约与我国刑法中贿赂罪之比较研究》，《河南社会科学》2007 年第 1 期。

12. 高海才：《如何确定斡旋受贿犯罪中"不正当利益"的范围》，《法制与社会》2012 年第 30 期。

13. 高铭暄、赵秉志、余欣喜：《关于贿赂罪的比较研究》，《法学研究》1991 年第 2 期。

14. 韩小鹰：《反腐败的刑事政策：对法哲学的重新思考——关于中法刑法典中"贪污、贿赂罪"的比较研究》，《法治论丛》2003 年第 6 期。

15. 何承斌：《论我国贿赂犯罪体系的重构》，《现代法学》2006 年第 6 期。

16. 洪浩、夏红：《贿赂犯罪本质的嬗变、成因及法律对策——英国反贿赂法律制度改革述评》，《现代法学》1998 年第 3 期。

17. 胡东飞：《论受贿罪中"为他人谋取利益"构成犯罪的罪数问题——兼论刑法第 399 条第 4 款的性质及其适用范围》，《中国刑事法杂志》2006 年第 1 期。

18. 黄国盛：《受贿后实施渎职行为的罪数分析——兼论刑法第 399 条第 4 款的理解与适用》，《中国刑事法杂志》2010 年第 1 期。

19. 黄启昌：《试论中国古代的反贪立法》，《中国史研究》1999 年第 1 期。

20. 焦占营：《贿赂犯罪法定刑评价模式之研究》，《法学评论》2010 年第 5 期。

21. 康均心：《受贿罪若干新问题讨论——以〈刑法修正案（九）〉和"两高"司法解释为视角》，《武汉公安干部学院学报》2016 年第 3 期。

22. 劳东燕：《认真对待刑事推定》，《法学研究》2007 年第 2 期。

23. 雷连莉：《论被害人的量刑参与——以经验性该当为视角》，《武汉大学学报》2012 年第 5 期。

24. 连石村：《行贿罪的规制困局及其刑罚配置——以刑法修正案（九）相关规定为切入点》，《河南司法警官职业学院学报》2016 年第 3 期。

25. 刘仁文：《中日公务员贿赂犯罪问题国际学术研讨会综述》，《法学研究》1994 年第 4 期。

26. 刘守芬、许道敏：《日本刑法中贿赂罪问题研究》，《中外法学》1999 年第 6 期。

27. 刘守芬、王洪波、姜涛等：《对中国古代廉政法律制度的历史考察》，《北京大学学报》（哲学社会科学版）2003 年第 3 期。

28. 刘宪权：《交易型受贿犯罪的刑法界定》，《法学杂志》2008 年第 6 期。

29. 刘向文、王圭宇：《俄罗斯联邦反贪污贿赂法及其对我国的启示》，《俄罗斯中亚东欧研究》2012 年第 1 期。

30. 刘婉予：《中美贿赂犯罪刑罚处罚比较研究》，《云南社会主义学院学报》2013 年第 3 期。

31. 柳忠卫：《商业贿赂犯罪客体解读》，《华东政法学院学报》2006 年第 5 期。

32. 李皓：《贿赂犯罪主观方面推定立法化问题探讨》，《廉政文化研究》2016 年第 4 期。

33. 李宇先：《论必要的共同犯罪》，《中外法学》2004 年第 4 期。

34. 吕鹤云：《中国古代刑律中有关官吏赃罪的探究》，《华中师范大学学报》（哲学社会科学版）1987 年第 4 期。

35. 吕颖洁：《受贿罪的共同犯罪若干问题探讨》，《江淮论坛》2005 年第 6 期。

36. 卢建平、张旭辉：《商业贿赂的刑法规制——以私营部门为例》，《法学杂志》2007 年第 1 期。

37. 卢勤忠：《我国受贿罪刑罚的立法完善》，《国家检察官学院学报》2008 年第 3 期。

38. 马宏涛、黄大新：《介绍贿赂罪法律问题探悉》，《检察实践》2003 年第 4 期。

39. 马克昌：《论斡旋受贿犯罪》，《浙江社会科学》2006 年第 3 期。

40. 麻晓林、张锋：《介绍贿赂罪与行贿罪共犯的区别辨析》，《法制与社会》2013 年第 3 期（上）。

41. 缪树权：《中外贪污贿赂罪法定刑比较研究》，《国家检察官学院学报》1996 年第 3 期。

42. 莫洪宪、叶小琴：《论贿赂犯罪形态》，《甘肃政法学院学报》2005 年第 5 期。

43. 钱叶六：《贪贿犯罪立法修正释评及展望——以刑法修正案（九）为视角》，《苏州大学学报》（哲学社会科学版）2015 年第 6 期。

44. 任彦君：《因受贿而渎职的罪数认定》，《法学评论》2010 年第 6 期。

45. 阮方民：《贿赂犯罪的比较研究》，《杭州大学学报》1993 年第 2 期。

46. 石莹莹：《贿赂犯罪主体的再探究——以利用影响力受贿罪为视角》，《安徽警官职业学院学报》2012 年第 3 期。

47. 苏惠渔、游伟：《完善罪名体系重构犯罪要件——对我国贿赂犯罪立法的若干思考》，《政治与法律》1996 年第 1 期。

48. 汪进：《国外受贿罪立法比较》，《经济社会体制比较》1987 年第 2 期。

49. 王生胜、王玉燕：《试论介绍贿赂罪的法律困境》，《法制与社会》2008 年第 1 期。

50. 王志远：《英美刑法共犯制度研究》，《甘肃政法学院学报》2010 年第 5 期。

51. 王志远：《区分制共犯制度模式研究》，《当代法学》2009 年第 5 期。

52. 魏昌东：《贿赂犯罪"预防型"刑法规制策略构建研究》，《政治与法律》2012 年第 12 期。

53. 文东福：《刑事政策视野中的行贿罪》，《中国刑事法杂志》2004 年第 4 期。

54. 温雅洁：《中国古代贿赂犯罪罪种体系的历史考察》，《河南司法警官职业学院学报》2008 年第 3 期。

55. 夏勇、王晓辉：《贿赂犯罪的对向关系与刑罚处罚》，《人民检察》2013 年第 5 期。

56. 谢杰：《受贿且渎职行为的罪数形态与处断标准》，《贵州警官职业学院学报》2010 年第 6 期。

57. 叶小琴：《中国古代受贿犯罪立法的历史考察》，《江苏警官学院学报》2004 年第 2 期。

58. 殷凤斌：《明初惩贪肃贿法制的历史考察与借鉴》，《理论与现代化》2002 年第 1 期。

59. 于飞：《斡旋受贿问题研究》，《国家检察官学院学报》2004 年第 1 期。

60. 于志刚：《受贿后滥用职权的罪数》，《国家检察官学院学报》2009 年第 5 期。

61. 余高能：《贿赂犯罪的行为经济学分析》，《未来与发展》2015 年第 11 期。

62. 余高能：《中西方贿赂犯罪刑罚策略的行为法经济学分析》，《陕西理工学院学报》（社会科学版）2015 年第 4 期。

63. 余高能：《整合还是细分：贿赂犯罪两部门立法模式探究》，《河北法学》2013 年第 12 期。

64. 余高能：《香港地区贿赂犯罪的立法特色及其对内地立法的启示》，《未来与发展》2013 年第 11 期。

65. 袁建伟、杨开江：《论主犯的认定与评价》，《黑龙江省政法管理干部学院学报》2013 年第 1 期。

66. 曾凡燕、陈伟良：《贪污贿赂犯罪起刑数额研究》，《法学杂志》2010 年第 3 期。

67. 张俊霞、付俊华：《对我国贿赂犯罪立法的历史考察》，《河南社会科学》2000 年第 5 期。

68. 张淑玲、朱京安：《受贿罪侵犯客体探析》，《法学杂志》1998 年第 1 期。

69. 张玉珍：《试析唐律中的贿赂犯罪》，《齐鲁学刊》2008 年第 3 期。

70. 赵秉志：《中国反腐败刑事法治的若干重大现实问题研究》，《法学评论》2014 年第 3 期。

71. 赵秉志：《贪污受贿犯罪定罪量刑标准问题研究》，《中国法学》2015 年第 1 期。

72. 赵秉志、许成磊：《贿赂罪共同犯罪问题研究》，《国家检察官学院学报》2002 年第 1 期。

73. 郑秦：《清律惩贪条款辨析》，《政法论坛》1992 年第 2 期。

74. ［苏联］E. B. 沃尔仁金：《贿赂中介之定罪问题》，单周华译，《国外法学》1981 年第 3 期。

（三）报纸文章

1. ［美］马克·博格、艾兰·Y. 苏尼：《美国的联邦量刑指南制度》，张明、戴昕译，《人民法院报》2005 年 11 月 11 日。

2. 最高人民法院刑事审判第二庭：《劳务人员不能成为贪污罪主体》，《人民法院报》2002 年 9 月 16 日。

3. 杨于泽：《反贪污受贿不能自毁政治伦理基础》，《中国青年报》2009 年 11 月 5 日。

（四）博士、硕士学位论文

1. 何承斌：《贪污犯罪比较研究》，博士学位论文，西南政法大学，2004 年。

2. 廖耀群：《贪污罪与受贿罪法定刑问题研究》，硕士学位论文，湖南大学，2007 年。

3. 郗兰芳：《论贿赂犯罪中的特别自首制度》，硕士学位论文，中国政法大学，2008 年。

4. 薛永前：《自首的博弈分析》，硕士学位论文，北京大学，2008 年。

5. 严亲：《污点证人制度的研究》，硕士学位论文，复旦大学，2010 年。

6. 周雪梅：《共同犯罪主从犯刑事责任研究》，硕士学位论文，西南财经大学，2005 年。

二　外文著述、论文及报告（以姓氏字母为序）

（一）著作

1. M. Benson and S. S. Simpson, *White Collar Crime: An Opportunity Perspective*, New York: Routledge, 2009.

2. M. Bohlander, *The German Criminal Code*, *A Modern English Translation*, Oxford: Hart Publishing, 2008.

3. Shigemitsu Dando, *The Criminal Law of Japan: The General Part*, translated by B.J.George, Littleton Colorado: Fred B.Rothman & Co., 1997.

4. G.Hein, B.Huber and O.T.Rose eds., *Private Commercial Bribery: A Comparison of National and Supranational Legal Structures*, Freiburg: ICC, 2003.

5. R.Klitgaard, *Controlling Corruption*, Berkeley and Los Angeles: University of California Press, 1988.

6. Hugh Latimer, *Selected Sermons*, Boston: Hilliard, Gray, and Company, 1832.

7. J.R.O'Sullivan, *Federal White Collar Crime, Cases and Materials*, 2nd ed., St.Paul: Thomson West, 2003.

8. R.M.Perkins and R.N.Boyce, *Criminal Law*, 3rd ed., Mineola: The Foundation Press, 1982.

9. Eric B.Rasmusen, *Game Theory and the Law*, Northampton: Edward Elgar Publishing Ltd., 2008.

10. Paul H.Robinson, *Distributive Principles of Criminal Law*, New York: Oxford University Press, 2008.

11. S. Rose-Ackerman, *Corruption: A Study in Political Economy*, New York: Academic Press, 1978.

12. J.W.Cecil Turner, *Russell on Crime*, London: Sweet & Maxwell Ltd., 12th ed., 1964.

13. C.J.G.Sampford and N.Preston eds., *Public Sector Ethics: Finding and Implementing Values*, London: Routledge, 1998.

14. K.Schlegel and D.Weisburd, eds., *White-Collar Crime Reconsidered*, Boston: Northeastern University Press, 1992.

15. J.KellyStrader, *Understanding White-Collar Crime*, 2nd ed., Newark: LexisNexis, 2006.

16. Edward M.Wise, *Italian Penal Code*, New York: Fred B.Rothman & Co., 1978.

17. Gaoneng Yu, *Towards More Reasonable and Effective Punishment Strategies for Bribery: A Comparative and Behavioral Study*, Hamburg: Verlag Dr. Kovac, 2012.

（二）期刊论文

1.Johannes Andenaes, "The General Preventive Effects of Punishment", *University of Pennsylvania Law Review*, Vol.114, No.7, 1966.

2.Jens C. Andvig and Karl O. Moene, "How Corruption May Corrupt", *Journal of Economic Behaviour and Organization*, Vol.13, 1990.

3. A. Argandona, "Private-to-Private Corruption", *Journal of Business Ethics*, Vol.47, 2003.

4.G. S. Becker and G. J. Stigler, "Law Enforcement, Malfeasance, and Compensation of Enforcers", *Journal of Legal Studies*, Vol.3, No.1, 1974.

5.J.P.Blair, "A Test of the Unusual False Confession Perspective: Using Cases of Proven False Confessions", *Criminal Law Bulletin*, Vol.41, 2005.

6.Paolo Buccirossi and Giancarlo Spagnolo, "Leniency Policies and Illegal Transactions", *Journal of Public Economics*, Vol.90, 2006.

7.Olivier Cadot, "Corruption as a Gamble", *Journal of Public Economics*, Vol.33, No.2, 1987.

8. Derek J. Clark and Christian Riis, "Allocation Efficiency in a Competitive Bribery Game", *J.of Economic Behavior & Org.*, Vol.42, 2000.

9.Da-Hsiang Donald Lien, "A Note on Competitive Bribery Games", *Economics Letters*, Vol.22, 1986.

10.Da-Hsiang Donald Lien, "Asymmetric Information in Competitive Bribery Games", *Economics Letters*, Vol.23, 1987.

11.Christoph Engel, Sebastian J. Goerg, Gaoneng Yu, "Symmetric vs. Asymmetric Punishment Regimes for Collusive Bribery", *American Law and Economics Review*, Vol.18, No.2, 2016.

12. Joel Feinberg, "The Expressive Function of Punishment", *The Monist*, Vol.49, No.3, 1965.

13.W.T.Jones, "Public Roles, Private Roles, and Differential Moral Assessments of Role Performance", *Ethics*, Vol.94, 1984.

14. Dan M. Kahan, "What Do Alternative Sanctions Mean?", *The University of Chicago Law Review*, Vol.63, 1996.

15.Dan M.Kahan, "Between Economics and Sociology: The New Path of Deterrence", *Michigan Law Review*, Vol.95, No.8, 1997.

16.Christopher Kingston, "Parochial Corruption", *Journal of Economic Behavior & Organization*, Vol.63, No.1, 2007.

17.F.T.Lui, "A Dynamic Model of Corruption Deterrence", *Journal of Public Economics*, Vol.31, No.2, 1986.

18.A.T.Martin, "The Development of International Bribery Law", *Natural Resources & Environment*, Vol.14, No.2, 1999.

19.S.Rose-Ackerman, "The Law and Economics of Bribery and Extortion", *Annual Review of Law and Social Science*, Vol.6, 2010.

20.J.Tirole, "A Theory of Collective Reputations (with Applications to the Persistence of Corruption and to Firm Quality)", *The Review of Economic Studies*, Vol.63, No.1, 1996.

21.Frank Vogl, "The Supply Side of Global Bribery", *Finance & Development*, Vol.35, No.2, 1998.

22.J.L.Winckler, "Drafting an Effective Bribery Statute", *American Journal of Criminal Law*, Vol.1, No.2, 1972.

23.Gaoneng Yu, "The 'Trading Model' of Bribery: Power, Interest and Trilateral Structure", *The Journal of Criminal Law*, Vol.72, No.5, 2008.

（三）未正式发表的研究论文等

1.Jens C.Andvig, "Remarks on Private-to-Private Corruption", *Norwegian Institute of International Affairs* Paper 635, 2002.

2.Danila Serra, "Bargaining for Bribes under Uncertainty", *Centre for the Study of African Economies Oxford University* Paper 302, 2007.

3.Freshfields Bruckhaus Deringer LLP, *Proposed changes to the Spanish Criminal Code*, July 2010.

（四）官方报告

1.GRECO, *Evaluation Report on France*, 2009, http://www.coe.int/greco.

2.GRECO, *Evaluation Report on Germany*, 2009, http://www.coe.int/greco.

3.GRECO, *Evaluation Report on Italy*, 2009, http://www.coe.int/greco.

4.GRECO, *Evaluation Report on Spain*, 2009, http://www.coe.int/

greco.

5.Joint Committee, *Joint Committee on the Draft Bribery Bill-First Report*, 2009, https：//www.publications.parliament.uk/pa/jt200809/jtselect/jtbribe/115/11502.htm.

6.Law Commission, *Legislating The Criminal Code*：*Corruption*, Consultation Paper No.145, 1997.

7.Law Commission, *Legislating The Criminal Code*：*Corruption*, Report No.248, 1998.

8.Law Commission, *Reforming Bribery*, Consultation Paper No.185, 2007.

9.Law Commission, *Reforming Bribery*, Law Com No.313, 2008.

三　刑事法律及国际区际公约

（一）中文类

1. 徐久生译：《奥地利联邦共和国刑法典》，中国方正出版社 2004 年版。

2. 中国政法大学澳门研究中心、澳门政府法律翻译办公室编：《澳门刑法典澳门刑事诉讼法典》，法律出版社 1997 年版。

3. 陈志军译：《巴西刑法典》，中国人民公安大学出版社 2009 年版。

4. 张雅译：《保加利亚刑法典》，北京大学出版社 2008 年版。

5. 陈志军译：《朝鲜民主主义人民共和国刑法典》，中国人民公安大学出版社 2008 年版。

6. 徐久生、庄敬华译：《德国刑法典》，方正出版社 2004 年版。

7. 黄道秀等译：《俄罗斯联邦刑法典》，北京大学出版社 2008 年版。

8. 黄道秀等译：《俄罗斯联邦刑法典》，中国法制出版社 1996 年版。

9. 罗结珍译：《法国刑法典》，中国人民公安大学出版社 1995 年版。

10. 陈志军译：《菲律宾刑法典》，中国人民公安大学出版社 2007 年版。

11. 肖怡译：《芬兰刑法典》，北京大学出版社 2005 年版。

12. 金永哲译：《韩国刑法典及单行刑法》，中国人民大学出版社 1996 年版。

13. 王秀梅译：《罗马尼亚刑法典》，中国人民公安大学出版社 2007 年版。

14. 王世洲译：《美国量刑指南》，北京大学出版社 1995 年版。

15. 张明楷译：《日本刑法典》，法律出版社 2006 年版。

16. 吴光侠译：《泰国刑法典》，中国人民公安大学出版社 2004 年版。

17. 中国台湾地区新刑法：《中华民国刑法》，2006 年 7 月 1 日生效。

18. 潘灯译：《西班牙刑法典》，中国检察出版社 2015 年版。

19. 潘灯译：《西班牙刑法典》，中国政法大学出版社 2004 年版。

20. 中国香港《防止贿赂条例》，《香港法例》第 201 章。

21. 刘涛、柯良栋译：《新加坡刑法》，北京大学出版社 2006 年版。

22. 黄风译：《意大利刑法典》，中国政法大学出版社 1998 年版。

23. 米良译：《越南刑法典》，中国人民公安大学出版社 2005 年版。

24. 黄风译注：《最新意大利刑法典》，法律出版社 2007 年版。

（二）外文类

1.StGB，49.Auflage 2011，Deutscher Taschenbuch Verlag.

2.Gesetz zur Bekämpfung der Korruption.

3.Gesetz zur Bekämpfung internationaler Bestechung.

4.Europäischen Bestechungsgesetzes.

5.German Criminal Code 1998.

As amended on 4 July 2009 in the version promulgated on 13 November 1998，Federal Law Gazette ［Bundesgesetzblatt］I pp.3322，last amended by law of 29 June 2009，Federal Law Gazette I pp.1658.English translation by Prof.Dr.Michael Bohlander.

6.UKBribery Act 2010.

7.Public Bodies Corrupt Practices Act 1889.

8.Prevention of Corruption Act 1906.

9.Prevention of Corruption Act 1916.

10.Criminal Law Act 1967.

11.Criminal Justice Act 2003.

12.Accessories and Abettors Act 1861.

13.UK Theft Act 1968.

14.UK Fraud Act 2006.

15.18 USC §201 Bribery of Public Officials and Witnesses.

16.US Foreign Corrupt Prevention Act of 1977.

Current through Pub.L.105-366 (November 10, 1998).

17.Federal Sentencing Guidelines Manual 2010

18.French Penal Code 1994.

Official English version, with the participation of John Rason SPENCER QC Professor of Law, University of Cambridge Fellow of Selwyn College.Date of the last known amendment: Ordinance No.2005-759 of 4 July 2005.Official Journal of 7 July 2005 in force 1 July 2006 (http://195.83.177.9/upl/pdf/code_ 33.pdf).

19.Penal Code of Japan (Act No.45 of 1907).

Translated into English by the Cabinet Secretariat of Japan, up to the revisions of Act No.54 of 2007 (Effective June 12, 2007) (http://www.cas.go.jp/jp/seisaku/hourei/data/PC.pd).

20.The Criminal Code of the Russian Federation 1996.

NO.63-FZ OF JUNE 13, 1996 (with Amendments and Addenda of May 27, June 25, 1998; February 9, 15, March 18, July 9, 1999; March 9, 20, June 19, August 7, November 17, December 29, 2001; March 4, 14, May 7, June 25, July 24, 25, October 31, 2002; March 11, April 8, July 4, 7, December 8, 2003; July 21, 26, December 28, 2004).Adopted by the State Duma on May 24, 1996, adopted by the Federation Council on June 5, 1996, English version (http://www. legislationline. org/documents/section/criminal-codes).

21.Italian Penal Code 1930.

With amendments as of July 1, 1977, translated into English by Edward M.Wise, Fred B.Rothman & Co., 1978.

22.Spanish Penal Code 1995.

23.United Nations Convention against Corruption.

24.OECD Convention on Combating Bribery of Foreign Public Officials in International Business Transactions.

25.Council of Europe Criminal Law Convention on Corruption.

后　记

作为检察官在反腐一线工作的五年里，笔者基于工作的原因对贿赂犯罪的立法及其理论产生了浓厚的兴趣；走上科研工作岗位后，心中一直有对贿赂犯罪刑事立法进行系统深入的比较研究的愿望。笔者有幸于2002年和2007年分别赴美国和英国做访问学者各一年，对英美社会及刑法制度有了初步的了解；2009年赴德国攻读博士学位，收集了一些外文法律资料；2012年回国后申请司法部项目获准立项，使当初的愿望逐步变为现实。

对于如此雄心勃勃的计划，本书的创作难点首先在于熟悉各法域刑事法律及其运作机制，充分了解各国社会制度和法律传统的差异，并克服语言障碍熟练运用外文资料以最大限度地解决中文资料的匮乏与陈旧问题；其次，反复研读多国刑法条文，对比多语种多版本的法典文本，领会不同术语和表达方式的相同内涵，排除谬误与偏差，求同存异、见微知著，并将其翻译为中文，更是极大地考验着笔者耐心细致的研究态度。本书尽管以笔者在英国发表的论文及德国出版的专著的部分内容为基础，有一些前期积累，但因其不仅内容庞杂、理论性强，而且比较范围广，时空跨度大，写作难度和工作量大大超出原定计划。"系统深入"的宏伟目标只能努力接近而难以达至。

国内目前关于贿赂犯罪的刑法学论文，可谓浩如烟海，但是低层次、重复性研究颇多，系统深入、富有独创性且令人信服的力作太少。"我们对许多事情还是处在若明若暗，人云亦云的状态中，更不要说还有种种流行谬误和偏见的干扰了。……独立思考是一种苦刑，还有某种危险性，所以很多人不愿承担它。……然而，我们是多么需要清明的理性。"① 这些入木三分的话语，每每读来，都觉发人深省、催人奋进。本书力图摆脱惯于因

---

① 何怀宏：《良心论》，上海三联书店1994年版，"序言"第3页。

袭的窠巢，展现一些自己的视角和思考。尽管功力浅薄，笔者仍斗胆作一尝试，希望至少可以开一个头，搭建一个粗陋的框架，勾勒出一个雏形。

"文章千古事，得失寸心知。"本书在构思和写作的过程中，经过了无数次的调整和修改。每修改一次，都自觉提高不少，但每每再次阅读，又都觉得有需要修改和添加之处，以至于迟迟不能定稿。客观地讲，写作时间拉长并非一概不好。通常情况下，一种观点或思想的形成与定型，需要经过一定时间的酝酿、发酵、沉淀及提炼，需要反复斟酌、去粗取精、去伪存真。正所谓"如切如磋、如琢如磨"。所以，完稿之日自有定数，理当顺其自然，不可过于强求。本书动笔写作期间，正值笔者痛风频频发作，加之多年颈椎病的困扰，写作方面明显心有余而力不足，最终定稿与心中的设想尚有相当差距。对本书某些方面的进一步深化和加强，如各国关于贿赂犯罪主观要件的司法认定、贿赂未遂及罪数形态的具体判定等操作层面的比较，只好留待日后另行研究。

本书完成于 2015 年 3 月，但因结项程序以及申请出版基金的缘故，迟迟未能出版面世。同年 9 月《刑法修正案（九）》颁布，涉及贿赂犯罪的主要有五点：罪刑设置上实行数额情节并重模式；增设受贿人特别自首；增设对有影响力者行贿罪；全面增设罚金刑；首创终身监禁制度。2016 年新的司法解释则细化了犯罪数额及犯罪情节，扩大"财物"范围，确立"为他人谋取利益"的推定，确立数罪并罚原则，明确死刑条件。令人欣慰的是，以上变化多数已为本书所论证和主张，但这同时也意味着与此有关的立法建议立刻成为不必要。笔者在此由衷地感谢西北大学出版基金及陕西省社科后期资助项目对本书出版的大力资助！没有它们，笔者长期殚精竭虑、上下求索的研究成果只能长久地被尘封于陋室一隅。为保持本书原有结构、反映写作背景并保留对修改部分的法理论证，本打算只在书后附上一篇介绍和评论《刑法修正案（九）》及相关司法解释的文字，但为了适时反映最新立法、满足实际需要，权衡再三，笔者最终决定对原稿加以调整，将立法变化添加到正文的论述之中。这也算是作为处女作的笔者国内首部个人专著在尚未面世之前所接受的一次小小的洗礼吧！

笔者一向奉行独立思考、求真务实的原则，不喜攀附权贵显达，借力拔高自己，故请人作序之成例，实不愿效仿。

2017 年 5 月 28 日于西安